大是文

賀錦麗：活出勇氣我從不客氣

Kamala's Way

每每被人唱衰，卻一再創下先例，
美國首位女性副總統賀錦麗攻頂的故事。

《洛杉磯時報》、
《沙加緬度蜜蜂報》前資深記者
丹・莫藍
Dan Morain——著
吳宜蓁 ——譯

CONTENTS

推薦序

開創女性領導力，打破政治天花板

女董學院院長、前台灣萊雅總裁／陳敏慧

二〇二〇年是全球至關重要的年分，除了COVID-19疫情肆虐，集體尋求與病毒共存的共識外，美國完成了第五十九屆的總統大選。此選舉毋庸置疑引起國際社會軒然大波，時任總統川普（Donald Trump）積極尋求連任，對上呼聲極高的前總統歐巴馬（Barack Obama）副手拜登（Joe Biden），共同打了一場精彩的選戰。

拜登陣營此次最具謀略性及最大的亮點，莫過於選擇當時擔任加州參議員的賀錦麗作為競選搭檔，進而造就美國歷史上首位女性副總統。同作為女性領導者的我也被這個消息振奮，**賀錦麗的成功出線，不僅為全球女性樹立了新典範，更是鼓舞著一群具有「改變世界」企圖心的鬥士，勇往直前**。

此書刻畫出賀錦麗剛柔並濟、堅韌不拔的特性，她的政治生涯更反映了無比的企圖心，從她參與加州檢察總長的選舉，當選當地第一位女性、亞非印裔美國人檢察總長；到在美國參議院選舉，成為美國參議院第一個印度裔和第二個非裔女性參議員；再到總統選舉勝選，出任美國首位亞非裔副總統。

在這個漫長且具挑戰性的過程中，賀錦麗無懼於作為弱勢族群，她展現出上進心，透過公眾演說及個人魅力的勇於爭取，**無畏大眾輿論，堅持推動同婚、槍枝禁令、弱勢族群（移民、有色人種）人權政策的提倡**，都成為賀錦麗通往更大政治舞臺，極為重要的養分。

讀此書的過程中，我也發現作者鉅細靡遺的撰述賀錦麗不同時期的事件細節，敘述其個中祕辛，透過蒐集第一手訊息，訪問其周邊相關的人物，傳遞賀錦麗最真實的個性及處事作為，供讀者身歷其境，做最詳盡的連結。

因文化國情的差異，我們或許無法完全理解加州的政治生態，但對於弱勢族群女性堅韌的精神，特別是賀錦麗深受其母親啟發，突破自我，尋求可能性並且實現理想，加上自身最關鍵的「智慧」、「勇氣」及「領導力」等特質貫穿此書，從一而終，充分描述賀錦麗打破女性政治天花板的精彩旅程。

身兼台灣女董事協會副理事長及女董學院院長，我積極參與推動女性領導力的使命，我們相信女性領導者及女董事在公司治理扮演非常重要的角色，企業也因有女董事參與決策，展現更多元、更全面的思考。女董學院宗旨期待透過女性典範傳承與經驗分享，培育及協助更多女性成為企業高階領導決策者，鼓勵女性突破職場的玻璃天花板，攀登高峰。儘管賀錦麗上任後因難民政策深受政治攻擊，支持民調下跌，但以她堅毅的個性及特質，極可能化危機為轉機，為全球女性樹立最好的典範！

我相信女性領導者的推動會逐步突破女性弱勢議題，彰顯女性領導力的正向發展。讓我們一起透過賀錦麗的親身經歷，共同實現「Empower Women For a Better World」的願景，開創一個更好的世界。

第 1 章

沙亞馬拉的女兒

Shyamala's Daughter

2020 年的婦女歷史月，賀錦麗在 IG 上紀念母親時寫道：「我的母親沙亞馬拉．戈帕蘭．哈里斯……教會了我妹妹和我努力工作的重要性，讓我們相信自己有能力糾正錯誤的事情。」

若說到賀錦麗（Kamala Devi Harris）[1]在歷史上的地位要歸功於誰，那就是她的母親——一九六四年秋天，一名二十六歲的印度移民在加州奧克蘭凱薩醫院（Kaiser Hospital）[2]生下了賀錦麗。她在大選日的前兩週出生（十月二十日），而且出生在加州，這也許不是巧合。這一年、這個州，簡直是這個女孩的完美孵化器，她的成長證明了社會進步和赤裸裸的政治是攜手並進的。

這個小女孩長大後，成為了一個堅強、機智、嚴格、勤奮、聰明、內涵豐富、多元文化的女人。賀錦麗不耽溺於過去，更不會忘記過去。她擁有忠誠的支持者，他們從一開始就是她政治組織的一部分，而她也疏遠了某些曾經像家人一樣親密的人。**當攝影機不在場時，她對那些無法回報她的人展現出同理心和善意，但也有一些熟悉她的人認為，她既冷漠又精於算計。**

儘管賀錦麗活躍在國家舞臺上，但她很少分享私人生活的細節。她是一個美食愛好者，喜歡烹飪，也喜愛到高級或偏僻的美食餐廳用餐。有一次我們共進午餐，她選擇了一間小小的加勒比家庭餐館，就在加州首府——沙加緬度（Sacramento）的議會大廈對面。她談論著各種香料，慢慢的吃，跟我完全不同。

不過在大多時候，賀錦麗只是一位母親的女兒。與她密切共事的人說，賀錦麗的母親沙亞馬拉・戈帕蘭・哈里斯（Shyamala Gopalan Harris）[3]在二〇〇九年去世後，賀錦麗幾乎每週都在回憶母親傳授給她的寶貴智慧。她最常公開重複的一句話是：「**很多事情你可能是第一個做的，但絕對不要是最後一個做的。**」有時，當她在生命中的重要時刻想起母親，她的情緒會有一點激動，顯然很希望母親在她身邊。

二〇二〇年的婦女歷史月[4]，賀錦麗在IG（Instagram）上紀念母親時寫道：「我的母親沙亞馬拉．戈帕蘭．哈里斯是自然的力量，是我生命中最強大的靈感來源。她教會了我妹妹和我努力工作的重要性，讓我們**相信自己有能力糾正錯誤的事情**。」

沙亞馬拉的身高略高於一百五十公分。一九四七年，印度從英國獨立出來，那一年她九歲。她的父親是一名高階公務員[5]，家裡有四個孩子，她排行老大。一九五八年，十九歲的她從印度新德里的厄文夫人學院（Lady Irwin College）拿到了家政學學位。在父親的祝福下，她前往加州大學柏克萊分校（University of California, Berkeley），尋求更高、更有意義的教育。她研讀的是營養和內分泌學，並獲得了博士學位，在接下來的幾十年裡，她在乳癌方面的研究受到認可。其研究成果在其他研究論文中被引用了一百多次，並為她的工作籌集了超過四百七十六萬

---

1 「賀錦麗」是她在二〇〇三年參選舊金山郡地區檢察官時，由舊金山市政府婦女委員蘇榮麗的父親蘇錫芬所取，以讓華裔選民更容易記得。賀錦麗曾表示不喜歡「麗」字，因為她希望能以智慧而不是外貌取勝，但蘇榮麗解釋「錦」兼顧「麗」意指「才貌雙全」（successful intricate beauty），就像織錦或錦緞一般，賀錦麗便欣然接受。

2 即凱薩醫療機構（Kaiser Permanente）。

3 賀錦麗的母親，為印裔美國生物醫學科學家，曾分離孕酮受體基因並確定其特徵。

4 每年三月為美國的全國婦女歷史月。

5 為加州史丹佛大學（Stanford University）的經濟學榮譽教授。

美元的資金。

賀錦麗在二〇一九年出版的自傳《我們掌握的真相》（*The Truths We Hold*）中寫道：「在我母親成長的家庭中，政治行動主義（political activism）[6]和公民領導力是與生俱來的。」她繼續解釋：「我母親從我的外祖父母那裡培養出一種敏銳的政治意識。她了解歷史，了解鬥爭，了解不平等。她生來就有正義感，這份正義感烙印在她的靈魂之中。」

**

一九六二年秋天，沙亞馬拉參加了一次黑人學生聚會，演講者是來自牙買加的年輕研究生——唐納・賈斯伯・哈里斯（Donald Jasper Harris），他正在努力學習，要成為一名經濟學家。一九六一年，他從牙買加移居美國，一樣為了尋求教育落腳柏克萊。他這個人有點激進，或用經濟學家的詞彙來形容——是個「異端」，不遵循當時美國大學最常用的傳統經濟學理論。唐納告訴《紐約時報》（*The New York Times*），在演講結束後，穿著傳統紗麗的沙亞馬拉走到他面前，而「在當時現場的男男女女當中，她的外表極為出眾」。他被她迷住了，之後他們又見面交談了幾次，然後就像他說的：「剩下的大家都知道了。」

沙亞馬拉和唐納於一九六三年結婚，那是牙買加脫離英國獨立的隔年。他們的結婚訊息公布於一九六三年十一月一日、牙買加首都京斯敦（Kingston）的《拾穗日報》（*The Gleaner*）

上，內容提到他們都在攻讀博士學位。

賀錦麗出生於一九六四年，妹妹瑪雅·拉克希米·哈里斯（Maya Lakshmi Harris）則在兩年後出生。**賀錦麗名字中的「Devi」（提毗）是印度教的母親女神**，妹妹「Lakshmi」（吉祥天女）則代表財富、美麗和好運的蓮花女神。二〇〇四年時，沙亞馬拉告訴《洛杉磯時報》（*Los Angeles Times*）的記者，她給女兒取了印度神話中的名字，是想要保持她們的文化身分。她說：「**崇拜女神的文化，造就了堅強的女性。**」

在一九六〇年代中後期，賀錦麗的父母都積極參與民權運動。年幼的賀錦麗還曾坐在嬰兒車上，被推到示威現場。她談起這個家庭故事：有一次，當她在嬰兒車裡躁動不安時，媽媽問她想要什麼，據說她是這樣回答的：「茲——由！」（自由）

唐納和許多學者一樣，早年也曾四處漂泊，從柏克萊到伊利諾大學厄巴納—香檳分校（University of Illinois at Urbana-Champaign）、西北大學（Northwestern University）、威斯康辛大學（University of Wisconsin），然後在一九七二年回到舊金山灣區和史丹佛大學。學生報紙《史丹佛日報》（*Stanford Daily*）說他的經濟哲學為馬克思主義，不管是否如此，他的哲學絕對稱不上傳統，續聘一事也因此充滿風險。

6 表現主要體現在激進的批判當今政治。

一九七四年，當唐納的客座教授職位即將結束，史丹佛大學的一些經濟學教授不願推薦他擔任專職教授。激進政治經濟學聯盟（Union for Radical Political Economics，簡稱URPE）於是代表唐納，插手了這件事，這個問題也成了《史丹佛日報》的主要議題。學生們發起一份請願書，有超過兩百五十人簽名，要求經濟系對馬克思主義經濟學做出「正式承諾」，維持系所中有三名教職員工研究該領域，並要求教職員工推薦唐納擔任專職、終身教職。唐納曾寫道，他「沒有太大的焦慮或渴望」要留在史丹佛。但他最終還是被聘用了，並成為**第一位獲得史丹佛大學經濟系終身教職的黑人經濟學家**。他一直留在史丹佛大學，直到一九九八年退休，而**他目前仍是該校的名譽教授**。

賀錦麗的母親沙亞馬拉和父親唐納於一九六九年分居，當時唐納在威斯康辛大學教書，賀錦麗五歲，瑪雅三歲。他們於一九七二年一月正式訴請離婚。賀錦麗在她的自傳中寫道：「如果他們年紀再大一些，情感上再成熟一點，也許婚姻還能維持下去。但當時他們太年輕了。我父親是我母親的第一個男朋友。」

唐納在二〇一八年的一篇文章中哀嘆道，在一場充滿爭議的監護權爭奪戰之後，他與賀錦麗和瑪雅的密切接觸「突然中斷」。他指責監護權的安排是加州政府的錯誤假設，認為父親無法承擔養育子女的責任（尤其是在唐納的案例中，他們有一種「美國佬的刻板印象」，認為他是「來自島嶼的黑鬼」，彷彿這樣的父親「最終可能會把孩子當早餐吃掉」！）。他寫道：「儘管如此，我還是堅持下去，從未放棄對孩子們的愛。」

一九七三年七月二十三日，最終的離婚判決將監護權判給了沙亞馬拉，但唐納可以在週末時接走女兒，夏季中也有六十天能帶女兒出去玩。他在一篇散文[7]中寫道，他會帶女兒們去牙買加見親戚，讓她們看看他小時候所熟悉的世界：「我經常帶她們去牙買加，體驗那裡豐富而複雜的生活，努力用非常具體的方式傳達對她們的愛。」

「當然，」唐納寫道：「後來的幾年裡，當她們更加成熟、理解能力足夠，我也試著向她們解釋一個『貧窮』國家中，經濟和社會生活的矛盾，比方說**『極端的富裕和極端的貧窮並存』**這種驚人現象，同時我和牙買加政府共同努力，設計一個計畫和適當的政策來應對這些情況。」

儘管父親做了這些事，但**賀錦麗的母親所教導的東西，對她似乎影響更大。賀錦麗在自傳中多次提到母親，但提及父親的部分，還不到十二頁**。她在二〇〇三年接受採訪時說：「我父親是個好人，但我們關係並不親密。」

在加州檢察總長網站上的官方簡介中，賀錦麗稱自己是「沙亞馬拉．戈帕蘭博士的女兒，戈帕蘭博士是印度坦米爾人（Tamilar）[8]，一位乳癌專家，從印度清奈（Chennai）來到美國，在加州大學柏克萊分校攻讀研究所」。然而，**這份簡介並沒有提到她父親**。

---

7 散文名稱為〈一位牙買加父親的沉思〉（*Reflections of a Jamaican Father*）。

8 南亞印度民族之一。

＊＊

唐納在一篇關於牙買加祖先的文章中，描寫了家族過去一個叫漢彌爾頓的人，不過哈里斯家族的漢彌爾頓．布朗（Hamilton Brown）與亞歷山大．漢彌爾頓（Alexander Hamilton）——美國開國元勳之一、廢奴主義者——沒有什麼共同之處。「在我的一生中，我的根源可以追溯至我的祖母，克麗絲小姐（本名克麗絲蒂安娜．布朗〔Christiana Brown〕，是**漢彌爾頓．布朗的後代，後者是有被記錄的種植園主、奴隸主和牙買加布朗鎮的創始人**）。」

漢彌爾頓約於一七七五年出生在愛爾蘭的安特里姆郡（Antrim County），年輕時駕船到加勒比海的牙買加島。他在這個新家鄉被記載的第一件事，是一八〇三年，他把黑人賣給另一個人。在接下來的三十年裡，漢彌爾頓自願參與並實施了牙買加殘酷的奴隸制度，還直接公開反對由浸禮宗 9 和循道宗 10 教徒領導的廢奴運動。

對於他那個時代和出身的白人來說，這些事情是通往繁榮的常見手段。南安普敦大學（University of Southampton）歷史學教授克里斯特．佩特利（Christer Petley）在其著作《牙買加的奴隸主》（*Slaveholders in Jamaica*）中如此描述：「管理奴隸是一種就業手段，而對白人來說，擁有奴隸是一條通向物質改善、獨立和更大自由的道路。」

確實如此，漢彌爾頓在牙買加的社會地位上升，更在該國眾議院中獲得了一個席位。作為一名律師，他被列為五十多個莊園地產的代理人、受讓人、執行人、監護人、管理人、接管人，或受託人。根據佩特利的紀錄，牙買加規模大的莊園裡有多達兩百名奴隸。

白人擁有大量的糖、甜椒，以及咖啡種植園，而被奴役的黑人提供勞動力。牙買加奴隸所生產的糖，是橫渡大西洋貿易的核心。佩特利敘述：「運往英屬美洲的奴隸船中，有超過三分之一都停靠在那裡。」在牙買加奴隸經濟的鼎盛時期，有三十五萬四千名黑人，被八千到一萬名白人奴役。

另外．佩特利寫道：「在牙買加，白人男性和被奴役女性之間的性關係很常見。由於法律地位是透過女性那一邊來代代相傳，因此，無論父親的身分如何，只要母親受到奴役，孩子出生就是奴隸。」

無論漢彌爾頓在將近兩百二十年前，對他奴役的人犯下什麼具體的暴力行為，都已成為歷史。若沒有基因測試，就無從得知他的 DNA 是否流傳下來。但佩特利這樣描述：「白人男性的性機會主義（sexual opportunism）[11]，是他們那種強制力和高社會地位殘留下來的重要表現。」

---

9 又稱浸信宗，是基督教新教主要宗派之一，主張得救的信徒方可受浸，而且受浸者須全身浸入水中，稱為「浸禮」，故名。

10 又稱衛斯理宗（Wesleyans）、監理宗，現代亦以衛理宗、衛理公會之名而著稱，是基督教新教主要宗派之一。

11 機會主義是一種有意識的策略或是行為，利用形勢來自肥利己。至於性機會主義，即性行為方面的機會主義，有時會被定義為利用性行為的機會達到其他目的，如升遷、金錢等，通常帶有負面的道德含意。

在漢彌爾頓的眾多身分中，他還是民兵組織的一名高階成員。一八三〇年代初，當奴隸起而抗爭時，他和他的民兵被派去幫助鎮壓起義。在其中一站，他和士兵找到了叛亂分子，其中十人被絞死，十三人被鞭打三百下。

「漢彌爾頓努力鎮壓抗爭行動，並為自己的所作所為感到自豪。」佩特利寫道。

一八三三年奴隸抗爭後，英國政府屈服於廢奴運動，通過立法，解放了牙買加的奴隸。在後來的幾年裡，漢彌爾頓試圖從愛爾蘭引進勞工，來彌補種植園工人的短缺。一八四二年，他為自己沒有更多的財富可留給下一代而道歉，並對「牙買加資產嚴重衰頹」給他帶來的財務打擊表示遺憾。最後，他於一八四三年過世。

＊＊

沙亞馬拉和唐納住在柏克萊和奧克蘭，當時灣區東部城市正是言論自由運動和美國各種政治變革的中心。反越戰運動、環保主義興起、要求種族正義、剛產生的囚犯權利運動等，都是那個時代漩渦中的一部分。

賀錦麗在二〇二〇年民主黨全國代表大會上接受民主黨提名，成為喬．拜登（Joe Biden）的競選夥伴時說：「在一九六〇年代民權運動的遊行中，他們以最美國式的方式相愛。在奧克蘭和柏克萊的街道上，我從嬰兒車裡看到人們陷入偉大的約翰．路易斯（John Lewis）[12]所謂『好的麻煩』。」

那是一段充滿激情的日子，而且非常嚴肅。美國國民警衛隊定期被召集到加州大學柏克萊分校，無論是從地面和直升機上，都在施放催淚瓦斯彈。一九六九年，一名手無寸鐵的抗議者在一塊後來被稱為人民公園的空地上示威，被警察開槍射殺了。

一九六六年，休伊・牛頓（Huey Newton）和鮑比・希爾（Bobby Seale）共同創立了黑豹自衛黨（Black Panther Party for Self-Defense）。黑豹黨在奧克蘭看到警察攔截有色人種時，會公然拿出槍枝；而年輕黑人男性可以合法展示槍枝一事，令當局感到相當不安。

一九六七年五月，隆納・雷根（Ronald Reagan）成為加州州長後不久，休伊和鮑比率領二十四名黑豹黨成員，戴著貝雷帽和墨鏡、穿著皮夾克，攜帶未上膛的槍枝，進入沙加緬度的加州國會大廈。當時《沙加緬度蜜蜂報》（*The Sacramento Bee*）的標題是：「武裝黑豹入侵國會。」**黑豹黨之所以到那裡去，是為了向試圖立法「禁止公開攜帶上膛槍枝」一事提出異議**。該法案由一名來自富裕的奧克蘭山地區（Oakland Hills）[13]的共和黨議員起草，其中包括禁止攜帶槍枝進入國會的條款。在共和黨和民主黨雙方的支持下，該法案以壓倒性優勢通過。

12 美國的政治人物和民權領袖，二〇一一年獲得時任總統歐巴馬（Barack Obama）頒發的總統自由勳章，二〇一七年被《時代雜誌》（*Time*）選為年度「一百大最具影響力人物」，最終於二〇二〇年去世，享年八十歲。

13 指的是奧克蘭東部的城市社區。

另外在美國全國步槍協會（National Rifle Association，簡稱NRA）的支持下，雷根州長在立法機構批准該法案的第二天，就正式簽署了該法案。他說：「公民沒有理由要攜帶上膛的武器上街。」這是加州最早的槍枝管制措施之一，接下來還會有更多措施。儘管在後來的幾年裡，全國步槍協會試圖阻止這些措施，但收效甚微。

然而，這項新法律並沒有讓奧克蘭的街道免於衝突和危險。一九六七年十月，警察在街上攔下休伊・牛頓，隨後發生了槍戰，警官約翰・弗雷（John Frey）遭擊斃，休伊則腹部中槍，並被控謀殺。「釋放休伊」成了戰鬥口號。休伊被判蓄意殺人罪並被送進監獄，但州上訴法院推翻了這一判決。經過三次無效審判後，阿拉米達郡（Alameda County）[14]地區檢察官辦公室決定不重新審判他，於是他又回到了街頭，只是沒有多久，他就被指控殺害一名妓女，並用手槍毆打一名男子，這名男子曾是他的裁縫。

休伊在一九六〇年代曾是一位極具魅力的領袖，在入獄期間則成為了類似邪教的人物。對此，阿拉米達郡代理地區檢察官湯瑪斯・奧洛夫（Thomas Orloff）有不同的看法。他起訴了休伊殺害妓女和用手槍毆打他人，但沒有什麼效果。後來奧洛夫成為阿拉米達郡地區檢察官，他說：「我看到的休伊・牛頓基本上就是個流氓。」

後來，休伊獲得了加州大學聖塔克魯斯分校（University of California, Santa Cruz）的博士學位，但在一九八九年的一次毒品交易中，他在西奧克蘭的一條街上遭到槍殺，過世時還不到五十歲。

＊＊

當沙亞馬拉見證美國一種新的政治文化誕生時，她也不忘讓女兒們知道自己的印度傳統，並帶她們飛越半個地球去見外祖父母。但是，美國和這塊土地上的種族、性別觀念，正逐漸影響她們。賀錦麗在自傳中寫道，母親也明白「自己養育著兩個黑人女兒」，在美國，人們會把她們視為黑人。

沙亞馬拉教導女兒們的一些課程，是在週四晚上的聚會中進行的，聚會地點選在柏克萊的黑人文化中心——彩虹標誌（Rainbow Sign）。在那裡，嘉賓包括紐約眾議員兼首位黑人總統候選人雪莉・奇瑟姆（Shirley Chisholm）；爵士歌手、音樂家和民權領袖妮娜・西蒙（Nina Simone）；還有詩人馬雅・安傑洛（Maya Angelou）。

二〇二〇年，賀錦麗在社群媒體上發文：「在這個#黑人歷史月（#BlackHistoryMonth）中，我想要榮耀我的母親以及彩虹標誌的群體，是他們教會我們，**一切皆有可能，不要被過去牽絆了。**」

但對沙亞馬拉本人來說，這個教導並不總是正確。她在柏克萊大學時，和朋友米娜・貝塞

14 加州下轄的一個郡，範圍包含大部分俗稱「東灣」的舊金山灣區東部地帶。

爾（Mina Bissell）博士共事。貝塞爾回憶說，**校方曾允諾讓沙亞馬拉晉升，但最終升遷的是一個男人**。作為一名單身母親，沙亞馬拉要養育十二歲的賀錦麗和十歲的瑪雅，之後她於一九七六年在加拿大蒙特婁市（Montreal）的麥基爾大學（McGill University）謀得一份教職，並在蒙特婁的猶太總醫院從事乳癌研究。

沙亞馬拉小時候四處旅行。她的父親是印度的高階公務員，在她的童年時期，父親曾在清奈、新德里、孟買和加爾各答等城市任職過。對她來說，從加州搬到魁北克[15]去尋找新的機會，可能再自然不過了。然而，對她的大女兒而言，這件事令她感到膽怯。賀錦麗在她的回憶錄中寫道：「一想到要在二月分，也就是學年中間離開陽光明媚的加州，搬到一個覆蓋著約三．七公尺積雪、而且講法語的外國城市，我就覺得很痛苦。」沙亞馬拉替她報名了以法語授課的聖母院小學，後來又報了以英語授課的西山高中（Westmount High School），這是魁北克極古老的英語學校之一。

在西山高中時，賀錦麗參加了社團的加油打氣儀式，還組了名為「午夜魔法」（Midnight Magic）的舞團，和五個朋友一起，穿著自製的閃亮服裝，跳起了一九八〇年代初的流行音樂。

不過這段時期，也有殘酷的現實。

在蒙特婁讀高中時，旺達．卡根（Wanda Kagan）和賀錦麗是最好的朋友，但就像青少年時期的友誼一樣，畢業後她們就斷了聯絡。後來，她們在二〇〇五年重新聯絡上，那一年卡根看到她的朋友出現在《歐普拉秀》（*The Oprah Winfrey Show*）上，講述她當選加州第一位黑人女性地區檢察官的經歷。

卡根打電話給賀錦麗，兩個人聊了很久，回顧她們共同的記憶，包括卡根與賀錦麗、瑪雅和沙亞馬拉住在一起的時光，當時的她藉此逃避家人施加的虐待。卡根說，在那次談話，賀錦麗說起自己之所以想成為檢察官，有很大一部分是因為「她們兩人一起經歷的事情」[16]。她告訴賀錦麗，和她們一家人住在一起的時光，是她這些年為數不多的美好回憶之一。

卡根首次向《紐約時報》公開講述她的故事，她回憶說，賀錦麗一家都一起準備晚餐，然後一起開動，通常是印度菜。她從來沒有吃過那麼好吃的食物，這些事情對她來說很特別。**在賀錦麗家，卡根不只是「現在住在我們家的人」，她受到溫暖的歡迎，彷彿是這個家庭的一員**，而沙亞馬拉堅持讓卡根去接受心理諮詢。這些經歷深深影響了卡根，所以她後來給女兒取名瑪雅。這段幾十年前發生在蒙特婁、十幾歲女孩之間的故事，將成為二〇二〇年總統競選的一部分。

從賀錦麗的高中紀念冊簡介中看得出來，她渴望回到美國；她說幸福是「打長途電話」，而珍貴的記憶是：「加州，安傑洛（Angelo）[17]；一九八〇年的夏天。」在紀念冊的照片中，她

15 即蒙特婁所在的省分。

16 旺達．卡根遭受其父性虐待，賀錦麗因此想成為檢察官，幫助需要幫助的人。

17 可能為人名或店名，但因沒有任何相關說明，故無法確認。

微笑著，而且很快就要成為霍華德大學（Howard University）[18]的新鮮人，這是一所歷史悠久的黑人大學，位於華盛頓特區。在紀念冊中，賀錦麗鼓勵她的妹妹：「酷一點，瑪雅！」後來隨著賀錦麗在政壇崛起，瑪雅成了她最親密的知己。賀錦麗更向她最偉大的靈感來源、自然的力量致敬：「特別感謝：我的母親。」

18 被譽為非裔哈佛大學。

第 2 章

那個小女孩

That Little Girl

「在加州有一個小女孩，她是公立學校的次等一員，她追求無種族隔離，每天坐公車去上學，而那個小女孩就是我。」賀錦麗這句話，成了這場辯論的招牌臺詞。

如果不了解加州政治中獨特的矛盾，就不可能了解賀錦麗。加州有很多面向，某一些面向和全國最紅[19]的地區一樣保守，其他部分又是全美國最開明的。要想跟賀錦麗一樣，在美國的歷史上留下印記，政治人物必須知道如何在所有面向之間遊刃有餘。正如你將看到的，賀錦麗的崛起，有很大一部分歸功於她在這方面的天賦。

但最重要的是，你必須了解加州在種族問題上特別矛盾的經歷，賀錦麗從出生那天起，就對這些經歷瞭若指掌。

＊＊

一九六四年的選舉日落在十一月三日，也就是十月二十日（沙亞馬拉生下大女兒的日子）的兩週後。如果這對新手父母關注的是選舉結果，而不是他們的寶寶，那麼沙亞馬拉和唐納當晚就會看到那個重大的轉折——林登．詹森（Lyndon Johnson）總統以壓倒性優勢，擊敗亞利桑那州共和黨參議員貝利．高華德（Barry Goldwater），獲得了一項暫時有助於他擴展「偉大社會」（Great Society）[20]和公民權利的國內政策授權。**他在加州贏得近六〇%選票，這是十六年來，民主黨員首次拿下加州**。

在舊金山灣區的另一邊，三十歲的黑人小威利．路易斯．布朗（Willie Lewis Brown Jr.）以「負責任的自由主義者」的身分，參加州議會的競選，並戰勝了自一九四〇年以來，一直把持該席位的愛爾蘭裔美國政治家。另外，菲利普．伯頓（Phillip Burton）在當年早些時候的一次特別選舉中，贏得了一個議會席位。當他的弟弟——約翰．伯頓（John Burton）也贏得議會席位時，布朗成為了伯頓政治派系的創始成員，後來被稱為「伯頓－布朗派系」，簡稱「威利．布朗派」。不管它的名字是什麼，這個組織在未來幾十年裡，主宰了舊金山的政治。

布朗的父母是服務生和女傭，他在德州的米尼奧拉（Mineola）長大。米尼奧拉是一個偏僻且充滿不平等的城鎮，人口三千六百人，位於達拉斯（Dallas）[21]以東約一百三十五公里處。一九五一年，十七歲的他穿著破舊的鞋子，把所有東西裝在一個硬紙箱裡，逃離了實施種族隔離的南方，來到舊金山。他在舊金山唯一能聯絡的人是他舅舅——倫伯特．柯林斯（Rembert Collins），一位生活奢華的賭徒，穿著絲綢西裝，戴著鑽石戒指；也是他替布朗上了第一堂課，開始認識這個他將要統治的城市。

和沙亞馬拉、唐納，以及其他許多人一樣，布朗來到西部尋找機會，意即來此受教育。布朗擔任工友，在舊金山州立大學（San Francisco State College）半工半讀，然後在舊金山田德隆

19　意指支持共和黨，此黨為保守派。
20　由詹森和其在國會的民主黨同盟提出的一系列國內政策，主要目標是促進經濟繁榮和消除族群不平等。
21　美國德州第三大城市。

區（Tenderloin district）的加州大學哈斯汀法學院（University of California, Hastings College of the law）獲得法律學位。當時的田德隆區跟現在差不多，是新美國人的家園，那些窮困潦倒、沉迷毒品的破碎靈魂也以此為家。由於無法在市中心的律師事務所找到工作，布朗就為那些被指控犯罪的客戶辯護。這種情況在隨後的幾十年裡有所改變，他成為了二十世紀後期，加州極有權勢的政治人物之一。

賀錦麗將在未來幾年親眼目睹這一切，而她自己也將學會如何處理加州——她父母所選擇的這個地方——的凶險政治二分法。

＊＊

在選舉日那天，加州選民投票決定了一項名為**「十四號提案」**（Proposition 14）的結果，此提案**賦予了業主「絕對自由裁量權」，可以將房屋出售或不出售給他們選擇的任何人，並試圖禁止州政府以任何方式規定業主可將房屋出售給誰**。該議案由房地產利益集團和公寓業主出資，內容只有兩百七十個字。雖然沒有明確說明，但它的目標其實很簡單：白人業主應該有權利讓黑人遠離郊區社區。幾十年後，這個警報在二〇二〇年的總統競選中，被唐納·川普（Donald Trump）拉響。

在發給加州所有註冊選民的官方選民指南中，十四號提案的支持者提出了這樣的觀點：如果政府可以要求業主將房屋出租或出售給任何能夠支付價格的人，「又有什麼能阻止立法機構透過法律，禁止業主以性別、年齡、婚姻狀況或缺乏經濟責任為由，拒絕出租或出售房屋呢？」

自由派（民主黨）的時任加州檢察總長斯坦利．莫斯克（Stanley Mosk）持相反觀點：「這將強化偏見，並將之合法化。當我們的國家在民權問題上終於有所進展時，這個提案卻提議把加州變成另一個密西西比或阿拉巴馬州[22]，製造暴力和仇恨的氣氛。」

像許多城市一樣，柏克萊長期以來一直被劃分成兩半，這是種族隔離遺留下的歧視痕跡。一般來說，有色人種不能在格羅夫街（Grove Street，即現在的馬丁．路德．金恩大道〔Martin Luther King Jr. Way〕）東邊租房或買房。東邊生長著桉樹和橡樹的山丘，是白人居住的地方。賀錦麗一家則租住在平地。

十四號提案所要回應的是《倫福德公平住房法案》（*Rumford Fair Housing Act*）。一九六三年，時任加州州長埃德蒙．傑拉爾德．「帕特」．布朗（Edmund Gerald "Pat" Brown）[23]簽署了《倫福德公平住房法案》，該法案**保障了人們想租房就租房的權利**，並禁止在公共住房[24]中存

22 兩個州在過去都剝奪了黑人的許多權利，更有城市奉行種族隔離，引發後續抗爭運動。

23 「帕特」是慣稱，故會用帕特．布朗來稱呼，也方便和兒子小埃德蒙．傑拉爾德．「傑瑞」．布朗（Edmund Gerald "Jerry" Brown Jr.）做區分。傑瑞．布朗擔任過加州州長以及檢察總長。

24 政府為窮人造的住宅或公寓。

有歧視。法案在立法會議的最後一晚通過，在此之前，保守派參議員藉由免除獨戶住宅的條款來削弱該法案。

該法案的作者——議員威廉・拜倫・倫福德（William Byron Rumford）代表了賀錦麗一家居住的柏克萊平地和西奧克蘭周邊地區。倫福德是藥師，畢業於公立加州大學舊金山分校。一九四八年，他贏得了席位，成為灣區選出的第一位黑人議員。

房地產商將加州視為全國公開住房問題的對決戰場，一如倫福德曾在口述歷史提到的，他們「覺得如果能在所謂的『自由派』加州擊敗這項法案，那麼在其他地區，也非常有機會能夠擊敗它」。

結果相去甚遠。

在**加州人民以壓倒性票數支持詹森、把布朗送進沙加緬度那天，十四號提案卻也通過了，**支持與反對的比例是六五%對上三五%。該州五十八個郡中，有五十七個郡的選民（包括自由派的舊金山）投票支持該提案。連賀錦麗一家人居住的阿拉米達郡，都有六〇%選民表示支持。

但是，十四號提案並未成立。**一九六六年，加州最高法院裁定該法案違反了《美國憲法》**（*Constitution of the United States of America*）**中，所有公民都應受到平等保護的規定。**一九六七年五月二十九日，美國最高法院以五票對四票[25]的些微差距做出裁定，同意前述的提案投票違反了第十四條修正案[26]。

時任最高法院法官威廉・道格拉斯（William O. Douglas）寫道：「這並不像一個擁有自行

車、汽車、股票、或甚至小木屋的人，聲稱有權將其出售給任何他喜歡的人，並排除其他人那麼單純，無論他們是黑人、中國人、日本人、俄羅斯人、天主教徒、浸禮宗教徒，還是藍眼睛的人。」相對的，這個問題涉及「一種複雜的歧視」，目的是讓社區保持全白人。

道格拉斯引用美國第四位總統詹姆斯．麥迪遜（James Madison）的話，寫道：「對於那些說十四號提案代表加州人民意願的人，我們只能回答：『當政府擁有真正的權力，就存在著壓迫的危險。』」

翻譯過來就是：憲法有充分的理由，保護少數群體不受擁有自由的多數人統治。持反對意見者引用了人民的意願，認為法院不應因為這些議題上的投票表決，來事後批評立法者或人民。

幾十年後，加州檢察總長賀錦麗在倡導婚姻平權時，所提意見與這個論點類似。但首先，她將直接經歷一場關於種族的重大對決結果。

25 美國最高法院的大法官人數為九人。

26 美國這一修正案涉及公民權利和平等法律保護，對美國歷史產生了深遠的影響，有「第二次制憲」之說，特別是其第一款中「不得拒絕給予任何人以平等法律保護」這一項，是美國憲法涉及大量官司的部分之一，它對美國國內的任何聯邦和地方政府官員行為都有法律效力，但對私人行為無效。

**

柏克萊的教育局長尼爾．沙利文（Neil V. Sullivan）畢業於哈佛大學，他的母親知道，他們若要脫離在新罕布夏州曼徹斯特市的愛爾蘭貧民窟，就要借助教育的力量。沙利文也是主張學校廢除種族隔離的主要倡導者。

一九六三年，種族隔離主義者試圖關閉所有公立學校，來迴避種族融合令，之後沙利文代表甘迺迪政府，努力讓維吉尼亞州愛德華王子郡的學校重新開學。白人父母把他們的孩子送到特殊的私立學校，黑人孩子則沒有學校可念。沙利文的工作很艱難，市民們經常把垃圾倒在他租屋處的臺階和陽臺上，還有炸彈威脅，甚至有人朝他的窗戶開槍。在約翰．甘迺迪（John F. Kennedy）總統遇刺後，他的弟弟——美國司法部長羅伯特．甘迺迪（Robert F. Kennedy）於一九六四年拜訪了愛德華王子郡的沙利文。

「孩子們非常喜歡他，而且很明顯，他們給了他迫切需要的心理支持。」沙利文後來這樣寫道。

一九六四年九月，沙利文受學校董事會聘請，來到了柏克萊。一開始是很冒險的，學校董事會成員因努力整合學校，而面臨被收回職位的命運，但他們倖免於難，這也確保了沙利文能夠執行他的任務。一九六七年五月，沙利文告訴柏克萊學校董事會：「**這些學校將在一九六八年九月完全廢除種族隔離**，我們可能會在那一天創造歷史。」

沙利文在《現在正是時候》(*Now Is the Time*)一書中記錄了他在柏克萊的經歷，書中引用馬丁・路德・金恩一九六三年在華盛頓大遊行[27]上的感言：「現在是實現民主承諾的時候了。」金恩博士與沙利文成為了朋友，他為沙利文的書寫序，日期標註於一九六七年九月一日：「我相信，我們的學校必須、也能夠在這項偉大的努力中，發揮帶頭作用。」然而，金恩博士沒能活著看到結果。

一九六八年，也就是發生暗殺和民眾暴動的那一年，沙利文兌現了他的承諾。公車把黑人小孩從柏克萊的平地送到山丘上的學校，白人孩子則搭公車到平地的學校——**柏克萊成為美國整合學校的最大城市**。

「若一個中等規模的城市，有著許多白人偏執者，他們能夠用仇恨文學淹沒民眾的郵件，這種白人和黑人都充滿種族主義的城市，有可能成功嗎？」

「在柏克萊這個城市，答案是響亮的『可以』。」沙利文寫道。

賀錦麗沒有搭過一九六八年的那些公車，她太小了。一九六九年，也就是她上幼兒園的那一年，她也沒有搭這些公車。那一年，她的父母為她在柏克萊的蒙特梭利學校登記入學。

---

27 為工作和自由向華盛頓進軍，也稱「向華盛頓的偉大進軍」，是美國歷史上最大的一場人權政治集會，目的在於爭取非裔美國人的民權和經濟權利。集會中，馬丁・路德・金恩在林肯紀念堂前發表了著名演講「我有一個夢想」(I Have a Dream)。

但在一九七〇年秋天，那個小女孩確實搭上了一輛公車，前往千橡樹小學（Thousand Oaks Elementary）就讀一年級，那裡離她家有三．七公里。在種族隔離廢除之前，千橡樹裡有一一%的學生是黑人；到了一九七〇年，已有超過四〇%的黑人小孩。

「不管我們能否改變成年人，我們都能改變孩子。我們的孩子將在一個視正義為行為準則的社區中長大，我們希望他們能傳播正義。」沙利文的情懷高尚而有抱負，但顯然並不容易。

**

半個世紀後，在競選總統的激烈角逐中，有個人決心讓美國人回到歷史上的重要時刻。在佛羅里達州邁阿密的艾德麗安．阿什特表演藝術中心（Adrienne Arsht Center for the Performing Arts）大舞臺上，這位母親來自印度、父親來自牙買加，曾任職檢察官，後來成為政治人物的美國參議員——賀錦麗，並不打算沉默。

「我想談談種族問題。」她來自加州，才剛擔任第一任的參議員。而她在這場長達一個小時你來我往的民主黨總統初選辯論中如此說道，旨在推翻川普總統。

其中一位主持人——MSNBC（美國NBC新聞〔NBC NEWS〕系列頻道的有線電視新聞頻道）的瑞秋．梅道（Rachel Maddow）要求她不要超過三十秒。賀錦麗聽完微笑，使自己鎮定下來……二〇一九年六月二十七日[28]那一天，她想說的事情，可能需要超過半分鐘。

她轉向前副總統——領先者拜登；拜登比她年長二十二歲，是另一個世代的人。賀錦麗的開頭很溫和，她說，她不相信他是一個種族主義者，暗示著或許他就是。然後她話鋒一轉：過去，拜登在參議院的日子聽起來幾乎是很浪漫的，當時政治相當文明，而他身為德拉瓦州（Delaware）的自由主義者，曾與密西西比州的詹姆斯．伊斯特蘭（James O. Eastland）和喬治亞州的赫爾曼．塔爾梅奇（Herman E. Talmadge）等老民主黨參議員共事，他們都是種族隔離主義者。他們所制定的立法，是試圖阻止公車載送學生，以免廢除公立學校中的種族隔離。賀錦麗稱這「很傷人」。

「**在加州有一個小女孩，她是公立學校的次等一員，她追求無種族隔離，每天坐公車去上學，而那個小女孩就是我。**」賀錦麗這句話，成了這場辯論的招牌臺詞。

在接下來的幾天裡，賀錦麗的支持者和批評者將會激烈爭論：這次精心策劃的襲擊，在政治上是否明智、卑鄙、或愚蠢？抑或是一位希望獲得美國總統提名的民主黨候選人，非常需要的突破時刻？至少，**賀錦麗宣稱自己是多元文化美國的化身，也是廢除種族隔離主義政策的直接受益者，而該政策來之不易**，受到種族隔離主義者竭力阻止。儘管令人有些不安，不過這個即時政治事件的戲劇性，掩蓋了她出生的時代背景。

---

28 即第一場民主黨初選辯論的時間。

這個時刻，就是要將賀錦麗推至領先者的地位，鞏固她在民主黨的基礎（尤其是鞏固黑人選票），並削弱領先者拜登的氣勢。這短暫的發揮了效果，於是賀錦麗的競選團隊抓住機會，在推特上發布了一張她小時候的照片，照片上她紮著兩個小辮子，臉上帶著堅定的表情。拜登的團隊因而處於守勢。此外，賀錦麗的競選團隊還出售T恤來賺錢，T恤上印有辮子小女孩圖樣和「那個小女孩就是我。」（THAT LITTLE GIRL WAS ME.）字樣，售價二九．九九美元到三二．九九美元。

賀錦麗參選總統完全是為了要獲勝。為了做到這一點，她必須擊敗領先者。她的失敗可以歸因於她的失誤和某些她無法控制的因素。不過，儘管她的競選活動在第一輪投票前陷入停頓，賀錦麗還是給人留下了深刻的印象。**她身上就是有種特質，能讓人印象深刻**。

這就是賀錦麗的成功之道。

第 3 章

教育、種族隔離，與屠殺

An Education, Apartheid, and a Slaughter

和其他選擇上霍華德大學的人一樣，賀錦麗本可以去其他頂尖大學，但她選擇了一所歷史悠久的黑人學院，因為在那裡，她的身分會受到尊重。

二〇一七年五月十三日，霍華德大學成立一百五十週年，也是賀錦麗畢業的三十一年後，身為參議員的她回到母校發表畢業典禮演講。

和許多霍華德校友一樣，賀錦麗對母校十分忠誠，談起母校時也充滿深情。她談到了在她之前畢業的霍華德優秀畢業生，比如作家托妮．莫里森（Toni Morrison，一九九三年諾貝爾文學獎得主）、前最高法院大法官瑟古德．馬歇爾（Thurgood Marshall）等。在這場畢業典禮演講中，她詳述了霍華德大學的校訓：*Veritas et Utilitas*——真理與服務。她沒有指名道姓的提到川普，但誰都能明確聽出她指的是誰。

「當有不成比例的黑人和棕色人種美國人，被困在一個支離破碎的大規模監禁體系中，請說出真相並提供服務。當有一些男人、女人和兒童，只是因為他們敬拜的神，就被扣押在我國的機場時，請說出真相並提供服務。當移民者在學校和法院外，被從他們的家人身邊強行帶走時，請說出真相並提供服務。」

**

霍華德大學在美國歷史上素有獨特的地位，現在加上賀錦麗的崛起，就更是如此了。該校以奧利弗．霍華德（Oliver O. Howard）的名字來命名，他是美國南北戰爭時期的一位少將，負責被解放黑奴事務管理局（Bureau of Refugees, Freedmen, and Abandoned Lands，簡稱

Freedmen's Bureau），為確保四百萬個因《解放奴隸宣言》（*Emancipation Proclamation*）和內戰而獲得自由的人而鬥爭，讓他們能夠有結婚、擁有土地、謀生、投票和受教育的權利。在培育教師和幫助曾被奴役者獲得社會地位方面，霍華德扮演著非常重要的角色。

一八六七年三月二日，歧視黑人、重度酗酒、偏好陰謀論的**安德魯・詹森總統**（Andrew Johnson）**簽署了一項立法，特許設立霍華德大學**。就在同一天，國會推翻了詹森對第一份《重建法案》（*Reconstruction Act*）[29]的否決權，一年之後，他還被眾議院彈劾。在霍華德大學的歷史中，在該校任教近三十年的歷史教授雷福德・洛根（Rayford W. Logan）寫道，鑑於詹森的種族主義觀點，簽署該法案的決定「可能不是利他主義」。他寫道，也許詹森沒有意識到他簽署的這份法案的重要性。

二〇二〇年十一月七日，拜登宣布在總統競選中獲勝；當選副總統的賀錦麗走上講臺，只見她身穿白色套裝並戴著珍珠耳環，前者用以紀念女性獲得選舉權一百週年，後者則紀念美國第一個黑人女性成立的黑人姐妹會——阿爾法・卡帕・阿爾法（Alpha Kappa Alpha，簡稱AKA，成立於一九〇八年）[30]。賀錦麗讚揚了在她之前的女性政治人物，比方說雪莉・奇瑟姆、希拉蕊・

29 提出了南方各州重新加入聯邦的相關程序。

30 此姐妹會以串有二十顆珍珠的項鍊作為信物，象徵姐妹之間的深厚友誼。賀錦麗在大學畢業後，經常在重要場合配戴珍珠項鍊。

柯林頓（Hillary Clinton）等人，並且親自證明了這件事：**只要有天賦、有動力，還有一定的運氣，任何女孩都可以成為自己渴望成為的人**。對於賀錦麗所屬的AKA姐妹會來說，她的崛起尤其事關重大：該姐妹會的成員以及另一個由黑人女性創立的「神聖九」（Divine Nine，簡稱D9）[31]姐妹會成員，對拜登與賀錦麗勝選絕對貢獻良多。

「今晚，我反思她們的奮鬥、她們的決心，還有她們的遠見，看看過去的努力，可以卸下多少負擔。」賀錦麗對聚集在德拉瓦州威爾明頓（Wilmington）[32]的群眾說，也對在全國和世界各地收看的觀眾說。當中許多是霍華德的校友。

凱倫．吉布斯（Karen Gibbs）在華盛頓郊區的家中收看這一切。在霍華德大學，她和賀錦麗住在隔壁，並成為了最好的朋友。

當吉布斯看到自家孩子們的教母出現在電視上致詞，她心中情緒滿溢：「非常興奮，非常自豪，非常感激！我整個人激動不已！」

霍華德大學離白宮只有不到四公里的距離，學校出了市長、參議員、最高法院法官、諾貝爾獎得主，現在又有一個校友即將入主白宮。和其他選擇上霍華德大學的人一樣，賀錦麗本可以去其他頂尖大學，但她選擇了一所歷史悠久的黑人學院，因為在那裡，她的身分會受到尊重，可以和像她一樣的人在一起，而身為一個非上流社會出身的人，也不必拚命爭取那樣的一席之地。

「最後是賀錦麗帶我們迎向成功，讓人情不自禁的感到非常、非常快樂，充滿了希望。」羅恩．伍德（Ron Wood）說。他是一名律師，也是霍華德大學的傑出畢業生，他在洛杉磯的家中觀看了她的演講。

＊＊

賀錦麗在柏克萊和奧克蘭長大，從蹣跚學步時開始，就參加了抗議活動，她非常適合一九八〇年代中期的霍華德大學。

「我們會在週五晚上跳舞，週六早上去抗議。」賀錦麗在一段總統競選影片中談到在霍華德大學的生活。這段影片提及傳統黑人大學[33]的校友，特別是她那些AKA姐妹們，這個網絡由受過大學教育的有成就女性所組成。賀錦麗在《我們掌握的真相》中寫道：

每一天，你都可以站在庭院的中央，看看右邊，年輕的舞者在練習舞步，音樂家在演奏樂器；再看向左邊，有提著公事包的學生走出商學院，還有穿著白袍的醫學院學生正返回實驗室。

31 為一合作聯盟，成員包括五個兄弟會及四個姐妹會，AKA也是其一。
32 發表勝選感言處，也是拜登的家鄉。
33 傳統黑人大學是指美國一九六四年前，專為黑人設立的高等教育機構。

一群學生可能會笑成一團，或者陷入深入的討論……這就是霍華德的魅力所在。其中的一舉一動都在告訴學生，我們有無限的可能——我們年輕、有天賦、是黑人，不應該讓任何東西阻礙我們的成功。

賀錦麗於一九八六年畢業，獲得政治學和經濟學學位。那年的霍華德大學年鑑顯示，前紐約眾議員、首位黑人總統候選人雪莉・奇瑟姆因她的職業生涯而受到表揚；音樂家溫頓・馬沙利斯（Wynton Marsalis）和嘻哈樂團 Run-DMC 登臺表演。一九八四年，全國合法飲酒年齡從十八歲提高到二十一歲，年輕的學生對此感到非常不悅；霍華德大學的學生開始使用個人電腦，價格高達三千美元；學生們組織了一場抵制可口可樂的運動，因為該公司在黑白種族隔離的南非做生意。一九八六年一月二十日，美國第一次慶祝馬丁・路德・金恩紀念日，浸禮宗牧師傑西・傑克遜（Jesse Jackson）那天在霍華德大學談到了金恩博士。

凱倫・吉布斯和賀錦麗過去常一起逛街，分享從家裡寄來的東西，星期日定期到華盛頓不同的教堂做禮拜，也一起做菜。

「她過去常常嘲笑我做的菜，說我的菜沒味道。」吉布斯說。

賀錦麗會到吉布斯在德拉瓦州的家，吉布斯也會拜訪賀錦麗在奧克蘭的家。吉布斯高度讚揚賀錦麗，甚至邀請她做孩子們的教母，賀錦麗感到非常榮幸。直到今天，吉布斯在做沙亞馬拉教她的料理時——用奶油和肉桂煎綠蘋果——還會想起她。**在霍華德大學，賀錦麗和吉布斯專注**

於實現目標，想成為律師和檢察官，而兩人都做到了。吉布斯說：「我們就是在那裡長大的，在那裡，我們發現了真正的自己。那是一段興奮的時光，周遭有那麼多年輕、有天賦的黑人。」

賀錦麗參議員邀請吉布斯出席參議院司法委員會的確認聽證會，對象是最高法院大法官提名人布雷特・卡瓦諾（Brett Kavanaugh）。對賀錦麗來說，她的老朋友吉布斯對其表現的評價至關重要，因為吉布斯自己也經常質詢懷有敵意的證人。而吉布斯認為賀錦麗對卡瓦諾的提問很巧妙。

**

在霍華德大學期間，賀錦麗在時任美國參議員阿蘭・克蘭斯頓（Alan Cranston）的辦公室實習，後來她將繼續接手克蘭斯頓曾經待過的位置。她還參加了反對種族隔離的遊行。根據美聯社（Associated Press）一九八四年十一月七日的報導，一九八四年雷根總統連任後不久，南非聖公會主教戴斯蒙・屠圖（Desmond M. Tutu）[34]在霍華德大學發表演講，指控雷根政府與南非

34 自一九八〇年代開始，致力於廢除南非種族隔離政策，後於一九八四年獲得諾貝爾和平獎。他在一九八五年成為約翰尼斯堡區主教，隔年成為開普敦區大主教，這是南非聖公會等級中最高級的職位。

合作，使種族主義永存於他的祖國。屠圖指出，在他的家鄉，雷根政府的政策「對黑人來說，是一場徹底的災難」，雷根的政策鼓勵政府「加大鎮壓力道」和「更加不妥協」。

在賀錦麗的家鄉加州，一些掌權人士正在採取行動，打算推翻南非政權。一位有影響力的共和黨員，在這件事情中發揮了極大的作用……。

多年來，來自洛杉磯的時任加州眾議員瑪克辛・沃特斯（Maxine Waters）一直在推動立法，試圖迫使管理加州龐大公務員退休基金的基金經理人們，撤掉在南非做生意那些公司的持股，但她未能成功。時任加州眾議院議長威利・布朗盡其所能提供幫助。一九八五年六月，布朗呼籲加州大學董事會收回該大學投資在南非的退休基金。儘管布朗當時處於權力巔峰，可以控制大學的資金，但董事會拒絕了他的請求。至於時任州長喬治・杜美金（George Deukmejian，一個共和黨員），一開始是同意董事會這個決定的。

當學生們繼續抗議種族隔離制度，布朗則去說服杜美金州長，還特意去了他吃午餐的地方，也就是國會大廈地下室的自助餐廳。平時布朗絕對不會一個人去地下室吃飯，因為他喜歡更好吃的餐點；反觀杜美金，只要有鮪魚三明治就可以了，更別提鮪魚正是布朗不喜歡的食物之一。這位議長為了一項重要的事業，犧牲了他的味蕾，他在自傳《基礎布朗》（*Basic Brown*）中寫道：「在那幾頓午餐之間，我們談了很多事情，包括一九一五年土耳其人對亞美尼亞人民的種族滅絕[35]——這是杜美金人生中經歷過的恐怖事件，因為他的家人當時也遭受極大的痛苦。我指出了那時的亞美尼亞人民與現在的南非黑人公民，兩者處境的相似之處。」

於是，杜美金的立場改變了。一九八六年年中，杜美金的幕僚長史蒂芬・墨沙默（Steven Merksamer）打電話給加州大學校長，說州長正在重新考慮他反對撤資一事。

然後，杜美金向他的朋友雷根總統求助。在雷根擔任州長期間，和雷根最親近的議員就是杜美金。**在給雷根總統的一封信中，杜美金敦促他「向種族隔離的南非施加壓力」**，而信上署名：「杜克」（Duke）[36]。

一九八六年七月十六日，杜美金寫信給董事會：「在這個重大危機時刻，我們不能背棄南非黑人。作為世界第七大經濟體[37]，加州可以有所作為。我們必須捍衛自由，反對任何地方侵犯人權。」

兩天後，在杜美金出席的情況下，董事會改變了立場，投票決定脫手在南非經營之公司的股份，價值數十億美元。

而在沙加緬度，瑪克辛・沃特斯眾議員於一九八六年再次提出立法，強制國家退休基金出

---

35 指鄂圖曼土耳其政府於一九一五年至一九一七年間，對其轄境內亞美尼亞人的種族屠殺，受害者人數達一百五十萬之多。

36 杜美金（Deukmejian）的暱稱。

37 假設加州是一個主權國家，將其國內生產毛額（GDP）與他國比較，一九八六年時可排名到第七，前有美國、日本、德國、法國、英國、義大利；至二〇二〇年，已成為世界第五大經濟體，前有美國、中國、日本、德國。

售在南非那些公司的股份。杜美金的主要政治支持來源——大型企業，大力遊說反對這項立法。但立法機構在共和黨員的投票下，通過了該法案。在簽署沃特斯法案的那天，杜美金提出了他一直問自己的問題：「如果我們的權利和個人自由被剝奪了，但世界其他地方卻對我們置之不理，我們會作何感想？」

如果賀錦麗關注國內發生的事情，她就會明白在沙加緬度的行動很重要。加州再次證明，這個行動即使不能領導一個國家，也可以領導一場運動。納爾遜・曼德拉（Nelson Mandela）就是其中一個例子。

一九九〇年，也就是賀錦麗開始擔任阿拉米達郡檢察官的那一年，南非當局釋放了被監禁將近二十七年的曼德拉。當年六月，曼德拉現身奧克蘭競技場[38]，在六萬名高呼著「自由，自由」的民眾面前凱旋而歸。在奧克蘭的訪問中，曼德拉讚揚了透過撤資向南非施壓的加州政治領導人。

多年後，布朗提起此事：「我沒想到我們所做的事情，能在全世界產生如此大的影響。我們竟為曼德拉帶來了打開監獄的鑰匙。」[39]

**

後來，沙亞馬拉和瑪雅一起回到了奧克蘭，在奧克蘭海灣對面的柏克萊找到了一份研究工作。賀錦麗也決定回家，她的下一站是位於舊金山市中心的加州大學哈斯汀法學院。

一九八七年，她進入了法學院。就在那一年，在杜美金領導的一場運動中，加州選民罷免了三名自由派的加州最高法院法官。杜美金用保守派取代了三位民主黨任命的法官，讓共和黨任命的法官在最高法院占據多數席位，接下來三十年，就一直維持這個狀態。

賀錦麗就讀的法律學系培養出許多成功的律師，例如麥格雷戈・斯科特（McGregor Scott）曾在喬治・布希（George W. Bush，又常被稱為小布希）和川普總統任內擔任沙加緬度的聯邦檢察官；另一位是約翰・史蒂文斯（John Stevens），他加入了美國外交部門，並於二〇一二年被時任總統巴拉克・歐巴馬（Barack Obama）任命為美國駐利比亞大使。二〇一二年九月十一日，恐怖分子襲擊班加西領事館，史蒂文斯遇刺身亡。

至於賀錦麗，她成為了哈斯汀黑人法律學生協會的主席，但**認識她的人都說她表現並不出眾，畢業成績非但不是最優，甚至不在前三〇%**。身為賀錦麗的同學、朋友和競選支持者，舊金山律師馬修・戴維斯（Matthew D. Davis）這麼說：「她身上沒有任何跡象顯示，她有一天會成

38 即鈴盛競技場（RingCentral Coliseum），是一座位於美國加州奧克蘭南部的多用途運動場，可供美式足球、棒球和足球等比賽使用。

39 曼德拉是積極的反種族隔離人士，當他領導反種族隔離運動時，遭南非法院判處「密謀推翻政府」等罪名而入獄。

為地區檢察官、檢察總長、參議員，甚至副總統。」

**

一九八九年一月十七日，賀錦麗在哈斯汀的生活即將結束，這時，加州和整個國家都看見了一種新的地獄……。

帕特里克・普迪（Patrick Purdy）是一名充滿仇恨的年輕人，他身穿戰鬥服，手持AK-47自動步槍，在加州城市史塔克頓（Stockton）的克里夫蘭小學（Cleveland Elementary School）操場上瞄準孩子們。當他發射完一百零六發子彈，總共有五名兒童死亡，二十九名受傷，受傷者包括一名教師。幾乎所有受害者的父母，都是為了美國承諾的自由，而離開東南亞的戰亂來到美國。普迪隨即飲彈自盡，他並不是美國第一個實施大規模殺戮的槍手，但在未來的幾十年裡，他針對兒童的特殊邪惡罪行，將在更多學校裡重演。

在沙加緬度以北約八十公里處，**民主黨議員重新啟動被長期擱置的立法——禁止攻擊性武器**（assault weapon）[40]**，來回應克里夫蘭小學槍擊案**。當時的檢察總長約翰・範・德・坎普（John Van de Kamp）是槍枝管制的支持者，他成立了一個特別工作組來協助制定這項法規。阿拉米達郡地區檢察官的首席助理理查・伊格爾哈特（Richard Iglehart）也是其中一位支持者，他提供了制定法規的專業知識，並偕同執法部門的其他人，向不敢表態的政客們爭取支持。伊格爾哈特當時說：「我們能夠立即開始動作。」

杜美金在一九八二年當選州長，有很大一部分是因為他的民主黨對手——前洛杉磯市市長湯姆．布萊德利（Tom Bradley）在那年的投票中，支持一項實施嚴格槍枝管制的倡議。由此可知，杜美金不是那種願意簽署槍枝管制法案的人。但在他的任期即將結束之際，史塔克頓大屠殺令他非常震驚。

杜美金在孩子們的葬禮上對兩千人說：「你們不是唯一感到悲痛的。」當時的發言還用了四種語言。布朗也在現場，看到州長熱淚盈眶。「你們的悲傷就是我們的悲傷，你們的痛苦就是我們的痛苦。這起可怕的悲劇震驚了本州的人民，我們都深感悲痛。」

杜美金決定限制攻擊性武器。儘管全國步槍協會和加州槍枝擁有者為此激烈遊說，立法機構還是推行了全國首個禁止攻擊性武器的措施。克里夫蘭小學屠殺事件發生四個月後，杜美金簽署了一項法案：「這些法規不會讓在史塔克頓校園裡不幸過世的五個美麗孩子復活，但我們希望並祈禱這些措施，以及我們正在尋求的其他方法，對我們這個勇敢的執法社區有所幫助。」

新法律並不完美，因為它禁止的是特定型號的槍枝，槍枝製造商做了一些小小的修改，就

40 在美國，這個詞特指某幾種類型的槍枝，在不同的地區可能定義各異，但一般來說，攻擊性武器指的是半自動槍枝，帶有大量彈藥，用於快速射擊和戰鬥用途。

能繼續銷售他們的致命武器。但在加州，一九八九年的攻擊性武器禁令，象徵著支持持有槍枝者人數開始下降。

二〇〇〇年，全國步槍協會花在加州競選活動中的政治行動基金，有三十七萬三千美元。到了二〇一〇年，也就是賀錦麗當選加州檢察總長的那一年，全國步槍協會報告表示，在加州的競選活動支出為零，因為那只是浪費錢，**加州絕大多數選民都支持嚴格的槍枝管制**。

在接下來的幾年裡，立法機關讓法律更加嚴格，因此在加州，只要持有超過十發子彈的快速攻擊武器，即違法。其他法律要求包括：調查所有購買槍枝者的背景；限制廉價手槍的銷售；禁止有酗酒或家庭暴力史的人購買槍枝；禁止在大學校園內購買槍枝；限制人們在一個月內可以購買的槍枝數量，並且只允許向合法擁有槍枝的人出售彈藥。除了這些之外，還有很多限制。

賀錦麗在她職業生涯的早期，就認知到槍枝落入壞人手中的殘酷現實。身為一名檢察官，她將是積極執行加州法律的人，這些法律要讓不應該擁有槍枝的人遠離槍枝。

第 4 章

政治的滋味

A Taste of Politics

在賀錦麗的職業生涯早期，布朗利用他的影響力為她打開大門，這就是政治上長期以來的傳統——師徒制度和任人唯親。

檢察官們都很清楚，他們看到的多是生活中醜陋的一面。即便如此，阿拉米達郡的犯罪世界還是引人注目。一九九〇年，當新上任的檢察官賀錦麗走進阿拉米達郡地區檢察官辦公室的大門，奧克蘭市的謀殺案達到一百四十六起，超過了前一年的紀錄，一九九二年更達到了一個新高峰，有一百六十五起。幾年前，一個在監獄裡被謀殺的大毒梟，他的送葬馬車隊伍穿過奧克蘭時，還吸引了一千名哀悼者。

某些早上，等待處理交通違規案件的人們，會沿著威利．曼努埃爾法院（Wiley W. Manuel Courthouse）周圍排隊。這座實用主義建築得名自一名奧克蘭人，他是加州最高法院的首位黑人大法官。法院、奧克蘭警察局總部和阿拉米達郡監獄之間，由一條橋連結。刑事司法中心位於環繞舊金山灣東岸的高速公路旁，離一九八九年十月十七日在洛馬普里塔（Loma Prieta，位於北加州）地震中倒塌的雙層高架高速公路不遠，那場地震造成六十三人死亡，其中四十二人死於坍塌的高架公路。

二十五歲的賀錦麗，父母都是柏克萊的知識分子，而她在第二次嘗試，終於通過以困難出名的加州律師公會考試之後，就在這裡以代理地區檢察官身分，開始了她的職業生涯。

在三十年後的總統競選演講中，賀錦麗解釋自己為什麼想成為檢察官：「我知道，在我們的社會中，最常成為掠奪目標的，往往是那些沉默和脆弱的人。」

賀錦麗會穿過法院的門，爬樓梯到二樓的地區檢察官辦公室，如果她願意，她也可以和陪審員、被告、證人和辯護律師一起搭電梯。警察在作證前，會抓緊時間睡個幾分鐘。同時可能有多達五場審判正在進行。回想過去，AKA姐妹會已像是另一個世界。

＊＊

一九八八年，作為一名法學院學生，賀錦麗在阿拉米達郡地區檢察官辦公室擔任書記員；這是一份別人夢寐以求的工作，因為不但可以獲得法庭經驗，而且也有薪資報酬。該辦公室的傳奇歷史，吸引了雄心勃勃的年輕律師。舉例來說，前加州州長兼美國最高法院首席大法官厄爾・華倫（Earl Warren）曾是阿拉米達郡地區檢察官；雷根總統的司法部長艾德溫・米斯三世（Edwin Meese III），也來自阿拉米達郡地區檢察官辦公室；另外還有加州最高法院法官陳惠明（Ming William Chin）和卡蘿・科里根（Carol A. Corrigan）。中午，賀錦麗和其他年輕律師會帶著棕色手提包到法律圖書館，資深檢察官會在那裡描述案件，並提供審判策略方面的建議。

「在那群年輕人中，她確實比較突出，她身上有種不同的自信。」阿拉米達郡地區檢察官南西・奧馬利（Nancy O'Malley）說，她當時是賀錦麗的主管之一。賀錦麗精力充沛、願意接棘手的案子、專注積極、力求成功，很早就知道該去哪裡接受她需要的教育。「前輩們說話的時候，她很仔細在聽。」

和其他新手一樣，賀錦麗處理過較輕的案件，很多都是酒後駕車，也有一些重罪案件的初期程序。因為崗位輪調，她到阿拉米達郡的城市海沃（Hayward）、佛利蒙（Fremont）的分院工作了六個月，再於一九九一年十二月回到威利・曼努埃爾法院。這段期間內，她一直學習審訊技巧，在她成為美國參議員後，這些技巧非常受用。

沒有一個年輕的律師，會忽視一九九一年十月在華盛頓發生的事情。當時拜登是美國參議員，他在最高法院大法官提名人克拉倫斯・托馬斯（Clarence Thomas）的確認聽證會上，擔任司法委員會主席。法學教授安妮塔・希爾（Anita Hill）在清一色是白人男性的委員會面前提出控訴，當她在教育部和公平就業機會委員會（Equal Employment Opportunity Commission，簡稱EEOC）擔任托馬斯的下屬時，托馬斯曾向她施壓，要求跟她約會，還談論色情影片。委員會裡那些男人都侮辱和貶低希爾，托馬斯更譴責這次聽證會是「高科技私刑」。

司法委員會在沒有推薦人的情況下，將托馬斯的提名提交到參議院，參議院以五十二比四十八的票數通過了。拜登雖然投下反對票，但他本來沒有堅定立場的表現，激怒了許多相信安妮塔・希爾的女性。

一年後，一九九二年十月，賀錦麗被指派到少年法庭工作。這是一項艱鉅的任務，奧克蘭市的學校問題重重，以至於該地區五萬三千名學生中，有一半的人在標準化測試得分低於五〇%，且曠課情況猖獗。一九九〇年，當奧克蘭學區處於破產邊緣時，加州立法機構設立了一個管理單位來監督學校的財務狀況。**少年法庭上發生的一切都是機密，賀錦麗處理的案子都是密封的，但她經常談到聽聞兒童被性虐待和性剝削的故事**。後來的幾年裡，當她擔任影響政策和塑造法律的職位，以及她在考慮競選公職時，她將善用這段經歷。

＊＊

在一九九二年十一月七日的選舉之夜，賀錦麗駕駛著她的豐田卡羅拉（Toyota Corolla），穿過舊金山海灣大橋[41]來到諾布山（Nob Hill）街區的費爾蒙酒店（Fairmont Hotel），裡頭的民主黨員正在慶祝。

對於民主黨員來說，這是一個美好的夜晚。比爾・柯林頓（Bill Clinton）當選總統，芭芭拉・波克塞（Barbara Boxer）和黛安・范士丹（Dianne Feinstein）正沉浸在她們當選參議員的勝利喜悅中。波克塞是兩位參議員中比較開明的一位。一九九一年，她與另外六名民主黨國會女議員來到參議院，要求與民主黨員討論任命托馬斯一事，結果被拒絕，不能參加定期於週二舉行的非公開會議。但波克塞利用希爾遭受的不當對待和托馬斯的當選，激勵選民，並在一九九二年勝選，這一年是所謂的「女性年」。

那時根本沒有人能想像到，當年在擁擠的費爾蒙舞廳裡那名二十七歲女子——賀錦麗，居然能在二〇一六年取代波克塞，成為美國參議員，然後在參議院司法委員會中獲得席位。但

41 即舊金山—奧克蘭海灣大橋（San Francisco-Oakland Bay Bridge），當地多簡稱為海灣大橋（Bay Bridge），又譯為灣區大橋。

二十七年後，賀錦麗出現了，來自舊金山郊區門洛派克（Menlo Park）的心理學家克里斯汀・布萊西・福特（Christine Blasey Ford）勇敢的站出來作證，稱川普的第二位最高法院提名人布雷特・卡瓦諾在他們十幾歲時性侵了她。這情況與托馬斯的提名聽證會顯然很相似，結果也一樣。民主黨員曾試圖探出卡瓦諾對「羅訴韋德案」（Roe v. Wade）之看法，但沒有成功；羅訴韋德案判定於一九七三年，具有里程碑意義[42]。

賀錦麗利用自己的時間和在阿拉米達郡地區檢察官辦公室學到的技能，迅速應對此案：「你能想到有什麼法律，賦予政府權力來替男性身體下決定嗎？」

卡瓦諾結結巴巴的說：「我沒有……我現在沒有想到任何相關法律，參議員。」

賀錦麗通往國會聽證會的道路，經過了沙加緬度。

＊＊

賀錦麗的生活在一九九四年出現轉折。她與美國極有天賦的政治人物之一——加州眾議院議長威利・布朗發生了關係。這段關係是不平衡的，他比她大三十歲。但他們有共同的動力和智慧，而且他們都沒有很多資源，卻達成了很大的成就，布朗一路走來的經歷尤其令人生畏，因為他是在吉姆・克勞（Jim Crow）那個種族隔離的時代，從德州來到現在這個位置的。

為了獲得統治地位，布朗必須讓大眾認識自己，因此他與《舊金山紀事報》（*San Francisco*

Chronicle）的專欄作家埃布·卡（Herb Caen）建立了至關重要的友誼。埃布告訴我他成功的祕訣之一：舊金山不是一個名人雲集的城市，所以他必須創造名人。這也是為什麼他的三點新聞（three-dot journalism）[43]，能成為五十年來舊金山人必讀的專欄。他定義了這個城市，既是城市的捍衛者，也是城市的批評者，還是各階級之間中立的仲裁者。在他所記錄的這個世界中，發揮了最大作用的，就是他的好朋友布朗。他們週五固定在 Le Central 小酒館共進午餐，並且同遊巴黎。布朗穿著西服店 Wilkes Bashford 的西裝，戴著軟呢帽，或開著他的新法拉利，總是妙語連篇、時髦有型；他是梅西百貨（Macy's）廣告旁邊那些時髦不羈、動人有趣、毫不沉悶的專欄常客。

一九九四年三月二十二日，布朗為埃布提供了特別豐富的寫作素材。布朗在億萬富翁羅恩·伯克爾（Ron Burkle）的地產「綠畝莊園」中，慶祝自己六十歲生日。

綠畝莊園最初是由默劇電影明星哈羅德·勞埃德（Harold Lloyd）建造，位在本尼迪克特峽

42 羅訴韋德案的起訴女性化名珍妮·羅（Jane Roe），起訴對象是德州達拉斯市的地區檢察官亨利·韋德（Henry Wade），前者指控德州禁止墮胎的法律，侵犯了她的「隱私權」。最後美國聯邦最高法院承認婦女的墮胎權，受到憲法隱私權的保護。

43 一九三〇年代開始流行的特定用語，用來描述遵循美國專欄作家沃爾特·溫切爾（Walter Winchell）編排風格的八卦專欄，該風格大致是在一段文字中敘述多項消息，每項之間用三個點來表明前後是不同消息。

谷（Benedict Canyon）[44]約六公頃的蔥翠土地上，占地約三千三百五十平方公尺。

伯克爾和布朗是朋友，有一段時間，伯克爾聘請布朗擔任他的律師之一。整個一九九〇年代，伯克爾經常在綠畝莊園，為柯林頓總統和其他著名民主黨員舉辦政治募款活動。《洛杉磯時報》稱其為募款場所中的凡爾賽宮。據埃布報導，歌手芭芭拉．史翠珊（Barbra Streisand）出席了布朗的六十歲生日宴會，而演員克林．伊斯威特（Clint Eastwood）「把香檳灑在了議長的新交往對象賀錦麗身上」。關於布朗和賀錦麗的關係，這可謂相當公開的介紹。

在兩人交往的過程中，布朗給了賀錦麗一輛 BMW，她和他一起去巴黎，還一起出席了奧斯卡頒獎典禮；**一九九四年，布朗飛往波士頓時，賀錦麗也是隨行人員之一**。在波士頓的時候，布朗接到了紐約億萬富豪川普的電話。川普想討論一下他構思的洛杉磯飯店計畫，於是派飛機前去波士頓，接布朗一行人飛來紐約，其中不僅有布朗的朋友們，還包括賀錦麗。這架飛機鍍金，機艙牆壁上掛著珍貴的畫作，還有川普當時的妻子瑪拉．梅普爾斯（Marla Maples）[45]留給他的便條。布朗和川普在廣場酒店共進午餐，不過洛杉磯的這個計畫並未實現。川普和賀錦麗當時可能沒有見到面，但她距離威利．曼努埃爾法院已經越來越遠。

**

一九九四年，布朗面臨著限制議會任期的決定結果。這件事情始於一九八六年，當時來自喬治亞州的商人們，說服一名議員提出一項法案，允許興建蝦子加工廠，並且提供資金，讓立法之路更加順遂。加州立法機關參眾兩院都通過了這項法案，但事實上根本沒有蝦子加工廠，也沒有商人，這一切都是假的，是聯邦調查局設局的一部分。

一九八八年，調查局探員搜查了幾名議員的州議會辦公室，這一醜聞被公諸於世。我跟其他報導記者都認為，他們的目標是布朗，而他也的確是。十幾名議員、說客和其他涉案者被判刑或認罪，但是布朗知道規則和法律，他並沒有越界。然而，還有另一個影響更深遠的代價。

一九九〇年，保守派利用這個醜聞，推動了一項限制議員任期的倡議，他們的目標就是驅逐布朗，這個曾以「議會的阿亞圖拉[46]」自居的議長。在該州較為保守的地區，操作者將一些內容有損布朗形象的競選郵件寄給選民。儘管舊金山的選民壓倒性的反對任期限制，但在全州範圍內，這項措施以五二％對四八％的比例通過了。也就是說，一九九四年的選舉，將是布朗的最後一次議會選舉，這個終結連他也始料未及。

一九九四年，時任加州州長皮特．威爾遜（Pete Wilson）擊敗了加州財政部部長凱瑟琳．

44 位於加州洛杉磯的西部。
45 兩人在一九九三年結婚，一九九九年離婚。
46 伊朗等國伊斯蘭教什葉派領袖之尊號。

布朗（Kathleen Brown），她是帕特・布朗的女兒、傑瑞・布朗的妹妹，後兩者都擔任過加州州長），贏得了連任。**威爾遜的競選政見包括支持死刑、被稱為一八七號提案[47]的反對非法移民倡議，以及極其嚴厲的「三振出局」一八四號提案[48]**。加州的「三振出局法」由加州懲教和平官員協會（California Correctional Peace Officers Association，簡稱 CCPOA）和全國步槍協會資助，該法讓許多因入店行竊而被定罪的人，被判終身監禁。分析人士預測，加州將需要二十五座新監獄，以容納即將到來的近十萬名囚犯。

在全國範圍內，紐特・金瑞契（Newt Gingrich）領導的共和黨員掌控了美國眾議院。在加州，共和黨二十五年來首次翻轉議會，以四十一比三十九的席次差距勝出。這意味著布朗將在十二月立法機構召開會議時，失去議長一職……至少人們是這麼認為的。

不過，布朗還有一些動作。

一九九四年，賀錦麗請假暫離阿拉米達郡代理地區檢察官的職位，因為布朗讓她進入州委員會，負責聽取那些失業救濟遭拒者的申訴。該職位的任期將於一九九五年一月一日結束，超過了布朗仍然擁有權力的時間。因此，在十一月下旬，他把她安排到一個單獨的兼職委員會，負責監管加州的醫療照護合約，是一份年薪七萬兩千美元的工作，跟支付給議員的薪水一樣。**她一直在這個職位待到一九九八年，也就是他們關係結束三年之後**。我第一次寫到有關賀錦麗的事，是在她接受這職位的時候，她當時拒絕受訪，布朗的辦公室也拒絕接聽我的電話。共和黨員對此表示抗議，但無力阻止。

「可以肯定，我們平常不會這樣任命。」加州眾議院共和黨領袖吉姆・布魯特（Jim Brulte）的發言人菲爾・派瑞（Phil Perry）當時這樣說。布魯特是接替布朗出任州眾議院議長的人選。

**

布朗並非靜靜的離開議長席。一九九四年十二月五日，議長選舉當天，我在會議廳，現場在逐一喊出票投給誰。當議會書記走到保羅・霍徹（Paul Horcher）面前，這名來自洛杉磯東部小鎮的共和黨後座議員[49]用拳頭猛擊桌子，大聲喊道：「布朗！」這造成了一個四十比四十的局面，使眾議院陷入混亂。在一整年的時間裡，布朗設法藉由安排共和黨盟友擔任議長，來維持控制。一九九六年，共和黨員成功任命了自家黨派的眾議院議長，但不可避免的事情還是發生了——共和黨在那一年的選舉中失去了眾議院的多數席位，而且從那以後一直沒有收復失土。

那時，布朗已經離開了。

47 目的是阻止非法移民免費使用加州的公共服務設施，包括急診室、公立中小學校等。最終此提案宣告違憲。

48 又稱三振出局法、三振法，是美國聯邦層級與州層級的法律，要求州法院對於犯三次以上重罪的累犯，採用強制性量刑準則，大幅延長其監禁時間。

49 後座議員通常是新當選或委任的議員，或已從內閣中離職的議員。

＊＊

一九九五年，布朗決定挑戰當時的舊金山市市長法蘭克·喬丹（Frank Jordan），這位和藹可親的前舊金山警察局長正在尋求連任。在布朗競選市長的時候，賀錦麗經常在他身邊，不只參加募款活動、戰略會議，也學習了籌備競選活動的細節。喬丹原本可能會勉強獲勝，但令人費解的是，他同意參與兩個洛杉磯音樂節目主持人的娛樂表演，和他們一起脫光衣服，赤身淋浴。在選舉前一星期裡，市長和主持人的尷尬照片（他們全都裸體）連續五天登上《舊金山觀察家報》（*San Francisco Examiner*）的頭版新聞。喬丹試圖一笑置之，說自己就是乾淨清白，並要求布朗也證明他沒有什麼可隱瞞的。但這一點用也沒有。

布朗在漁人碼頭（Fisherman's Wharf）附近的工會大廳，舉行他的選舉之夜勝利派對。當勝選消息傳來，賀錦麗走到布朗面前，遞給他一頂棒球帽，上面印著金字「市長」。他露出笑容，她也笑得燦爛，那一天是一九九五年十二月十二日。十二月十四日時，埃布·卡發表了一篇文章，將賀錦麗描述為「儲備中的新任第一夫人」。然而始終沒實現。

多年前，布朗與妻子布蘭琪·維特羅（Blanche Vitero）[50]分開生活；**他毫不隱瞞和別的女人約會的事，但兩人從未離婚，也永遠不會離婚**。當這一點日漸明顯，賀錦麗和布朗就分開了。

一九九五年聖誕節隔天，他們的結束，就跟開始時一樣，出現在埃布的三點新聞中，不過這次是最後一次出現。埃布在《舊金山紀事報》上寫道：「『一切都結束了。』當選市長的布朗在週末說出這句話，宣告他與阿拉米達郡代理地區檢察官賀錦麗的長期戀情結束了。」

對於非常注重隱私的賀錦麗來說，她的個人生活持續在埃布的專欄中上演，一定讓她很痛苦。但這段關係從一開始就不平衡，所有權力都在布朗手上。在賀錦麗的職業生涯早期，布朗利用他的影響力為她打開大門，這就是政治上長期以來的傳統——師徒制度和任人唯親。沒有人單純靠自己的力量站起來，布朗年輕時，也受過前眾議員菲利普·伯頓（Phillip Burton）的幫助。然而一旦初始階段即是如此，賀錦麗勢必要走出自己的路。

她於二〇一四年結婚，且許久不再公開談論布朗，自傳中更是隻字未提。二〇一九年，八十幾歲的布朗仍會提到她，他在接受電臺採訪時說，自己對這段感情的投入程度比不上她。他還明確表示，這段感情都是為了他自己：「這是一段真正的戀情。我愛我自己，而她也愛我。」

＊＊

一九九六年一月八日，七千五百人聚集在舊金山馬丁·路德·金恩紀念園前的市中心廣場，參加布朗的就職典禮。突然，在講臺上特別安裝的電話響了，一名接線員讓即將上任的市長

50 兩人於一九五八年結婚，育有三名小孩。

暫時停止致詞。布朗開玩笑的假裝被冒犯了，並回到自己的座位上。舊金山的招牌牧師、民權領袖——塞西爾・威廉斯（Cecil Williams）牧師繼續進行儀式。

然後來電的人說話了。

「威利？」

「不，總統先生，我是塞西爾・威廉斯。」

布朗匆匆從座位起身，走到講臺上拿起電話。

他對他的老朋友柯林頓總統說：「你應該來我們這裡的，這真是令人難以置信。沒有雪，也沒有共和黨員。」當時，柯林頓與時任眾議院議長紐特・金瑞契，正因共和黨主導的政府停擺問題，展開史詩般的鬥爭。

「那兒的人能聽見我說話嗎？」柯林頓問道。

當然，響亮又清晰。

柯林頓直接切入重點，讚揚布朗的「堅韌、決心，和永不屈服的態度，以及你的世界觀，我認為這是我們今天面臨的最大議題：我們的未來必須涵蓋社區中每一個人。大家知道，舊金山市支持社區、支持『多元化就是力量』這個理念，我希望整個美國都能擁抱這樣的理念……我們今天在華盛頓進行的這場偉大戰鬥，不是一場關於平衡預算的戰鬥，而是**關乎美國是要成為一個贏家通吃的國家，還是一個每個人都有機會獲勝的國家**」。

總統的電話反映了布朗在當時美國政壇的立場。柯林頓是個熱情而親切的人，他的話反映了許多舊金山人的自我形象。那是在推特（Twitter）、谷歌（Google）、優步（Uber）、臉書（Facebook）、美國電子菸公司 Juul 和其他一百多家「新經濟」公司，大幅增加舊金山的財富、加深貧富差距前幾年。舊金山幾十年來居高不下的房價，在二十一世紀初將達到最高點。埃步．卡所認識的舊金山，對於警察、教師、在高檔餐廳提供美食的服務生，以及把舊金山科技巨頭送到目的地的優步和交通網路公司來福車（Lyft）司機來說，花費昂貴到令人望而卻步。布朗市長和他的繼任者，將引領一場高層建築熱潮，而無家可歸的人口，將多到足以造成危機。

這一切都會到來。這一天，布朗召集了一群挑選過的人上臺：他的三個成年子女和一個孫子。他舉起一隻手宣誓就職，另一隻手放在他母親多年前在德州米尼奧拉擁有的一本《聖經》上。拿著《聖經》的人，是他的妻子布蘭琪。

＊＊

一九九五年，賀錦麗決定回到阿拉米達郡地區檢察官辦公室。二十年前起訴黑豹黨創始人休伊．牛頓的湯瑪斯．奧洛夫，已成為阿拉米達郡地區檢察官，歡迎賀錦麗回歸。

「她很聰明，很有風度。陪審團喜歡她。當時我們有一百五十名律師，她是其中一個非常優秀的人。」奧洛夫說。

賀錦麗忙於起訴被控告犯有重罪的人。有一個案件，是一名男子用獵槍殺害了另一名男子，她於審判中成功將他定罪，他被判終身監禁。在另一起案件中，她起訴了三名持械搶劫犯。她有時會利用加州新的三振出局法，要求對慣犯判處長期監禁。她的案件很少引起媒體注意，不過也有例外。例如這起：一名吸毒且喝了蘭姆酒而神智混亂的男子，用刀切下女友一塊頭皮，面積約十公分見方。他以前就試過一次，但沒成功，因為刀刃不夠利。最後她活了下來，而他被判終身監禁。

一九九六年，《舊金山紀事報》引述賀錦麗在宣判後的話：「根據此人的所作所為，這個判決是恰當的，這起犯罪的手法殘忍到令人難以置信。」

現任地區檢察官南西．奧馬利看得出來，**賀錦麗特別擅長應對年輕的性侵犯受害者，她有辦法安撫她們，讓她們安心**。有些人在案子結束很久之後還會跟她聯絡，因為她們相信賀錦麗理解她們的感受。

賀錦麗還和奧馬利談論起自己將來的職業選擇，她相當有野心。賀錦麗在阿拉米達郡的前主管——理查．伊格爾哈特，曾為加州的攻擊性武器禁令遊說過。他當時為舊金山地區檢察官特倫斯．哈利南（Terence Hallinan）工作，他也給了賀錦麗一份工作。那時是一九九八年，而之所以這樣做，自有其道理。

總之，賀錦麗已經嘗到政治的滋味，但她想要的不只如此。

第 5 章

瞄準目標

Setting Her Sights

當時的市檢察官雷恩說，她在賀錦麗身上看到了「一個有愛心、有同情心的聰明律師」……不過，賀錦麗不會在市檢察官辦公室待太久。她已下定決心競選公職。

一九九八年初，賀錦麗離開了著名的阿拉米達郡地區檢察官辦公室，驅車向西約二十公里，穿過海灣大橋，來到舊金山刑事司法政治的集中環境工作。地區檢察官辦公室、警察局、法院、驗屍官、治安官51，以及其他機構，都在同一棟建築裡，他們把這棟稱為「大廳」。建築的後面、停車場的另一邊，即監獄所在地。

雖說警界督察、檢察官和辯護律師，都在互相算計較勁，但他們也面臨同一份痛苦，那就是在一棟感覺隨時都會解體的大樓裡工作。作為《緊急追捕令》（*Dirty Harry*）系列電影和其他大小電影作品的背景，司法大廳聲名卓著，卻也因廁所堵塞和停電而惡名昭彰。這裡的燈光閃爍、電梯停住，罪犯和警察都同樣害怕下一場大地震。

從市中心到南海灘（South Beach），被律師和金融家占據的巨型住宅大廈、新公寓、高層建築，還有可能是美國風景最優美的棒球公園，填滿了一個又一個原先布滿砂礫的街區。然而，布萊恩特街（Bryant Street）和大廳周圍的街景，可就不是如此了；時至今日，這區仍有一大堆汽車維修店、保釋辦公室和塗鴉牆，而共用的工作空間和位處要地的大麻商家，也融入這個布局當中。

理查．伊格爾哈特聘請賀錦麗擔任參事委員，幫忙糾正整個司法運作。這是一項艱鉅的任務。掌舵者——地區檢察官特倫斯．哈利南，即使一生都在證明自己能夠贏下戰鬥，此時的他仍舊過得相當艱難。

＊＊

一九九五年，布朗當選舊金山市長的那年，任期屆滿的舊金山參事委員哈利南，推翻了已在職三屆的地區檢察官阿洛·史密斯（Arlo Smith），並擊敗在地區檢察官辦公室工作了二十年的前檢察官比爾·費齊奧（Bill Fazio）。為了獲勝，哈利南必須克服來自《舊金山紀事報》編委會的反對意見，他們表示他是「政治駭客」，還披露十年前，一名空服員曾對他提起生父確認訴訟。當孩子被證明是他的，他承擔起了責任。

哈利南是文森特·哈利南（Vincent Hallinan）的激進派兒子，文森特·哈利南則是灣區左派的招牌人物，曾在一九五二年以進步黨候選人身分競選美國總統。他的競選夥伴——報紙發行人夏洛塔·巴斯（Charlotta Bass），是一名黑人女性。文森特·哈利南認為，如果他的孩子們想要抱持激進的觀點，就必須有戰鬥的能力。特倫斯·哈利南在父親的膝下、或說在他緊握的拳頭下學習，並獲得了「卡約」（Kayo）[52]這個綽號，向他的拚鬥能力和意願致敬。

哈利南還繼承了父親的正義感。一九六三年，也就是賀錦麗出生的前一年，哈利南因為在

51 執行法治管理的政府官員。
52 拳擊中「擊倒」之意。

密西西比州為黑人選民登記時遊蕩和亂扔垃圾而被捕，然而該指控並未成立。他也曾因為抗議種族不平等而多次被捕。

哈利南畢業於加州大學哈斯汀法學院，且通過了律師考試。但在一九六六年，即使當時兩位年輕的州眾議員——威利．布朗和約翰．伯頓——證明哈利南品行良好，**加州律師公會仍以他的犯罪史和好鬥傾向為由，拒絕頒發執業執照給他**。之後加州最高法院駁回律師公會的請求，哈利南則開始為那些因毒品被捕的人（在一九六〇年代末和一九七〇年代時的舊金山，毒品賣得很好）、左派人士，和連環殺人犯胡安．科羅納（Juan Corona）辯護。

《華盛頓郵報》（*The Washington Post*）詳細描述了哈利南從辯護律師到地區檢察官的艱難轉變過程，報導稱，哈利南「強烈否認搖滾歌手珍妮絲．賈普林（Janis Joplin）在她的傳記《珍珠》（*Pearl*）中聲稱的那樣，他差點因為她替他注射了過量海洛因而死」。

＊＊

雖然哈利南是舊金山的最高檢察官，但他始終忠於自己的過去。在謀殺案件中，他拒絕求處死刑，試圖阻止一名被前任起訴的男人遭處決；在大麻合法化之前，他支持使用醫用大麻；且他拒絕根據加州的三振出局定罪法，求處終身監禁。這些在舊金山都不是問題，選民們選他的時候，也都很清楚他們會得到什麼。

但他在自己辦公室引起的混亂，確實是個問題。首先，是關於兩名檢察官在辦公室內偷情被逮的事件。他解僱了那個男的，卻沒有解僱女的，後來他就**因不正當解僱而被起訴**。

就職後不久，哈利南寫了簡短的便條給十四名檢察官，感謝他們的幫助，然後解僱了他們。其中一位是二十六歲的菜鳥律師，名叫金伯利．加法葉（Kimberly Guilfoyle）。**其他幾位收到解僱通知的人，都曾捐款給他的對手費齊奧，不過哈利南聲稱這跟他的決定無關**。他只是想組建自己的團隊。

在布朗的政治顧問傑克．戴維斯（Jack Davis）的生日宴會上，哈利南和人起了爭執，對方是遭解僱律師之一的朋友。《舊金山紀事報》的政治事務專欄作家菲爾．馬蒂爾（Phil Matier）和安迪．羅斯（Andy Ross）引述了哈利南的解釋，他自稱別無選擇，只能揮舞拳頭：「這不是我所選擇的，但我不能退縮。我是檢察官。」馬蒂爾和羅斯在文章中，添加了一個半開玩笑的「選手比較表」，列出兩人的年齡、體重、身高和臂展。在談到哈利南時，他們寫道：「他慣用左拳，但如果能多一些額外的選票，右邊也可以。」[53]

哈利南意識到自己需要幫助，於是向阿拉米達郡地區檢察官辦公室搬救兵，聘請伊格爾哈特擔任他的第三任幕僚長。伊格爾哈特是一名頂級檢察官，他提供專家證詞，協助加州攻擊性武

53 此應借指左派、右派。另外，哈利南就讀加州大學柏克萊分校期間，曾加入該校體育隊伍比賽拳擊。

器禁令通過，且是廣受尊敬的三振量刑法專家。然後，伊格爾哈特僱用了賀錦麗。

哈利南告訴《舊金山紀事報》：「她是一名出色的檢察官，名聲也很好。」

從在舊金山的第一天起，賀錦麗就樹立起一個招牌：在工作上，沒有人能做得比她更好、更勤奮。費齊奧在一九九五年敗給哈利南後，辭去了地區檢察官的職務，成為一名辯護律師。從賀錦麗在奧克蘭的時候起，他就認識她了，兩人偶爾會和其他從事刑事司法工作的朋友共進晚餐。最初，是舊金山謀殺起訴小組的一個朋友告訴他，有一位新助理，剛從海灣的另一邊過來。

費齊奧說：「我這個朋友當時手上負責一起重大謀殺案，某個週末，他在該案件開庭前，先到辦公室處理。他走進辦公室時，看到她也在那裡，正在處理一件重案。他從未見過她，便做了自我介紹，然後她告訴他，她才剛被錄用，是先過來處理一些審前聲請的。」

賀錦麗到舊金山任職後不久，哈利南就提拔她成為首席助理檢察官，負責職業刑事部門。那時費齊奧替一名因搶劫而面臨長期監禁的客戶辯護，他認為他的委託人（一名吸毒者）可能會被轉移到德蘭西街（Delancey Street）[54]，這個地方是舊金山著名的前罪犯治療團體。

「於是我找賀錦麗和哈利南來聊這件事。賀錦麗，她是一名地區檢察官，既不是緩刑官，也不是社工，而是起訴人們並把他們關進監獄的檢察官。」

哈利南轉向賀錦麗，問她怎麼想。她說：「我覺得這傢伙不應該去德蘭西街。他暴力搶劫，應該被關進州監獄。」費齊奧的委託人接受了六年監禁的提議。

一九九九年，賀錦麗支持哈利南連任。但是在二〇〇〇年一月，時任州長格雷・戴維斯

（Gray Davis）將賀錦麗的主管伊格爾哈特，任命為高等法院法官。**但哈利南沒有把賀錦麗升為他的副手，反而找了一位沒有任何檢察官經驗的律師達瑞爾·所羅門**（Darrell Salomon）。對於這個人選，賀錦麗帶頭抗議，但沒有成功。

所羅門上任後，第一個動作就是重新僱用金伯利·加法葉。加法葉是土生土長的舊金山人，她的父親在該市民主黨政界頗具影響力。加法葉曾和舊金山市長葛文·紐森（Gavin Newsom）交往，後來成為紐森市長的妻子，接著成為福斯新聞（Fox News）的評論員，之後和紐森離婚。多年後，加法葉的政治命運發生奇怪的轉變——她成了小唐納·川普（川普的兒子）的女友，也是川普總統的主要代理人和籌款人之一。眼看所羅門的位置確定下來，賀錦麗決定是時候繼續前進了。

＊＊

在舊金山，市檢察官辦公室負責監管家庭問題，包括受虐兒童和寄養家庭等，代理市檢察

54 即德蘭西街基金會（Delancey Street Foundation），德蘭西街為簡稱，是一家總部位於舊金山的非營利組織，在美國各地執行居民康復服務和職業教育計畫，讓更生人和無家可歸者也有工作機會。

官們自嘲為「兒童法部門」。當時的**市檢察官露易絲・雷恩**（Louise Renne）**希望提升家庭和兒童服務部門，就聘請賀錦麗來管理。**

法律界中，沒有比這部門更私人和情緒化的了，處理家庭法案件需要一種類型特殊的律師，他必須既是治療師，又是社會工作者，而且懂法律。雷恩說，**她在賀錦麗身上看到了「一個有愛心、有同情心的聰明律師」**。有一天，賀錦麗帶著一些泰迪熊衝進雷恩的辦公室，要求雷恩和她一起去法庭；法庭裡，孩子們即將被收養，於是兩名女士把泰迪熊分發出去，以紀念孩子們的重要日子。

馬修・戴維斯是賀錦麗在哈斯汀法學院的朋友，他與賀錦麗一直斷斷續續的在聯繫。二〇〇〇年，賀錦麗去舊金山市檢察官辦公室工作時，他們重新聯絡上，而賀錦麗的舉手投足讓戴維斯大吃一驚。

「突然之間，她變成一個相當迷人的人。」身為賀錦麗的政治支持者之一，戴維斯說：「從法學院畢業後，她繼續以驚人的速度成長。她變得更加國際化，也更加專注。」

不過，賀錦麗不會在市檢察官辦公室待太久。她已下定決心競選公職。

第 6 章

成為重要人物

Becoming a Boldface

她加入了組織「湧現加州」，這有點像是訓練營，針對想要學習如何競選公職的女性而設立……「好，我準備好要競選了，我該怎麼做？」

在一九九〇年代末和二〇〇〇年代初期，比起出現在日常工作——起訴罪犯的相關報導中，賀錦麗的名字更常因為其他原因出現在社會版上。

＊＊

一九九六年，阿拉米達郡代理地區檢察官賀錦麗，成為著名的舊金山現代藝術博物館受託人，這是一個大型計畫的一部分。在布朗的自傳《基礎布朗》中，他給有抱負的政治家們提出忠告：「任何黑人，無論男女，若想成為一個成功的政治人物，那麼跨越到白人社群中至關重要。」並對黑人女性提出了具體建議：她們應該「**在社會、文化和慈善機構（如交響樂團、博物館和醫院）的董事會中活躍起來，藉此打下基礎**」。

毫無疑問，賀錦麗利用她作為博物館受託人的身分，與有影響力的人接觸，並藉機行善。她拜訪了現任奧克蘭市市長莉比・薛夫（Libby Schaaf）。薛夫當時在西奧克蘭一棟維多利亞風建築的小辦公室裡，管理馬庫斯・福斯特教育學院（Marcus Foster Education Institute）。該機構以一名奧克蘭校長的名字來命名，這名校長於一九七三年十一月六日，被激進的共生解放軍（Symbionese Liberation Army，簡稱ＳＬＡ）[55]成員殺害。至於學院的使命，是改善奧克蘭公立學校學生的教育。賀錦麗請薛夫幫忙在現代藝術博物館中，為奧克蘭的高中生設計一個指導方案。薛夫說：「她堅定認為，這所學校不僅要辦校外教學，且要成為奧克蘭更有深度之處。」

為此，賀錦麗還拜訪了科爾學校（Cole School）當時的校長——潔姬．菲利普斯（Jackie Phillips）。科爾學校位於奧克蘭，是一所教授表演和視覺藝術的專門學校。在賀錦麗還是單純活潑的高中生時，菲利普斯就認識她了。賀錦麗經常往返於蒙特婁和奧克蘭之間，她會開著一輛白色的克萊斯勒敞篷車，到菲利普斯家去接泰麗（Terry）；泰麗是菲利普斯的女兒，這兩個女孩經常玩在一起。但菲利普斯也能看出賀錦麗有很強的好勝心。作為博物館的受託人，賀錦麗請菲利普斯幫她招募孩子，菲利普斯也幫忙了。有一次，她們與演員丹尼．葛洛佛（Danny Glover）會面，又有一次，她們見到了導演兼演員勞勃．瑞福（Robert Redford）。

菲利普斯說：「孩子們受到了小國王和小女王般的待遇。」科爾學校的幾個學生上了大學後，依然學習藝術。該指導方案目前仍在繼續下去，向那些可能無法接觸藝術的孩子介紹藝術。

**

一九九八年，賀錦麗來到舊金山，她既沒錢也沒家世，但逐漸有些名氣。一九九九年，在

55 美國一個激進的共產主義組織，在一九七三年由唐納．大衛．德弗瑞茲（Donald David DeFreeze）所創立，活躍期間是一九七三年至一九七五年，最後被洛杉磯警察局特種部隊殲滅。

加州納帕谷（Napa Valley），凡妮莎・賈曼（Vanessa Jarman）和比利・蓋蒂（Billy Getty）[56]的婚禮上，賀錦麗被拍到身穿優雅禮服，手裡拿著酒。新娘側坐在馬上，婚禮由已退休州上訴法院法官、現任加州州長葛文・紐森的父親——威廉・紐森（William Newsom）主持。

二〇〇一年，《哈潑時尚》（*Harper's Bazaar*）刊登了一篇關於舊金山時尚風格的文章，其中包括賀錦麗和金伯利・加法葉等女性。一位社會專欄作家注意到她去看了二〇〇二年二月演出的《陰道獨白》（*The Vagina Monologues*），這齣戲劇由麗塔・莫瑞諾（Rita Moreno）主演；那天是V-day[57]，為防止婦女受虐的活動籌募資金。同年九月，她還出席了美國猶太委員會（American Jewish Committee）所辦的晚宴，表彰沃爾特・肖倫斯坦（Walter Shorenstein）和道格拉斯・肖倫斯坦（Douglas Shorenstein）父子，他們是舊金山市中心大地主和政治贊助人。

二〇〇二年十月，她參加了作曲家艾爾頓・強（Elton John）的對抗愛滋病募資晚會，當時的嘉賓包括製片人喬治・盧卡斯（George Lucas）、女演員莎朗・史東（Sharon Stone）和其他灣區的名人。她還參加了舉辦在北灘（North Beach）[58]一家義大利餐廳裡的退休派對，主角是一名警察中尉，參加派對的有警察和該市的許多政治與社會精英。她與警察培養關係的機會在關鍵時刻到來，並顯示出一個重要訊息。

北灘的送別派對舉行時，哈利南與舊金山警方的關係一直不好，舊金山媒體將破壞雙方關係的事件，稱為「法士達門」（Fajita-Gate）[59]。起因是幾位下班的警官，要求一個男子把他的法士達（墨西哥烤肉）給他們，該男子拒絕，他們隨即打鬥起來。哈利南起訴了這些警官和警察部門的要員，聲稱他們掩蓋事實真相。但這起訴訟案失敗了[60]，哈利南的政治支持也瓦解了。

所有的八卦報導都沒有提到賀錦麗有約會對象，她對自己的個人生活很保密。雖然《Jet》雜誌刊登了一張她與電視脫口秀主持人蒙特爾．威廉斯（Montel Williams）一起出席好萊塢活動的照片，但賀錦麗馬上讓大眾停止猜測她的私生活，她告訴《舊金山紀事報》：「我當時在活動現場，他的手正好摟著我的腰。」儘管威廉斯偶爾也會為賀錦麗的競選活動提供幫助，但關於兩人的關係，都沒有再公開報導或談論過。

**

到了二〇〇〇年，大眾開始猜測賀錦麗將競選公職，目標可能是在露易絲．雷恩退位後競

---

56 蓋蒂家族是美國一個極為富有的家庭，財富來源於其二十世紀初的石油生意。

57 是一項旨在結束暴力侵害婦女和女童行為的全球運動。

58 舊金山東北部的一個街區，毗鄰唐人街和漁人碼頭。它被認為是舊金山的「小義大利」，因為義大利裔移民曾在該區人口中占了大多數。

59 英語後綴「-gate」（門）用來指能引起公眾強烈關注的事件，並成為「醜聞」的代名詞，典故出自前美國總統理查．尼克森（Richard Nixon）下臺的水門案（Aatergate Scandal）。

60 哈利南因為找不到實證，只能撤銷指控。

選市檢察官，或是把目標放在地區檢察官。哈利南的勢力越發脆弱。首先，布朗市長公開與他不和，指責他未能起訴街角的毒販。二〇〇〇年八月，《舊金山紀事報》的社論版將哈利南描述為「幾乎不值得尊重的人物」，並說他「繼續編撰令人困惑和離譜的判斷紀錄」，**還援引他選擇所羅門擔任首席副手所引起的騷動，指出這導致「受尊敬的老將」和「最聰明優秀的法律人才」紛紛離開，包括賀錦麗。**因此，賀錦麗看到機會，準備第一次競選公職，也就不令人意外了。

在舊金山，上流社會和民主黨政治融入在一起，而賀錦麗與舊金山灣區的人走得很近，這些人給舊金山灣區帶來了當之無愧的名聲，讓這裡成為民主黨候選人的搖錢樹。賀錦麗於二〇〇〇年加入「女性票數」（WomenCount）董事會。當時，總部位於舊金山的女性票數，還是一個羽翼未豐的組織，致力於增加女性的投票權。如今，它已發展成為一個全國性的籌款力量，為了競選學校董事會、市議會的職位，甚或州長和美國副總統等位子的女性，提供資金支援。二〇〇二年，**賀錦麗加入另一個組織「湧現加州」**（Emerge California），**這有點像是訓練營，針對想要學習如何競選公職的女性而設立。**幫忙創建了前述兩個組織的安德麗雅·杜·斯蒂爾（Andrea Dew Steele）是一名政治活動組織者，二〇〇二年秋天，她接到了賀錦麗的電話。

「好，我準備好要競選了，我該怎麼做？」

斯蒂爾邀請賀錦麗去她在艾許伯里街（Ashbury Street）的公寓，那裡靠近海特街（Haight Street）[61]的轉角，要爬四層樓。在喝葡萄酒、吃乳酪的同時，她們寫出賀錦麗的傳記，斯蒂爾還向賀錦麗要了她的聯絡人，作為她競選活動的志工和捐贈者基礎名單。她把資料存在Filofax

牌活頁記事本裡，在二〇〇二年，儲存工具基本上就是一本記事本，如今則由數位化工具取代。

＊＊

為了競選，賀錦麗必須籌募資金。斯蒂爾正好認識能幫上忙的人——她曾擔任蘇西・湯普金斯・布爾（Susie Tompkins Buell）的政治顧問。蘇西二十一歲時在太浩湖（Lake Tahoe）的一家賭場工作，搭上了讓她搭便車的道格・湯普金斯（Doug Tompkins）。他們於一九六四年結婚，更創立了服裝品牌 The North Face（北面）和 Esprit（思捷），然後在一九八九年離婚。

蘇西對政治並不是特別感興趣，但聽說過總統候選人柯林頓。某次從太浩湖往舊金山的路上，她中途停在沙加緬度，參加房地產開發商安傑洛・察科波洛斯（Angelo Tsakopoulos）為阿肯色州州長舉辦的籌款活動。根據《洛杉磯時報》，柯林頓描述了在競選過程中看到的極度貧困，以及在雷根和老布希入主白宮十二年後，若他能帶來一個開明的民主黨政府，可能會有哪些幫助；這些願景讓蘇西深受感動，隔天就開了張十萬美元的支票。**蘇西透過柯林頓結識希拉蕊，兩人遂成為親密好友**。一九九六年，蘇西和高中友人馬克・布爾（Mark Buell）重新聯絡上並結

61 兩條路周邊街區合稱「海特—艾許伯里區」。

婚。她還創立了「女性票數」，並將最初募得的一萬美元捐贈給「湧現加州」。

作為一名籌款人，斯蒂爾的第一步，就是安排賀錦麗和布爾談談。布爾是房地產資深經理人，長期參與舊金山的政治活動，對賀錦麗沒什麼興趣。布爾對記者說，他之前都把賀錦麗視為「擁有法學學位的社交名流」。但他們約在紐森家的咖啡館 Balboa Cafe 吃漢堡時，賀錦麗讓他相信，她是一位有遠見、認真的檢察官。「當我確信賀錦麗是認真的，我就告訴她，『我不只會當妳的財政委員會成員，還會帶領這個委員會。』」他說。

二〇〇三年二月，布爾在他們夫婦位於太平洋高地區（Pacific Heights）[62]的公寓裡召開了一次會議。賀錦麗、斯蒂爾和其他幾個人都在場，還有賀錦麗的妹妹瑪雅和妹夫托尼・韋斯特（Tony West）。這座公寓的景觀很壯觀，透過一扇凸窗，客人可以看到金門大橋、馬林海岬和太平洋。從其他扇窗看出去，能看到舊金山的天際線、海灣大橋、加州大學柏克萊分校的薩瑟塔（Sather Tower）及舊金山國際機場的南面。布爾夫婦和他們的公寓，在民主黨政治中占據了相當獨特的位置。參議員、州長和其他一些人——包括議長南西・裴洛西（Nancy Pelosi）、柯林頓夫婦，還有當選美國參議院議員前的歐巴馬，都去朝聖過布爾那間位於十二樓的豪華公寓。

賀錦麗也很欣賞那片景觀，但她去那裡可不是為了欣賞城市的燈火，或者海灣上的帆船。

62 舊金山的高檔住宅區，以其重要的建築文化價值而聞名。

第 7 章

砍下頭顱，象徵性的

Severing Heads. Figuratively.

從舊金山充滿泥濘、暗箭傷人的政治圈崛起，身上不免留下一些傷疤……她的技巧和魅力、智慧和勇氣，以及努力戰鬥的意願，使她與眾不同。

二〇〇三年秋天，加州人並不太關心舊金山地區檢察官的競選。和該州的大多數選民一樣，他們關注的是加州自身的事件——民主黨州長格雷・戴維斯的罷免活動。不過，吸引人的並不是戴維斯，而是他的主要競選對手、前健美冠軍宇宙先生（Mr. Universe）、國際影壇巨星——阿諾・史瓦辛格（Arnold Schwarzenegger）。他在傑・雷諾（Jay Leno）的《今夜秀》（*The Tonight Show*）節目中宣布參選。

針對州長的罷免請願經常被提出。**根據一九一一年的州憲法修正案，罷免和倡議是公民的權利**，此一進步時代的理念，目的是讓人們對自己的治理體系擁有最終發言權，並用以制衡金錢利益的力量。戴維斯沒有瀆職，但加州當時正處於預算危機之中，而且二〇〇〇年至二〇〇一年間還經歷了輪流停電，足以令民眾感到憤怒。無論公不公平，戴維斯都受到了大部分指責。

至於州級投票的資格議案成本，高達七位數。達雷爾・伊薩（Darrell Issa）是聖地牙哥郡（San Diego County）的共和黨國會議員，他在汽車警報器生意上賺到大錢之後，非常想成為州長。但在花費一百八十七萬美元、蒐集數十萬選民的簽名，達成罷免市長的門檻資格後，伊薩終於意識到，他沒有機會打敗史瓦辛格。於是伊薩強忍淚水，宣布他不會參選。

但另外還有一百三十五人參加競選，名單包括好幾位長期候選人、一個色情片明星[63]、鮮為人知的加州民主黨副州長[64]、把握機會的共和黨政客湯姆・麥克林托克（Tom McClintock）、身材嬌小的童星加利・高文（Gary Coleman，此時早已過了他的全盛時期），以及後來創辦了《哈芬登郵報》（*The Huffington Post*）的阿里安娜・哈芬登（Arianna Huffington）。

這群人要打敗的史瓦辛格，在《洛杉磯時報》的頭版消息中，遭到一些女性指稱他性騷擾。然而他克服這次事件，並於二〇〇三年十月七日推翻戴維斯，成為政治界的中心人物。

＊＊

二〇〇二年，賀錦麗邀請她的老闆——市檢察官露易絲·雷恩共進午餐。據雷恩回憶，賀錦麗說：「我在考慮競選地區檢察官。」

「去吧。」雷恩回答，並答應盡她所能幫忙。

雷恩還警告說，現任在位者很難被趕下臺，尤其是她試圖推翻的前老闆特倫斯·哈利南，這個人頗具傳奇色彩。到了二〇〇二年底，三十八歲的賀錦麗首次宣布競選公職。

「今天的正義之聲。」她的網站上這麼寫。

她列出了幾個原因，表明自己是取代哈利南的理想人選：她會是一個稱職的管理者，**將提**

---

63 指的是瑪麗·愛倫·庫克（Mary Ellen Cook）。她曾在二〇二一年四月，宣布計畫參加二〇二一年加州州長罷免選舉，以競選州長，但這次並未成功將州長葛文·紐森罷免掉。

64 指的是克魯茲·布斯塔曼特（Cruz Bustamante），他曾前後在格雷·戴維斯和阿諾·史瓦辛格手下任職副州長。

高定罪率，因為目前的定罪率遠低於全州的平均值。當哈利南「拒絕起訴嚴重的古柯鹼和海洛因毒品交易」時，她會提起毒品案件，作為努力整頓街道的一環。

「最令人擔憂的，應該是此刻警察局和地區檢察官辦公室之間無可補救的仇恨——他們應該合作打擊犯罪，而不是相互打擊。」正如賀錦麗後來所明白的，兌現這些承諾會非常困難，尤其是終結地區檢察官辦公室和警方之間仇恨這個承諾。

但首先，她必須贏。

她的財政主席馬克・布爾也來幫忙，他回憶說，為她募款並不是一件難事。賀錦麗是一位有魅力、精力充沛的候選人，她反應迅速，這種新一代的領導人，正適合需要政治改造的城市。**當她和別人說話時，她會和對方有眼神交流，而不是掃視整個場所，尋找更重要的人去交談**。她讓每個和她談話的人，都覺得自己是場所裡最重要的人。

「她是一位優秀的政治人物，知道如何適應大多數情況。」布爾說。

在二〇〇二年的最後六週裡，在一連串的會面、募款活動和電話聯繫中，賀錦麗籌得了十萬零五百六十美元。根據舊金山的競選資金限制，個人捐款最高是五百美元。對於一個首次參選的候選人來說，這個成績算是相當出色，顯然足以證明她是一個強而有力的挑戰者。且這次可說是家族活動——妹妹瑪雅、妹夫托尼，當然還有她的母親沙亞馬拉，每人各給了她五百美元。早期的捐贈者中，有許多她在社交聚會上遇到的大人物，包括普立茲克（Pritzker）家族的成員，他們的財富來自凱悅酒店集團（Hyatt Hotel Corporation）；因石油生意致富的蓋蒂家庭成員；

投資公司嘉信理財集團（Charles Schwab Corporation）的查爾斯・希瓦柏（Charles Schwab）；以及因服飾零售商 Gap（蓋璞）而出名的費雪（Fisher）家族。另外，對哈利南不再抱有幻想的律師們，也出了不少錢。

「**我厭倦了讓那些老人管理舊金山，而她是新面孔之一。**」約翰・凱克（John Keker）說，他是舊金山極為成功的出庭律師和刑事辯護律師之一。一九八九年，凱克領頭起訴了海軍陸戰隊的奧利弗・諾斯（Oliver North），罪名是他在「伊朗門事件」中扮演的角色。在這起政治醜聞中，雷根政府出售武器給伊朗以籌集資金，來資助尼加拉瓜的右派反政府武裝組織，讓他們有武器與左派政權作戰。凱克還說：「賀錦麗表現出禮貌和同理心。你會願意把場子交給她，而她會和人們打好關係。」

考慮到自己並不是來自太平洋高地或者市中心區的高級律師，因此賀錦麗努力所表現出來的，是她會留意那些最需要誠實執法的人。她把自己的競選總部，設在麻煩不斷的灣景地區（Bayview），這與價值一千萬美元的頂層景觀公寓和金碧輝煌的金融區，是截然不同的世界。志工們在總部的一面牆漆上標語：「正義的新聲音。這是我們的時代。是時候改變了。」賀錦麗承諾提高家庭暴力案件的起訴率，並保護被拐賣的兒童。

「我們試圖重新想像這個辦公室應該是什麼樣子。」黛比・梅斯洛（Debbie Mesloh）說，她是賀錦麗的老朋友、首批競選幕僚，也是賀錦麗的競選發言人。

賀錦麗常常在日出之前就抵達總部。沙亞馬拉也總是在那裡，在任何需要的地方幫忙，瑪雅和丈夫托尼也是。像愛國插畫家諾曼・洛克威爾（Norman Rockwell）一樣，**賀錦麗和她的選舉志工們會抓起燙衣板，推到公車站和雜貨店外的人行道上，然後把燙衣板展開，做成快速辦公桌，再把賀錦麗的宣傳手冊堆在上面，供民眾取閱**。賀錦麗就是有那種熱情和個人魅力，能吸引志工，讓他們想要把自己的最佳能力給發揮出來。

在她作為候選人的第一次電視採訪中，賀錦麗談到了她對印度教女神迦梨（Kali，時母）的崇拜。迦梨是一位神話中的戰士，殺死邪惡來保護無辜。在經典的圖像描繪中，迦梨手持惡魔的頭顱，脖子上掛著一串砍下的人頭，腰間穿著一條沾滿鮮血的手臂圍成的裙子。賀錦麗還指出，迦梨是母親的化身（心目中能給予關懷及幫助者）。

蘿拉・塔姆斯（Laura Talmus）是賀錦麗的專業籌款人，她見證了賀錦麗母性的一面。在許多星期六的早晨，塔姆斯都會和女兒莉莉・史密斯（Lili Smith）一起來做志工。莉莉當時九歲，在人群中很突出——她聰明、敏銳、早熟、渴望閱讀、愛笑，還患有亞伯氏症候群（Apert syndrome），這是一種罕見的遺傳疾病，導致她的臉和頭部畸形。當賀錦麗看到莉莉，她會正視她的眼睛，詢問她這星期在學校過得如何，並感謝她的幫忙。

莉莉和她媽媽會拿著燙衣板和宣傳手冊，出發到諾布山街區的超市外面站崗，該處位於海德街（Hyde Street）輕軌電車線對面。莉莉不想出去發宣傳手冊的時候，她就會待在總部，在沙亞馬拉的照看下裝裝信封，或做沙亞馬拉分配給她的其他雜事。

塔姆斯回憶道：「她在錦麗身邊總是眉開眼笑。」

**

二〇〇三年二月，賀錦麗向第一批參加訓練營的女性演講。這個訓練營由她和斯蒂爾幫忙創立，蘇西．湯普金斯．布爾透過「湧現加州」這個組織提供資金。根據《舊金山紀事報》，訓練對象不只是一系列基層選舉辦公室，還包括「那些夢想著有朝一日競選總統的人」。這篇報導指出，舊金山從來沒有選出女性擔任地區檢察官。

報導引述賀錦麗對這些女性說的話：「妳們必須意識到，雙重標準絕對存在。**身為一個某些人認為很有魅力的女人，也有其包袱，就是人們會認為妳沒有實在的內涵**。這就是為什麼要盡量多跟人交談，並不斷傳達妳的立場，這相當重要。」

還有：「**如果妳站出去，就必然會有敵人。不過，這不是世界末日，有時甚至是好事。女性應該覺得有權擔任公職，我們應該被放在決策者的位置。**」

在競選的大部分時間裡，賀錦麗都落後當時在位的特倫斯．哈利南，以及較保守的候選人比爾．費齊奧。他們都提到了賀錦麗和布朗市長的關係。

賀錦麗明白她的弱點：一些選民已經厭倦了布朗的競選團隊，他給自家親信太多工作機會，其中就包括共和黨議員保羅．霍徹。一九九四年，霍徹跨過自己的政黨，把選票投給布朗，讓他成為議長。在他的領導下，市政府還將採購合約授予那些僱用他朋友作說客的公司。《舊金山紀事報》報導說，在他任期的大部分時間裡，聯邦調查局都在調查市政廳。**雖然指控不多，但**

承諾要進行改革、並成立一個部門專門打擊貪腐的賀錦麗，堅持與布朗劃清界線。她告訴《舊金山週刊》（*SF Weekly*），她與布朗的關係已經過去八年了，卻仍是她「無法擺脫的苦惱」。

當有人懷疑他們是否真的已經結束，她直截了當的告訴《舊金山週刊》：「我不會為了表現出獨立自主，而以批評布朗作為競選手段，因為我確確實實沒和他綁在一起，而且他現在可能會因為『無法控制』我，而表現出一些『恐懼』。他的職業生涯結束了，而我將在接下來的四十年裡過得好好的，我不欠他什麼。」

費齊奧意識到賀錦麗正在縮小差距，於是繼續打布朗牌，這次是寫一封給女性的信。那時是萬聖節的週末，十一月的第一個週末。

信件上引用一位女士的話：「我不在乎布朗是賀錦麗前男友這件事，我無法接受的，是她接受了布朗給的兩個高薪兼職州委員會職位，其中一個她根本沒受過相關訓練。」

賀錦麗迅速錄製了一個語音電話，警告選民他們可能會收到一封「惡作劇」，並說明自己利用董事會的職位，為同性伴侶提供福利，且幫助一家醫院維持營運。她展示了自己善於應對政治鬥爭的藝術，而後以微小優勢擊敗費齊奧，位列第二，將在十二月的決選中迎戰哈利南。

＊＊

對外界來說，舊金山有名的可能是繁華的唐人街、北灘的咖啡館、金門大橋、纜車，或只能睡在人行道、高速公路地下通道和空地的無助之人。差不多就是這樣。但內部人士也知道，舊金山人在政治鬥爭中，扮演強硬的角色。**能在舊金山成功的政治人物，都懂得如何取勝。**美國一些最強硬的現任和前任議員，包括議長南西・裴洛西、威利・布朗、參議員黛安・范士丹、州長葛文・紐森、約翰和菲利普・伯頓、前任參議員芭芭拉・波克塞，還有賀錦麗，全都來自舊金山，而這並非巧合。

在舊金山的競賽中，如果沒有一番肉搏廝殺，就不算完整。在賀錦麗和哈利南的競選過程中，金伯利・加法葉嫁給了市長候選人紐森[65]，且向地區檢察官辦公室告假，而她向《舊金山紀事報》爆料說，賀錦麗曾於二〇〇〇年試圖阻止她重返辦公室。

加法葉說：「她就是不想要我在那裡。」她的策略是暗示大眾，賀錦麗曾試圖妨礙一名成功維護法律秩序的檢察官。事實上，在二〇〇一年，賀錦麗離開辦公室後，加法葉和另一名檢察官因為一起非常可怕的案件，而背負罵名[66]。涉案的一對律師夫妻帶著兩隻重達五十公斤的加納利鬥犬，狗的名字是貝恩（Bane）[67]和希拉（Hera），而狗主人是綽號「科恩費」（Cornfed）

65 紐森在二〇〇三年十一月當選舊金山市第四十二屆市長，二〇〇四年一月八日就職。

66 金伯利・加法葉曾被質疑不夠專業，因為在此之前，她處理的大多是動保相關案件，而非謀殺案。

67 在古英語中有「殺手」之意。

的雅利安兄弟會 68 成員，他既是前述兩名律師的委託人又是養子，當時在監獄服刑。科恩費養著這些猛獸來守衛冰毒實驗室，牠們非常凶殘。其中一名律師用皮帶拴住了狗，但牠們掙脫後跑出去，在她公寓外的走廊裡咬死了一名大學曲棍球教練。加法葉和她的搭檔贏得判決 69，也引起了有線電視新聞的注意，最終讓她進入福斯新聞的保守世界，後來與紐森離婚，又與小唐納・川普交往。

與此同時，賀錦麗成功的駁斥了加法葉的說法。賀錦麗說，事實恰恰相反，她是想幫助加法葉。最後，加法葉動不了她，而賀錦麗找到一個巧妙的方法衝過終點線。

**

在舊金山，獲勝的候選人並不會右傾，這不是個制勝的策略。但有些人確實找到了微妙的方法，能比對手看起來更不左派。這就是賀錦麗走的步數。

在與哈利南的決勝選舉中，她承諾改革，卻也拉攏費齊奧的選民，即使他們之中許多人不是保守派，但也不像哈利南的支持者那麼自由派。二〇〇三年十二月七日，《舊金山紀事報》以「賀錦麗，法律與秩序」的標題支持賀錦麗。

雖然賀錦麗在她的競選素材中沒有提到布朗的幫助，但布朗基於老朋友的身分，且願意幫助有才華的黑人候選人，所以其實有在幕後幫忙，並利用他的影響力為賀錦麗打開大門，包括聯絡一些資助者；至於能不能成功，是賀錦麗的工作。她的許多贊助者之前都支持哈利南，但政治因素讓他們轉向賀錦麗那邊。由於籌款進度被這個突然崛起的人堵住了，於是哈利南自掏腰包，花了五萬美元來維持住競選活動。到選舉日，**她為第一次選舉籌集了一百萬美元，幾乎是哈利南的三倍，而且差不多全是五百美元累積起來的。許多為那次活動捐款的人，至今仍在捐款。**

布朗在賀錦麗的慶功宴上短暫露面：「這顯然是性別的勝利，也顯然是種族的勝利。但她是靠自己的能力，打敗了特倫斯・哈利南。」

賀錦麗以五六％對四四％的得票優勢獲勝，在當天的舊金山選舉中，她得到的選票比其他候選人都多，包括新當選的市長紐森。

二〇〇四年初，計票完畢且新團隊宣誓就職後，《舊金山紀事報》報導稱，布朗的親信之一——公共工程部門的高層官員穆罕默德・努魯（Mohammed Nuru），指示「舊金山城市園丁聯盟」（San Francisco League of Urban Gardeners，簡稱 SLUG，市政府資助的街道清潔工組織）的成員，應該要投票給紐森。不過努魯告訴記者，他利用自己的時間為紐森和賀錦麗這兩人

68 新納粹主義的監獄幫派，是一個有組織的犯罪集團。

69 涉案的律師夫妻分別是羅伯特・諾埃爾（Robert Noel）和瑪喬麗・諾勒（Marjorie Knoller），前者因當時不在場而判過失致死，後者則被指控蓄意謀殺。這是加州第一起因為狗咬人被判謀殺罪的案件。

助選，並否認向任何人施壓。有關這類違規行為的報導，在舊金山並不是什麼新鮮事。新市長和新地區檢察官答應會整頓這個城鎮。而舊金山市檢察官、加州州務卿，以及新當選的地區檢察官都表示，他們將調查這些指控，然而沒有什麼結果。

賀錦麗從舊金山充滿泥濘、暗箭傷人的政治圈崛起，身上不免留下一些傷疤。她還學會了如何像迦梨女神一樣，象徵性的砍下一、兩顆頭顱。她的技巧和魅力、智慧和勇氣，以及努力戰鬥的意願，使她與眾不同。隨著時間累積，加州人會看到更多這樣的情況。

第 8 章

警員倒下

Officer Down

艾斯皮諾薩 29 歲，是一個 3 歲女孩的父親，他已經在警隊工作 8 年，且自願到反幫派小組服務。晚上 10 點，他在和妻子蕾納塔結婚 7 週年的前兩天，失血過多身亡。

在二〇〇三年競選舊金山地區檢察官時，**賀錦麗向選民承諾，無論罪行多麼令人髮指，她永遠不會求處死刑**。在宣誓就職三個月後，她就面臨這個承諾的第一次考驗，而她的決定，影響了自己往後幾年的職業生涯。

＊＊

二〇〇四年四月十日，晚上九點三十分左右，舊金山員警巴里．派克（Barry Parker）駕駛著一輛沒有任何警察標誌的灰色福特維多利亞皇冠轎車[70]，經過灣景區第三街（Third Street）和紐科姆大道（Newcomb Avenue）轉角處，一家賣打折啤酒和葡萄酒的酒類商店。他的搭檔以撒克．艾斯皮諾薩（Isaac Espinoza）坐在副駕駛座上。

「嗚！嗚！」一個把風的人高呼，向其他從事非法交易的人發出「警察來了」的信號。纜車沒有駛到灣景–獵人角區（Bayview–Hunters Point）[71]，這裡和遊客及太平洋高地區上流人士所看到的舊金山完全不同。在灣景–獵人角區，黑幫占領了許多街道，以至於人們把那裡的某些地方稱為「戰區」。

當車子駛近，在場的兩個年輕人似乎嚇了一跳。雖然那天晚上比平時暖和，但其中一個人還是穿著厚大衣。艾斯皮諾薩用手電筒照那個人的臉，但後者繼續前進，完全沒有停下。於是兩位穿著便衣的警察把車停住，下了車。

「嘿！我要跟你談談。」艾斯皮諾薩說：「停下來，我是警察。」他說了兩遍，大約在距離那人兩、三公尺處。只見那人轉過身來，接著掏出藏在外套裡的突擊步槍，在五秒鐘內至少開了十一槍。艾斯皮諾薩因此腹部和大腿多處中彈，根本來不及拔槍。

「警員受傷！」派克對著無線電呼叫，他的腳踝也受了傷。

艾斯皮諾薩二十九歲，是一個三歲女孩的父親，他已經在警隊工作八年，且自願到反幫派小組服務。晚上十點，他在和妻子蕾納塔（Renata）結婚七週年的前兩天，失血過多身亡。

警方徹夜工作，在兩個街區外發現犯人的 AK-47；再過一個街區，找到被丟棄的厚大衣，口袋裡有大麻，還有一張 ID 卡，上面寫著大衛．李．希爾（David Lee Hill），二十一歲。

案發當晚，希爾的朋友載著他穿過海灣到奧克蘭，去了東灣郊區聖拉蒙（San Ramon）某個提供槍枝者的公寓。那人慫恿希爾去醫院急診室，顯然還向警方通風報信。希爾雖沒受傷，但他開始舉止怪異，說話語無倫次，還把額頭撞在門上，甚至尿褲子。警方收到消息後趕到醫院，拔出了槍，接著給他戴上手銬腳鐐，檢查他身上是否有其他槍彈，然後把他送到舊金山監獄。

警方認為希爾是幫派 Westmob 的成員，大概在計畫射殺另一個幫派 Big Block 的人，可

70 當時美國政府機關的愛用車款之一。

71 灣景區和獵人角區這兩個鄰近地區的合稱，位於舊金山東南部。

能是為了報復二月發生的一起謀殺案。希爾的律師馬丁・安東尼奧・薩貝利（Martín Antonio Sabelli）後來辯稱，希爾當時在街上想買大麻，攜帶攻擊性武器是為了自保，而且他不知道艾斯皮諾薩和派克是警察。薩貝利更在二〇〇七年的審判中對陪審員說：「猶豫等於死亡。身為黑幫成員，晚上在灣景的敵人地盤中猶豫不決，形同在送死。」

二〇〇四年復活節，警察們在艾斯皮諾薩被槍殺的地方留下鮮花。據《舊金山紀事報》報導，附近的孩子們在人行道上畫了一輛警車，上面寫著：「祝福我們的舊金山警察／我們最好的警察／愛你們，維克多、理查、馬修、露西、山姆。」地區檢察官賀錦麗在幕後協助監督調查。

與賀錦麗在一月同一天就職的市長紐森，他受到關注的主因是頒發結婚許可給同性伴侶，但他也注意到該市不斷增加的暴力犯罪——**二〇〇四年，舊金山有八十八起凶殺案，比前一年多了十九起；那一年，舊金山獲得了加州凶殺率最高的「殊榮」**。

「這件事完全可以避免，我對受害家屬深表同情。」《舊金山紀事報》引述的這段話，是新市長在四月十日復活節視察犯罪現場時說的。

**

根據加州法律，殺害警察可被判處死刑。但在艾斯皮諾薩過世三天後，在他的葬禮前，舊金山反對死刑的新地區檢察官，堅守她在競選時的立場，宣布她不會對希爾求處死刑——賀錦麗沒有去調查是否可以求處死刑，也沒有採取權宜之計，等到葬禮後再表明立場，反而從一開始就明確表示她要信守諾言。為此，她將付出代價。

舊金山和整個灣區的警察對此感到相當憤怒，時任警察局長方宇文（Heather Fong）抨擊了賀錦麗的決定：「我們——此部門的指揮人員，強烈要求對這起可處死刑的謀殺案，最大程度的予以起訴，並在法律允許的情況下，尋求死刑定讞。」

過去對殺害警察的凶手，檢察官都是求處死刑，《舊金山紀事報》找不到其他例外案例。在加州首府沙加緬度，八十名議會成員（眾議員）中的四十三人，包括幾名民主黨員，簽署了一項決議，敦促加州檢察總長比爾·洛克耶（Bill Lockyer）和聯邦檢察官調查此事，並在必要時干預，然而該決議從未付諸表決。對於此事，國會公共安全委員會沒有舉行聽證會，就這樣不了了之。該委員會主席是舊金山的民主黨議員馬克·雷諾（Mark Leno），他也是賀錦麗的朋友，這讓賀錦麗少了一些尷尬。但洛克耶當時支持死刑，而且他是二〇〇六年州長的潛在候選人，他讓賀錦麗知道，自己正在考慮行使權力來接管這個案子。不過他最終並沒有這樣做。

艾斯皮諾薩警員被謀殺後的那個星期五，加州各地的警察騎著摩托車來到舊金山，參加他的葬禮。數千人聚集在市中心的聖瑪麗大教堂。

賀錦麗和多年來一直得到警察工會支持的黛安·范士丹參議員，在儀式開始前友好的互相問候。賀錦麗在前排落坐，而其他政要坐在附近，艾斯皮諾薩的遺孀蕾納塔也在旁邊。

舊金山警察協會當初在選舉時支持賀錦麗，也知道她反對死刑，但時任協會理事長蓋瑞·

德拉格尼斯（Gary Delagnes）在葬禮上說：「以撒克（艾斯皮諾薩）付出了最高的代價……我代表所有警察同仁，要求凶手也付出最高代價。」這番話一定讓賀錦麗很不舒服，而輪到范士丹站起來發言時，情況又變得更糟。

范士丹十幾歲到二十出頭時，考慮過要從事演藝事業。雖然她放棄戲劇轉為從政，但她仍具備戲劇天賦。在聖瑪麗大教堂，這位來自加州的資深參議員放棄了她事先準備好的講稿；根據《舊金山紀事報》，范士丹當時告訴觀眾：「這不僅是一場絕對的悲劇，也是必須運用死刑法的特殊情況。」她在表現出脆弱面的時候，改變了要說的內容，這番話在天主教教堂中顯得有些突兀。即使以舊金山政壇暗箭傷人的標準來看，這也是一個非常不留情的轉折。

當時在場的洛克耶回憶道：「你能感受到那種震驚。這是最貼切的形容詞了。」

人群中的許多人，尤其是警察，站起來為范士丹鼓掌，而賀錦麗還是坐著。儀式結束後，范士丹告訴記者，如果她知道賀錦麗反對死刑，她可能不會支持賀錦麗競選地區檢察官，說得好似賀錦麗隱瞞了自己的立場。

對於死刑，范士丹也有自己的故事，她處理死刑的方式非常不同。身為一九九〇年的州長候選人，范士丹在加州民主黨大會（一個絕對自由派組織）上，在黨團成員面前，宣布自己支持死刑。她當時說，這是「一個無法搪塞與迴避的問題」。即使黨內激進分子對她發出噓聲，但由於**知道當時加州人大多支持死刑，范士丹和她的競選團隊便在競選廣告中**，使用了前述一九九〇年的那一幕，**把她描繪成堅強且強硬的人**，並讓大家知道她的民主黨對手——檢察總長約翰．

範・德・坎普反對死刑。這些廣告，就像她引起的噓聲一樣，確實達到了目的。范士丹贏得民主黨的州長初選，然而同年十一月，追求法治的共和黨員皮特・威爾遜將她擊敗。范士丹於一九九二年取得參議院席位，自那之後已經當選五次，包括二〇一八年。**在二〇一八年的競選活動中，范士丹身在一個越來越自由的州，面對來自左派的挑戰，宣布她不再支持死刑。**

在葬禮那天和之後的日子裡，賀錦麗反對死刑的決定，依然讓她感到痛苦。連續好幾個月，警察們只要在司法大廳裡看到賀錦麗，就會轉過身避開她。在艾斯皮諾薩警官被謀殺的兩週後，賀錦麗在《舊金山紀事報》的一篇專欄文章中，解釋了她的決定：

> 對於那些希望判處被告死刑的人，我簡單的說，原則是沒有例外的。儘管這個案件引發了強烈的情緒，但我曾向舊金山人民保證，我反對死刑，而我將信守這個承諾。我已經非常仔細的聽取並考慮了這些請求，我理解也能體會他們的痛苦，但我已做出決定，而且這是最後的決定。

**

當賀錦麗當選地區檢察官，她找來舊識哈利・多夫曼（Harry Dorfman），處理城市中一些引人注目的謀殺案。多夫曼現為高等法院的法官，他成功將著名的 MS-13 幫派成員艾德溫・拉莫斯（Edwin Ramos）定罪。拉莫斯因在埃克賽希爾地區（Excelsior）殺害一名四十八歲男子及其兩個兒子，而被判處三個終身監禁。對此案件，賀錦麗也拒絕求處死刑。另外，多夫曼讓小克利夫頓・特雷爾（Clifton Terrell Jr.）因搶劫謀殺杭特・麥克弗森（Hunter McPherson）被判一級謀殺罪[72]。麥克弗森的父親是《聖克魯茲前哨報》（*Santa Cruz Sentinel*）前總編輯暨前加州參議員布魯斯・麥克弗森（Bruce McPherson），後來被州長阿諾・史瓦辛格任命為州務卿。

不過，多夫曼經手的最大案件，是起訴希爾。多夫曼拒絕討論檢察官辦公室在此案中的決定，也沒有人知道，如果希爾的謀殺罪成立，那麼在可以求處死刑的情況下，舊金山陪審團是否會判他死刑。但這似乎不太可能。因為希爾很年輕，也從來沒有暴力犯罪前科。舊金山人長期以來一直反對死刑，陪審團也反映出這種傾向。

無論如何，在二〇〇七年，舊金山陪審團認定希爾犯的是二級謀殺罪[73]，這個罪名不應判處死刑。陪審團得出的結論是，希爾明知對方是警察仍朝對方開槍，因此被判處終身監禁，不得假釋。二〇一一年，州上訴法院維持了該判決。希爾目前在沙加緬度東部的新佛森州立監獄（New Folsom Prison）[74]服刑，現年（二〇二一年）約三十七歲，比艾斯皮諾薩過世時大八歲。

---

72 非法施行殺人行為，且兼具「殺人之意圖」及「事先預謀計畫」。

73 美國大多數州把謀殺罪分為兩級，相對一級謀殺罪而言，二級謀殺罪的性質較輕微、處刑較輕，且不處死刑。

74 即沙加緬度郡加州州立監獄，位於該郡的佛森市。

第 9 章

對打擊犯罪越來越「精明」

Getting "Smart" on Crime

賀錦麗告訴記者：「公共安全與公共教育之間有非常直接的關聯。把精力集中在送小學生到學校上課的成本，比起訴一樁謀殺案低多了。」

要管理一個城市地區檢察官辦公室並不容易，而這在一九九〇年代的舊金山尤其困難。不僅陪審團成員對當局抱持懷疑態度，司法系統本身也不遵守基本規則。像在賀錦麗任內，就發現一名犯罪實驗室技術員吸食從嫌犯那裡繳獲的古柯鹼，導致檢察官不得不駁回數百起案件。此外，有些辯護律師發現，賀錦麗的辦公室未能遵守法律規定，檢察官將可能替被告開脫罪名的證據，交給被告和其辯護律師。

儘管辦公室已經破敗不堪，**賀錦麗還是堅持把重點放在那些除非槍彈橫飛，否則總是被執法部門忽視的人身上**。遠離舊金山美麗景致和地段的陽光谷（Sunnydale）住宅區，是個最能看出賀錦麗有前述堅持的地方。幾十年來，這裡一直被列為舊金山最危險的地區，它最受人矚目的時期，就是賀錦麗擔任地區檢察官的那些年。

**

二〇〇八年，萊斯利．富布賴特（Leslie Fulbright）在替《舊金山紀事報》撰寫的一篇特別報導中寫道：「陽光谷，也被稱為『谷地』或『沼澤』，到處都是酒瓶和垃圾。這裡沒有城市景觀，只有雜草叢生。樹上掛著髒尿布，蟑螂和老鼠在街區裡亂竄。有些水槽嚴重發霉，甚至嚴重到都發黑了。」

七百八十五間公寓的牆壁上滿是塗鴉，其中幾十間已經用木板封住，但還是有人擅自闖入並繼續居住。

街頭幫派統治了整個陽光谷。對此，舊金山檢察官辦公室頒布了反幫派禁令，聯邦政府則以「反詐騙腐敗組織集團犯罪」（Racketeer Influenced and Corrupt Organizations，簡稱RICO）行動[75]，意圖打擊幫派的幕後主使。

身為地區檢察官，賀錦麗嘗試了自己的方法。她一再表示，反對對犯罪採取過度強硬或軟弱的態度，並聲稱自己「精明打擊犯罪」。除了起訴警察交給她代理檢察官們的案件，她還試圖介入，在團隊的頂尖檢察官、舊金山總醫院的急診室醫生的陪同下，好幾次趁著夜間，冒險進入陽光谷，當然她也很聰明的請警察護送。

她要進行的集會，是一種「恐嚇從善」的方法。

集會地點位在陽光谷住宅的社區會議室，有多達十五名「遊走危險邊緣」的年輕男子參加。首先，賀錦麗會做一個簡短的介紹性演講，隨後醫生會向觀眾展示受槍擊者進入急救室時的樣子，他們的腹部因槍傷炸開。隨後，她的代理檢察官會向參加者解釋，如果人們因照片中所攝的屠殺事件被捕並定罪，他們將面臨怎樣的牢獄之災。賀錦麗說，之所以這樣做，是為了一開始

---

75 亦是法律名稱，通稱《RICO法》（*Racketeer Influenced and Corrupt Organizations Act*），屬於《有組織犯罪控制法》（*Organized Crime Control Act*，簡稱OCCA）的一部分。

就遠離麻煩。

賀錦麗還設立了一個專案，目標是讓非暴力犯罪的初犯不步上犯罪生涯——只要他們參加所謂「重回正軌」（Back on Track）的職業培訓專案，就能夠撤銷指控。這樣的努力當然有其政治風險，正如她在開始競選加州檢察總長時所發現的。

《洛杉磯時報》詳細描述了二〇〇八年的一起案例，一名「重回正軌」專案參與者開著休旅車去撞一名女子，並搶走她的錢包。有鑑於這名男子是非法移民，賀錦麗不得不退回一步，承諾把不能在美國合法工作的人，排除在該專案之外。後來，那名女子存活下來，男子則因使用致命武器襲擊他人，而被專案汰除。

＊＊

接下來，是社會大眾看不到的、真正的私人時間。賀錦麗的朋友——馬修．戴維斯講述了鄰居娜歐米．格雷（Naomi Gray）的故事。娜歐米是一位黑人老太太，長期參與城市政治，當二〇〇三年賀錦麗當選地區檢察官時，她欣喜若狂。後來，娜歐米中風了，住進市立本田拉古納醫院（Laguna Honda Hospital）的療養院。戴維斯想到在下雨的夜晚，娜歐米一定非常孤單……他突然覺得可以打給賀錦麗。當賀錦麗接起電話，他問她是否認識娜歐米。

「當然認識啊。」賀錦麗回答。

戴維斯告訴她，如果她能寫一張賀卡給娜歐米，對娜歐米來說一定非常有意義。

賀錦麗接著問：「你現在在做什麼？」這讓戴維斯吃了一驚。

他們很快約好，三十分鐘後在療養院見面。戴維斯陪賀錦麗走進娜歐米的房間。賀錦麗在她床邊坐下，握著她的手。隨後戴維斯走到外面，給年輕的地區檢察官和老太太一些隱私。大約二十分鐘後，賀錦麗出來了。

「沒有一大群潛在選民，只有我一個人在一條安靜的走廊裡。」戴維斯說：「我們道了晚安，我看著賀錦麗匆忙趕往某個會面或活動。幾天後，娜歐米去世了。」

在拜登選擇賀錦麗作為他的競選夥伴，而川普說她「刻薄、下流」後，戴維斯覺得有必要在臉書上發表文章，揭露這個故事。在沒有人注意賀錦麗的狀況下，這是她真實的表現。

＊＊

賀錦麗利用其地區檢察官一職來制定州政策，在二〇〇四年發起立法，增加對兒童性剝削（在性關係上的剝削行為）的刑期。這項由時任舊金山民主黨參議員余胤良（Leland Yee）支持的法案，重新定義了賣淫，而被買賣的孩子不能再被稱為娼妓，應該如實稱呼：**被剝削者和受害者**。嫖客和皮條客因販賣兒童，將面臨更長的刑期。該法案未經表決即獲通過，州長史瓦辛格將其簽署為法律。

賀錦麗當時說：「我們終於有白紙黑字的規定，成年人不能為了性交易而買賣兒童。」

二〇一五年，余胤良的職業生涯恥辱的結束了，他承認聯邦調查局對他的貪腐指控，包括槍枝走私，以及為競選捐款而採取的立法行動，此案涉及唐人街幫派分子「蝦仔」周國祥，他是國際三合會的龍頭。余胤良因此要服刑五年。儘管賀錦麗提出的法案中，沒有任何跡象顯示余胤良有不正當交易，但從對余胤良的指控中可看出，舊金山的政治經常會轉向更醜惡的一面。地區檢察官賀錦麗曾承諾打擊政治貪腐，但在她任職期間，沒有重大案件提起訴訟。

在「精明打擊犯罪」的方法中，賀錦麗還轉向了「小學曠課」這個聽起來似乎不相干的議題。她引用的統計資料顯示，**大多數二十五歲以下的凶殺案受害者，都是高中輟學生，大部分囚犯也是高中輟學生**。她總結說，這個問題的根源在於小學。有些孩子一年會曠課七十到八十天。為了解決這個問題，她和一名法官在舊金山成立翹課法庭。在這裡，賀錦麗仿照阿拉米達郡地區檢察官的工作，只是很少使用法錘。但當家長們來到司法大廳時，會有一名檢察官在場，清楚表示制裁的威脅真實存在。她告訴舊金山學校的官員，二〇〇五年至二〇〇九年間，小學生的慣性曠課情況減少了一半。

二〇一〇年，當賀錦麗競選加州檢察總長，她把這個問題的範圍擴大到全州，並向她的老朋友兼盟友、舊金山參議員馬克・雷諾求助，進而推動立法，**如果父母經常沒確保小學和初中年齡的孩子到校上課，將會被視為犯罪行為**，處罰可能是罰款兩千美元和最高一年的有期監禁。

賀錦麗告訴記者：「**公共安全與公共教育之間有非常直接的關聯**。把精力集中在送小學生到學校上課的成本，比起訴一樁謀殺案低多了。」

這個概念不符合左派的要求，公民自由主義者和辯護律師對此表示反對。他們的論點也有其邏輯：在監獄裡的父母很難強迫孩子去學校上課，而且法律真的解決得了曠課的根本原因嗎？

儘管如此，該法案還是通過了，並簽署成為法律。賀錦麗當時說：「我只是想讓這些孩子去上學，我已經準備好當壞人了。」

擔任檢察總長期間，賀錦麗每年都會針對此議題，發布詳細的報告。第一份報告顯示，二九％的小學生經常曠課。到她發表最後一份報告時，這個數字已降至二五％。有幾個郡確實因此把父母送進監獄。

在二〇一九年的總統競選活動中，賀錦麗因她宣導的立法而受到左派抨擊，而她對於有父母被監禁表示遺憾。賀錦麗的繼任者——檢察總長哈維·貝西拉（Xavier Becerra）一上任，就悄悄停止發布曠課報告。但對於那些經常曠課的小學生，加州法律仍然允許檢察官指控他們的父母犯罪。

第10章

賀錦麗與歐巴馬

Harris and Obama

拿賀錦麗和歐巴馬相比，結果相當單純且顯而易見：他們都是混血兒、聰明、有吸引力；兩人都是有成就的律師，反映了民主黨的新面貌，甚至可說是國家的新面貌。

二〇〇四年九月，也是賀錦麗擔任舊金山地區檢察官的第一年，她在四季酒店（Four Seasons Hotel）[76]為一位政治同路人聯合舉辦募款活動。這個人是伊利諾州的參議員，來自芝加哥南區，任職於一家小型律師事務所，在芝加哥大學教授憲法。他的名字叫巴拉克·歐巴馬。

歐巴馬已經知道要去舊金山，而對任何正在崛起的民主黨政治人物來說，這都是很重要的一站。前一年，蘇西·湯普金斯·布爾和丈夫馬克·布爾為他舉辦了一場募款活動，他們的助手更安排他和賀錦麗見面。**二〇〇四年的活動，是兩位新星第一次互相幫助，之後他們還會互相幫助好幾次**。歐巴馬於二〇〇四年民主黨全黨大會發表的演說，在全國掀起波瀾：「沒有自由的美國，也沒有保守的美國，就只有美利堅合眾國。沒有黑人的美國和白人的美國，也沒有拉美裔的美國和亞裔的美國，就只有美利堅合眾國。」隔年三月，為了回禮給協助募款的賀錦麗，這位新任參議員在北灘的Bimbo's 365俱樂部，為賀錦麗舉辦一場募款活動。當時人潮非常擁擠。

拿賀錦麗和歐巴馬相比，結果相當單純且顯而易見：他們都是混血兒、聰明、有吸引力；兩人都是有成就的律師，都反映了民主黨的新面貌，甚至可說是國家的新面貌。二〇〇六年五月版的《烏木》雜誌（*Ebony*），更將兩人評為「百大最具影響力的美國黑人」。

**

二〇〇七年二月，賀錦麗越過舊金山，來到寒冷的伊利諾州春田市（Springfield），參加歐巴馬的總統競選活動。

「在當時，這可能不是正確的政治考量。」芭菲．威克斯（Buffy Wicks）說，她是二〇〇七年歐巴馬在加州的首席組織者，後來加入他的白宮團隊。威克斯現在是加州議會的議員，她指出，二〇〇七年和二〇〇八年的加州是希拉蕊的地盤。這位前美國第一夫人和參議員，很早就鎖定了許多重要的支持者，包括舊金山市長葛文．紐森、時任洛杉磯市長安東尼奧．維拉萊戈薩（Antonio Villaraigosa）和參議員黛安．范士丹。

歐巴馬的首次總統競選活動，就是三月在加州進行的，吸引了一萬兩千人聚集在奧克蘭市政廳外。（二〇一九年時，美國參議員賀錦麗也將在同個地方，宣布她要競選總統。）坐在前排的賀錦麗告訴當時在《舊金山紀事報》工作的政治記者卡拉．馬里努奇（Carla Marinucci）：「我非常激動，那股能量……大家都很興奮，因為這不僅關於歐巴馬，而是關於他們自己。」

那天晚上，賀錦麗是馬克霍普金斯酒店（Mark Hopkins Hotel，位在舊金山市中心）一場籌款活動的贊助者之一，那場活動籌到了一百萬美元。**歐巴馬當時全力籌款，並在二〇〇七年第一季，籌到了兩千五百七十萬美元，幾乎與希拉蕊持平**，這明確表示其候選人資格絕非不切實際。

在加州，歐巴馬不太可能擊敗希拉蕊，不過有賀錦麗，她代表歐巴馬發表談話，在州內四

76 世界性的豪華連鎖酒店集團，在世界各地管理酒店及度假村。

處奔走。十二月初，她到薩利納斯市（Salinas）待了一個週末，告訴當地進行民調的民主黨員，歐巴馬正在發起「我們一生中最不尋常的總統競選活動」。後來，歐巴馬在民調中領先了。

在舊金山，左派選民沒把吸毒者殺警案和犯罪實驗室問題的爭議，拿來指控與排斥賀錦麗，而她在二〇〇七年十一月競選連任時，也沒有遭到反對。排除障礙後，這位新當選的地區檢察官在十二月前往德梅因市（Des Moines）[77]，趁著愛荷華州黨團會議[78]之前的新年前夕，為歐巴馬拜票。二〇〇八年一月三日，愛荷華州黨團會議那晚，在德梅因海威廳（Hy-Vee Hall）會議中心，當她聽著歐巴馬承諾「一個更少分裂、更團結的國家」，我站在離她不遠處。

一個月後的加州初選中，歐巴馬在舊金山地區勝出，但希拉蕊以五一．五％對四三．二％的得票率，輕鬆贏下該州，讓這場競爭持續了數個月。當時希拉蕊在加州的競選幕僚長是艾斯．史密斯（Ace Smith），不久之後，他就成為賀錦麗的首席策略專家。

日後，在賀錦麗爭取民主黨的黨內總統提名時，一位《政治報》（*Politico*）[79]記者詢問她關於接替歐巴馬的問題。她告訴記者：「我會走出自己的路。」

---

77 愛荷華州的首府。

78 愛荷華州民主黨和共和黨成員的選舉活動，每兩年舉行一次，是總統候選人日後競賽方向的有力指引。

79 公司名為「政客」（Politico），是一家總部位於美國維吉尼亞州的政治新聞公司，報導範圍涵蓋了美國乃至全球的政治及政策內容，並透過旗下的報紙、雜誌、電視、網站等來發布。

第11章

瘋狂衝刺

The Mad Dash

「媽媽，這些傢伙說他們要痛宰我一頓。」我告訴她。她轉過身來看著我，露出了最燦爛的笑容。她知道自己撫養的是誰。她知道她的戰鬥精神活在我心中。

二〇〇八年十一月四日晚上，賀錦麗加入了成千上萬興高采烈的人群，擠進芝加哥格蘭特公園（Grant Park），慶祝她朋友歷史性的當選。

美國總統當選人歐巴馬，對芝加哥的民眾以及透過電視和網路觀看選舉的數百萬人說：「美國已經迎來了變革。」

有人猜測歐巴馬會在華盛頓給賀錦麗找個位置，而她也在考慮下一步。二〇〇八年十一月十二日，也就是歐巴馬當選總統後第八天，賀錦麗在她舊金山地區檢察官第二任期才十一個月的時候，做出了決定。利用民主黨員對歐巴馬的讚賞，賀錦麗宣布她有意參加二〇一〇年的加州檢察總長競選。那天我寫道，她「長期以來一直專注於競選檢察總長、州首席執法官員，以及一個可以作為州長辦公室墊腳石的職位」。

＊＊

在宣布參選當天，賀錦麗在首席策略專家艾斯．史密斯的陪同下，接受洛杉磯電視臺記者的採訪，解釋參選的原因。當天結束時，他們在洛杉磯市長官邸「蓋蒂之家」（Getty House）拜訪了市長安東尼奧．維拉萊戈薩。蓋蒂之家位於漢考克公園（Hancock Park）附近，離洛杉磯市中心不遠。不過他們待得太久，史密斯直到看了手錶，才發現他們快要來不及趕到柏本克（Burbank）的鮑勃．霍普機場（Bob Hope Airport）[80]。於是，司機加速行駛，在車流之中穿梭前進。

他們一到機場，賀錦麗就脫下高跟鞋，兩人開始狂奔著通過安檢，一路衝到門已經要關上的登機口。史密斯一坐到座位上，就轉向賀錦麗，微笑道：**「我們的競選活動就像這樣。」他們會瘋狂的奔跑，要是看似不可能成功，他們會更努力衝刺，然後穿過最驚險的縫隙。**她明白他的意思。這將是一段瘋狂的旅程。

幸運的是，史密斯對檢察總長一職有特別的洞察力，他曾在二〇〇六年時，輔助過傑瑞．布朗競選這個職位。但不只如此，他還是個小嬰兒的時候，他的父親——司法部副部長阿洛．史密斯，被指派去協助了結「紅燈大盜」[81] 卡里爾．切斯曼（Caryl Chessman）的系列案件。一九六〇年，切斯曼因在洛杉磯一條小巷中綁架和強暴女性被判有罪，隨後遭到處決。切斯曼在聖昆丁州立監獄的死囚牢房裡寫下回憶錄，並成為廢除死刑運動的焦點。

阿洛．史密斯擔任了三屆舊金山地區檢察官，直到一九九五年敗給哈利南。一九九〇年，年輕的艾斯．史密斯協助父親競選加州檢察總長。在七百多萬張選票中，阿洛以兩萬八千九百零

---

80 即好萊塢柏本克機場（Hollywood Burbank Airport），是美國一個民用機場。其使用過的名稱很多，至二〇一六年，機場管理方才宣布將機場的商業名稱，改回好萊塢柏本克機場，但機場在法律文件等正式文書上的名稱，仍為鮑勃．霍普機場。

81 趁車主停紅燈時犯案而得名。

六票的差距，輸給了共和黨員丹・蘭格倫（Dan Lungren）。

賀錦麗在大選前兩年的聲明，已經成為她的競選方式之一：**提前、大規模、大膽的亮相，目標是削弱民主黨初選中可能的對手**。二〇〇八年，賀錦麗宣布辭職後不到一個月，加州共和黨領導人就開始針對她制定攻擊計畫，並組建了他們所謂的「檢察總長快速反應小組」（AG Rapid Response Team）。內部郵件顯示，他們想招募犯罪受害者、共和黨地區檢察官、可信的民主黨員來挑戰賀錦麗，還有挑戰警察。

警察工會通常是支持民主黨的，但賀錦麗因為堅持不對殺害艾斯皮諾薩警官的凶手求處死刑，便在此時付出了政治代價。二〇〇九年初，舊金山警察協會的領導人告知賀錦麗，無論在任何情況下，工會都不會支持她。為了聲援舊金山警察，並且紀念艾斯皮諾薩警員，其他警察組織也紛紛表示反對。

**

在二〇一〇年選舉之前，共和黨員一直認為他們能夠贏得檢察總長的職位。競選策略制定團隊裡頭，包括兩名共和黨的特別幕僚——喬治・「杜夫」・桑德海姆（George "Duf" Sundheim）和尚恩・沃爾許（Sean Walsh）。桑德海姆是前加州共和黨主席，沃爾許則曾是皮特・威爾遜州長的主要輔佐者之一，後來成為威爾遜的商業夥伴。

一九六六年，三十三歲的威爾遜贏得聖地牙哥議會席位，開始了他的政治生涯，而那一年，雷根當選加州州長。聖地牙哥是一個海軍和海洋城鎮，擁有龐大的國防工業，當時是可靠的共和黨城市。威爾遜曾是海軍陸戰隊員和律師，在一九七一年至一九八三年間，擔任了三屆聖地牙哥市市長，並在一九八三年擔任參議員，時任總統是雷根。一九九〇年，威爾遜擊敗前舊金山市市長范士丹，接替另一位共和黨員喬治·杜美金成為州長。那時，加州還是一個搖擺州；但現在不是了，而這有很大一部分原因跟威爾遜的政治觀點有關。

阿諾·史瓦辛格州長是共和黨員，他在二〇〇三年就任時是偏右的；但在二〇〇六年競選連任中，他轉向中立，成為替代能源和對抗氣候變遷的鬥士。二〇〇七年，在沙漠度假勝地印第安維爾斯（Indian Wells）舉行的加州共和黨大會上，史瓦辛格解釋了這個殘酷的事實：「用電影界的話來說，就是我們的票房完蛋了，有一大堆空位。」

報導該事件的記者，描述當時現場一片沉默。這個產生了前總統理查·尼克森（Richard Nixon）、雷根、喬治·杜美金和皮特·威爾遜的共和黨，在槍枝管制、環境、墮胎、同性婚姻，尤其是移民議題上，立場都與加州選民不一致。而加州人口增長最快的族群——拉丁美洲人，**在一九九四年威爾遜擁護一八七號提案且贏得連任後，轉而反對共和黨。**該提案承諾終止所有政府資助的非法移民服務，包括公立學校和療養院護理，其核心就是要打擊新美國人和他們的家庭。

從那時起，共和黨在加州就一直走下坡，至二〇一〇年，它已經變成一個生銹的殼，只有三一%的選民登記偏好共和黨。現在共和黨是川普的政黨，加州的共和黨登記人數不到二五%。

懷著振興共和黨的願景，威爾遜為了二〇一〇年的選舉，招募全州範圍內的候選人：一名年輕的黑人男子競選州務卿，一名拉美裔競選副州長。[82] 矽谷億萬富豪梅格・惠特曼（Meg Whitman）[83] 在競選中領先，她將參選接替史瓦辛格成為州長；這次競選她花費了一・五九億美元，其中大部分來自她自己的口袋。至於檢察總長的位置，威爾遜找來了史蒂夫・庫利（Steve Cooley）。庫利來自洛杉磯郡，擔任過三屆地區檢察官。

賀錦麗和庫利在態度、舉止和外表上都截然不同。時任舊金山地區檢察官賀錦麗承諾，**如果二〇一〇年她當選檢察總長，她會為刑事司法系統帶來創新和改革，且將捍衛環境、消費者和婚姻平權。**這時的賀錦麗四十六歲，顯然想爬得越高越好。反觀洛杉磯郡地區檢察官庫利，承諾捍衛死刑和傳統婚姻，這一年他六十三歲，正在競選他將擔任的最後一個職位。他固然是個難纏的對手，但首先他需要通過初選。

＊＊

這場競賽開始時，賀錦麗正在經歷一段艱難的時期，這些事情當時並沒有公開……她和妹妹瑪雅一直在陪母親沙亞馬拉對抗癌症。賀錦麗在二〇一八年《紐約時報》的一篇專欄文章中，講述了她母親臨終前住院的一件事：

從我有記憶以來，母親就喜歡看新聞和讀報紙。我和瑪雅小時候，她堅持每天晚餐前，我們都得坐在主播華特・克朗凱（Walter Cronkite）前面。但突然間，她沒有興趣了。她強大的大腦確定它已經受夠了。

不過她依然惦記著我們。我記得當時我剛參加加州檢察總長的競選，她問我進展如何。

「媽媽，這些傢伙說他們要痛宰我一頓。」我告訴她。

她轉過身來看著我，露出了最燦爛的笑容。她知道自己撫養的是誰。她知道她的戰鬥精神活在我心中。

二〇〇九年二月十一日，這個家庭的基石——研究癌症並尋求治療方法的科學家，以及撫養和塑造了兩位堅強又有成就的女性的沙亞馬拉，在奧克蘭因癌症過世。在接下來的幾個月甚或幾年裡，朋友們會注意到，**當賀錦麗身處生命中重要的里程碑時刻，若有人提到她的母親，她就會紅了眼眶。**

---

82 比對競選名單，前者應指戴蒙・鄧恩（Damon Dunn），後者推測為阿貝爾・馬爾多納多（Abel Maldonado）。

83 曾任線上拍賣及購物網站 eBay（億貝）的總裁及執行長，也是二〇〇六年九月的《富比士》（Forbes）所選出世界上極有權力的女性之一。

＊＊

賀錦麗利用地區檢察官的經歷，為競選活動帶來助益。但她在舊金山的紀錄頗為複雜。二〇一〇年早些時候，維拉萊戈薩市長在她競選檢察總長時表示支持，且這麼說道：「賀錦麗的整個職業生涯，都在法庭檢察官的戰溝中度過，她把所在社區的定罪率，提高到了十五年來的最高水準。」

當時為《舊金山週刊》撰稿的記者彼得．賈米森（Peter Jamison），深入研究了舊金山地區檢察官的統計資料，發現賀錦麗的聲明基礎，主要建立在和被告達成的認罪協商[84]上。雖說認罪協商的確是組成刑事司法系統的重要部分，但當賀錦麗的代理檢察官們將嚴重犯罪案件送入審判，定罪率就明顯低於全州的平均值。

＊＊

二〇一〇年二月九日，舊金山司法大廳的檢察官們經歷了格外艱難的一天。一組陪審團錯誤的判定一名男子有罪，而另一組陪審團只經過一天的審議，就在持續了五個月的審判中，宣告謀殺兩名對手的三名黑幫成員無罪。賀錦麗雖然沒有直接參與這兩起案件，但都發生在她的任期之內。

在宣判無罪的審判中，辯護律師發現，對一宗謀殺案而言，DNA證據處理得並不適當，關鍵證人的證詞也不一致。其中一名被告的右手骨折，並用石膏固定，但據稱他能翻過柵欄逃跑；還有他雖然是右撇子，卻被指控開槍。這個迅速做出的無罪判決，導致人們困惑，質疑起檢察官所提出的指控。

三名被告之一的代表律師——凱特．查特菲爾德（Kate Chatfield）表示：「他們所提出的案件，**應該要證據俱足到不存在合理懷疑的空間**。」

就在同一天，另一組陪審團認定賈馬爾．特魯洛夫（Jamal Trulove）有罪。二〇〇七年，他的朋友蘇．庫卡（Seu Kuka）在該市南端的陽光谷住宅區中被槍殺。在宣讀判決時，特魯洛夫哭了——這合情合理，原因如下。

特魯洛夫是一名有抱負的饒舌歌手，曾在VH1頻道的電視真人實境節目《我愛紐約第二季》（*I Love New York 2*）中亮相。一名目擊者聲稱，她百分之百肯定特魯洛夫犯了罪。主任檢察官主張，即使證人面臨被報復和可能死亡的情況，仍願出面作證，而她已經轉移住處，並拿到一筆錢來應付所需支出。地區檢察官賀錦麗沒有起訴這個案子，但她也附和了她的代理檢察官，讚

84 為被告與檢察官所達成的一種協議。透過認罪協商機制，被告有機會選擇，讓自己最後遭到起訴的罪名，比原先所受的指控還低。

揚「從人群中走出來的勇敢目擊者」。最後，法官判處特魯洛夫五十年有期至終身監禁。

當特魯洛夫被定罪，也就成為賀錦麗口中「越來越多重罪被定罪」的一個統計數字。但多年後，真相終於浮出。

特魯洛夫的上訴律師始終確信他是無辜的。賀錦麗擔任檢察總長後，**州上訴法院在二〇一四年一月推翻了特魯洛夫的判決，認為舊金山的「檢察官犯下嚴重的不公正行為」，而證人在有生命安全之虞的情況下仍出面作證的故事「純屬虛構」**。二〇一五年三月，在檢察總長賀錦麗宣布參選美國參議員的兩個月後，舊金山的一組新陪審團宣布特魯洛夫無罪。然而，這件事還沒有結束。特魯洛夫在監獄裡待了八年，他控告警方和政府官員（不是賀錦麗）陷害他。二〇一八年時，聯邦陪審團判賠他一千四百五十萬美元。二〇一九年三月，在賀錦麗參議員競選總統期間，舊金山參事委員會（San Francisco Board of Supervisors）終於解決了特魯洛夫一案，賠償他一千三百一十萬美元。

特魯洛夫的上訴律師馬克．席佛斯密（Marc Zilversmit）說：「賀錦麗力圖進步，這點我非常欣賞。在當時，於犯罪議題上追求進步，是政治人物普遍覺得有爭議而不想碰的事情，而她把一些好想法付諸實踐了。她本來可以做得更多。」

當賀錦麗升到更高的職位，她會提到她當檢察官時的經驗和成功，這等於是她的名片。但這份工作有利有害；擔任舊金山地區檢察官時期，對特魯洛夫的錯誤定罪，會持續困擾著她。

＊＊

最終，賀錦麗在初選中面對五名民主黨對手，五位都是男性。而男性越多，女性在競選中獲勝的可能性就越大，因為五位男性會侵蝕彼此的支持來源，這樣一來，賀錦麗就會脫穎而出。

另外還有一位潛在的女性候選人——潔基．斯貝爾（Jackie Speier），她是來自舊金山南部希爾斯堡（Hillsborough）的民主黨眾議員。二〇一〇年初，她曾宣布有意參選。

一九七八年，還是年輕國會助理的斯貝爾，陪同上司——眾議員里奧．瑞恩（Leon Ryan）前往南美洲國家蓋亞那（Guyana），調查吉姆．瓊斯（Jim Jones）和他的邪教人民聖殿。瑞恩在那次出差中被殺害，斯貝爾在一連串可怕的事件中受了傷，這次事件最終導致一次集體自殺和謀殺，九百多人死亡[85]，斯貝爾體內還有那次攻擊留下的鉛。

在加州立法機構和國會，斯貝爾以特立獨行聞名，敢於在利率和消費者隱私等問題上與銀行對抗。二〇〇八年，華爾街崩盤、經濟大衰退和房屋止贖危機迎來，對加州的打擊尤其嚴重，斯貝爾的觀點也引起共鳴。但在斯貝爾的名字被提出後不久，賀錦麗的競選團隊便透露，她為競

85 共計九百一十三人死亡，其中有九百零八位邪教成員死於集體自殺，剩餘死者皆是中槍而亡，包含議員里奧．瑞恩、三名媒體人員，和一名邪教逃亡者。

選檢察總長籌集了兩百二十萬美元，這個數字令人印象深刻，對於一個剛起步的候選人來說，是個艱難的目標。後來，斯貝爾選擇留在國會。

在任何競選活動中，資金都很重要，特別是在選票較少的州競選中，這些州所吸引來的媒體關注和選民興趣，遠少於州長或參議員的競爭。賀錦麗沒有獨立的財富來源，當然也沒有從母親微薄的財產中繼承一大筆遺產。在初選中，最令人擔憂的主要對手，是自籌資金的前臉書律師克里斯．凱利（Chris Kelly）。凱利是第一次參加競選，在六月的初選中就花了一千兩百萬美元，是賀錦麗在整個競選中花費的兩倍。

賀錦麗有自己的優勢：**她曾兩次參與舊金山政壇這種「絞肉機」般的激烈競選，且在舊金山灣區有自己的知名度**，因為她經常出現在晚間新聞和《舊金山紀事報》上；還有，**她是六名民主黨初選候選人中唯一的檢察官**。

值得注意的是，賀錦麗的內部民調反映出民眾態度轉變。一九九四年通過嚴厲「三振出局法」的選民們，正在放棄皮特．威爾遜那種「全部關起來」的哲學，轉而接受另一種選擇。賀錦麗在她的著作《精明打擊犯罪》（*Smart on Crime*）中闡述了她的娛樂、教育、戒毒和更新哲學，把自己描繪成一名支持刑事司法改革的檢察官。

艾斯．史密斯說：「人們認為監獄系統就像一扇旋轉門，囚犯根本沒受到導正。**這可能是第一次，有人在重大選舉中提出刑事司法改革的想法。**」

二〇〇九年十月，具有改革思想、在洛杉磯執法界備受歡迎的警察局長威廉．布拉頓

（William Bratton）對賀錦麗的支持，使她的名聲得以提升。這可謂執法界中，她獲得的最重要認可，有助於確認她成為一名執法官員的資格。

＊＊

然而，好消息被悲劇沖淡了。

莉莉・史密斯，一個患有亞伯氏症候群的早熟女孩，曾在賀錦麗的第一任地區檢察官競選中，幫忙裝信封和分發宣傳手冊。她已經十五歲了，而這年齡的孩子最在乎的，就是外表還有融入群體。在她就讀的幾間馬林郡（Marin County）學校裡，其他同學沒有霸凌或取笑她，但他們確實不太理她，她因此變得社交孤立。她和她的父母艾斯・史密斯和蘿拉・塔姆斯決定轉到一所寄宿學校——愛荷華州西布蘭奇（West Branch）鄉村的史蓋特中學（Scattergood Friends School）。在那裡，她找到了朋友和被接納的感覺，並且表現出色。

在讀完聯合農場工人（United Farm Workers）工會共同創始人——多洛雷斯・韋爾塔（Dolores Huerta）的傳記後，莉莉開始閱讀英國前首相東尼・布萊爾（Tony Blair）的夫人——雪麗・布萊爾（Cherie Blair）的自傳。十月九日，她打電話給媽媽，並留言說他們隔天早上再通話。

不料那天晚上，她癲癇發作，過世了。

賀錦麗在競選活動的空檔時間，接到史密斯的合夥人丹．紐曼（Dan Newman）的電話，告訴她莉莉去世了。史密斯和塔姆斯是賀錦麗政治活動中非常重要的存在，更是她親密朋友圈中的一分子。於是，賀錦麗很快搭上前往舊金山的飛機，到莉莉家中參加哀悼儀式。

沒有什麼比失去孩子還要痛苦，但史密斯和塔姆斯創立了慈善機構「超越差異」（Beyond Differences），將他們的悲痛轉化為善行。該機構開發了一些課程，供全國學校使用，幫助孩子們克服社交孤立。他們也感受到賀錦麗關心別人的方式……在莉莉離開後那些年裡，每年生日和母親節，賀錦麗都會打電話致意，並一直以莉莉的名義，為超越差異機構籌募資金。

**

在二〇一〇年六月八日的初選之夜，賀錦麗在舊金山和阿拉米達郡的得票都大幅勝出，也贏下了洛杉磯郡。在全州範圍內，她以超過兩倍的優勢擊敗了第二名的對手[86]，克里斯．凱利名列第三。

史蒂夫．庫利的共和黨初選競爭更為激烈。其主要**對手是約翰．伊士曼**（John Eastman），他是橘郡查普曼大學法學院（Chapman University School of Law）的院長，也是前大法官克拉倫斯．托馬斯的助理。伊士曼的首席策略專家法蘭克．舒伯特（Frank Schubert）曾在二〇〇八年監督**「贊成八號提案」運動以禁止同性**

婚姻，伊士曼也支持這個運動。後來，他成為向最高法院提交意見書的律師之一，敦促所謂的傳統婚姻倡議，應被視為符合憲法。他還成為全國婚姻組織（National Organization for Marriage）的主席，這是個致力於結束同性婚姻的主要組織。

伊士曼是茶黨（Tea Party）[87]**在加州最喜歡的人物，針對庫利的政府退休金問題進行攻擊。**他引用了一條算式，說庫利在洛杉磯郡服務了三十六年，每年可以領取二十九萬兩千美元的退休金；再以檢察總長的薪水計算，如果庫利獲勝，他總共將可以領取四十二萬五千美元。**退休金在當時是一個非常棘手的問題，尤其是在南加州。**當局正在調查貝爾市（Bell），這是洛杉磯郡一個貧窮的小鎮，人口有三萬七千人，居民大多是移民。而這裡市政府官員的年薪為七十八萬七千六百三十七美元，還將領取巨額退休金。貝爾事件隨之成了頭版新聞。

其實庫利沒有做錯任何事，而且事實上，他的辦公室正在監督貝爾市的腐敗調查。伊士曼最終以些微的差距位居第二，但庫利的退休金問題並沒有就此被忽視。

---

86 亞柏托・托里科（Alberto Torrico）。

87 由民間保守派人士組成。

第12章

加州迎來改變

Change Comes to California

她是第一位成為加州檢察總長的女性、黑人和印度裔——加州迎來了變化。

檢察總長的縮寫是AG（Attorney General），而所有想任此職的人都知道真相：AG也代表「更上層樓當州長」（aspiring governor）。舊金山地區檢察官賀錦麗，顯然對競選檢察總長之上的職位感興趣，可能是州長或者美國參議員。而洛杉磯郡地區檢察官史蒂夫·庫利，對競選檢察總長之上的任何職位，都沒有太大興趣。

**

庫利是一名聯邦調查局探員的兒子，有一雙憂傷的眼睛，頭髮花白，看起來彷彿已經看透一切，而他也確實看到了。至少，他深知人們會對他人做出什麼樣可怕的事情，這個殘酷的現實反映在某些統計資料之中。在二〇〇〇年到二〇一〇年，庫利擔任洛杉磯地區檢察官期間，當他競選加州檢察總長時，他的代理檢察官們對五十九名男性和三名女性求處死刑，這數字超過了當時加州因謀殺而被判死的犯人的一半。在舊金山，已經有二十多年沒有人被判處死刑了。

在社會大眾和報導他的記者面前，庫利表現得很真實可靠，徹頭徹尾是名檢察官。他採取一種不斷求進步的立場，希望能緩和加州極端的三振出局量刑法，似乎成了政界人士中最無黨派的一個。他還經常針對南加州政客提起公共貪腐案件，藉此製造新聞，而這個議題很受編輯部歡迎。**大多數媒體支持的是庫利而非賀錦麗，包括我所屬的《沙加緬度蜜蜂報》**。

《沙加緬度蜜蜂報》中一篇由我領頭撰寫的社論提到：「與幾乎所有其他對手相比，她

（賀錦麗）似乎能輕鬆贏得我們的支持。**但由於庫利在執法界的地位，他有更大的潛力推動加州量刑體系進行迫切改革，並對濫用民眾信任的公職人員採取大膽的行動。**」

庫利以賀錦麗拒絕對槍殺艾斯皮諾薩的凶手求處死刑為例，強調自己支持死刑，賀錦麗則是反對死刑。艾斯皮諾薩警官的父母和遺孀支持庫利，而警察工會最終花了一百五十萬美元來推選庫利。

庫利支持死刑、賀錦麗反對死刑，這兩種立場確實在加州的某些地區產生共鳴，但賀錦麗特別強勢的舊金山灣區並沒有包括在內。**賀錦麗緩下攻勢，說儘管她個人意見如此，但她將根據法律執行。這與加州檢察官的長期傳統相吻合，他們個人即使反對死刑，但還是會強制執行。**舉例來說，前公設辯護人約翰・範・德・坎普在一九八〇年代擔任檢察總長，雖然他在道義上反對死刑，但他的代理檢察官們在州最高法院中，曾多次為死刑判決和死刑本身辯護。

＊＊

眼看庫利聲勢領先，專家們都認為他會勝選。當時極有成就的策略專家蓋瑞・索斯（Gary South）預測賀錦麗會輸給庫利，並在加州大學爾灣分校（University of California, Irvine）的一個論壇上，列舉出自己的論點：「她是女性、少數種族族群、反死刑判決者，還是舊金山這古怪地區的地區檢察官。」

這是四重打擊，而傳統的想法就是如此。

不過，事態的發展阻斷了庫利的道路。九月，洛杉磯郡治安官的副手逮捕了八名貝爾市官員。庫利是宣布控告的人，他告訴《洛杉磯時報》：「這就是貪腐猖獗。」就連前檢察總長、民主黨員比爾．洛克耶也預測賀錦麗會輸，即使他支持賀錦麗，也捐款贊助她的競選活動。

在六月初選和十一月決選期間，庫利的籌款比賀錦麗多出五十多萬美元，從加州以外的捐款者那裡收到的捐款，也遠遠超過賀錦麗。這狀況表示，這場競選具有更廣泛的意義。

庫利回憶說，他的競選策略專家解釋過這次競選的政治意義：「賀錦麗想要的不是競選檢察總長，她做這些的目標是副總統。」當時庫利駁斥了這種說法。

也許庫利低估了賀錦麗，但精明的共和黨策略專家並沒有。十月，總部位於維吉尼亞州的共和黨州領導委員會（Republican State Leadership Committee，簡稱RSLC）介入，突然之間，加州檢察總長的競選變成全國性事件。該委員會主席艾德．葛里斯比（Ed Gillespie）曾是小布希總統的首席策略專家，也是共和黨全國委員會（Republican National Committee）前主席。共和黨州領導委員會花了一百多萬美元，製作一個全國性的電視廣告，蕾納塔．艾斯皮諾薩在廣告中批評賀錦麗，未能對殺害她丈夫的凶手求處死刑。

廣告的內容與播放動機幾乎沒有關係。**共和黨策略專家說，共和黨認為賀錦麗是一個潛在的全國候選人，希望在她登上全國舞臺之前結束她的職業生涯。**他們還認為，加州若有一位共和黨檢察總長，可以作為對抗歐巴馬政府的堡壘。

＊＊

另外，下一任檢察總長肯定得對《平價醫療法案》（*Affordable Care Act*，簡稱ＡＣＡ）[88]表明立場，看是要起訴並推翻這個歐巴馬總統的招牌國內政策成就，還是在法庭上為它辯護。共和黨州領導委員會當年籌集了三千多萬美元，其中大部分資金來自醫療保險產業和其他批評該醫療法案的團體。**賀錦麗承諾盡她所能捍衛《平價醫療法案》，庫利的態度則曖昧不明。**

在接下來幾年裡，來自德州和其他紅州（支持共和黨）的共和黨檢察總長，將帶頭發起訴訟，要求廢除覆蓋近四千萬美國人的《平價醫療法案》。在賀錦麗和她的繼任者哈維·貝西拉的領導下，加州領導著藍州（支持民主黨）捍衛該法案。由於共和黨州領導委員會的動作頻頻，歐巴馬便來到加州幫助賀錦麗，進一步提升她的形象。歐巴馬對洛杉磯的觀眾說，她是他「親愛的好朋友」，並在舊金山南部的富裕城鎮阿瑟頓（Atherton）[89]，為她主持一場募款活動。在二〇一〇年選舉中，賀錦麗正是協助歐巴馬籌募資金的州候選人之一。

---

88 即《患者保護與平價醫療法案》（*Patient Protection and Affordable Care Act*，簡稱ＰＰＡＣＡ），俗稱「歐巴馬健保」（Obamacare）。

89 根據新聞媒體彭博（Bloomberg）二〇二〇的年度美國最富地方排名，阿瑟頓以平均家庭年收入五十二·五萬美元（約新臺幣一千六百零九萬元）奪冠，更是連續四年蟬聯榜首。

隨著選舉日接近，梅格．惠特曼和其他共和黨員顯得態度猶豫不決，這讓庫利很有機會獲勝。為了掌握勝算，庫利在聖地牙哥的競選幕僚長凱文．史畢蘭（Kevin Spillane）便求助於共和黨的智者之一——喬．舒馬特（Joe Shumate）。在電影《選舉風暴》（*Spinning Boris*）描繪的一場競選中，舒馬特曾為皮特．威爾遜、約翰．馬侃（John McCain）[90]、阿諾．史瓦辛格以及鮑利斯．葉爾辛（Boris Yeltsin）[91]提供建議（舒馬特由身材修長的演員李佛．薛伯〔Liev Schreiber〕飾演，他是一個超魁梧的男人）。舒馬特是利用電腦分析對選民進行精準投放[92]的先驅，計畫在特定媒體市場中，針對特定選民投放廣告。

到了十月一日，也就是選舉前一個月，時間已經不多了，舒馬特卻沒有接電話，這很不像他會做的事。史畢蘭隨即警覺起來，打電話給朋友確認情況，才知道舒馬特當時在沙加緬度的公寓裡，死於心臟病發。而他規畫的廣告從未播出。

**

加州政治的一個現象是，雖然大多數加州人住在南加州，但北加州人更嫻熟政治，投票的比例也更高。這讓賀錦麗有優勢，她和她的競選團隊也知道如何出拳攻擊，就像他們多次展示的那樣。《舊金山紀事報》在一篇題為「反腐敗鬥士接受了許多禮物」的報導中，詳細敘述庫利接受的蘇格蘭威士忌、葡萄酒、雪茄，還有湖人隊的門票。這些禮物成了攻擊庫利的內容，但是更強力的攻擊還在後頭。

二〇一〇年十月五日，庫利同意在加州大學戴維斯分校法學院（UC Davis School of Law）舉行一場辯論。兩位候選人都表現出聰明、伶俐、機敏，以及和對方非常不同的特質。**賀錦麗明確表示，她將拒絕為八號提案辯護。該提案於二〇〇八年十一月通過，禁止同性婚姻，並導致加州和美國最高法院接到諸多訴訟**。當時的檢察總長傑瑞・布朗拒絕為該法案辯護，州長史瓦辛格也是如此，使得提案支持者不得不自己僱用律師來辯護。二〇一〇年八月四日，美國地區法官范恩・沃克（Vaughn Walker）否決了八號提案，裁定該提案「禁不起平等保護條款的任何審查」。賀錦麗說，如果她當選，她也會拒絕為八號提案辯護。

賀錦麗在十月五日的辯論中說道：「既然聯邦地區法院法官已經發現八號提案違憲，我們就不應該利用加州寶貴的資源，來捍衛一項違憲的法律。我同意且支持這個決定。」

庫利反駁表示，選民已經表達了意願，而他們的意願「應該由加州檢察總長來捍衛，不管檢察總長的個人信念如何」。庫利說，史瓦辛格和布朗拒絕為加州辯護，是「違背職責」。

---

90 前美國參議員。

91 前俄羅斯總統。

92 政黨和候選人的競選團隊會透過各種傳播管道和選民互動，藉此向選民籌款、邀請他們參加競選活動或擔任志工，以及督促他們投票。精準投放能根據資訊將選民分類，並針對不同的選民，採取不同的行銷手法。

他們在環境問題上也有分歧。二〇〇六年，史瓦辛格簽署了一項具有里程碑意義的法案，要求加州人大幅減少溫室氣體排放，以應對氣候變遷。其他州都沒有採取這樣的措施。該法案最終將增加煉油廠、食品加工商、各類工廠和汽油的成本，目的是說服人們尋找替代品。二〇一〇年，石油公司和煤炭生產商主要資助了一項耗資一千萬美元的活動，該活動旨在推動加州共和黨支持的一項倡議，以推遲法案執行來扼殺該法案。對此事件，庫利沒有主動表明任何立場。

賀錦麗身為直率的對手，直接攻擊庫利沒有闡明自己的立場。她在辯論中說：「我認為，**我們不能根據政治風險可能帶來的代價，來選擇要不要發表意見。**」她轉向庫利，言語又刺得更深入一些：「承擔一些風險，你能做到的。」

後來，賀錦麗也沒有做到自己的建議。上任後，她拒絕對投票議案表明立場。但在二〇一〇年，她站在選民那一邊，這項受石油和煤炭公司資助的議案以失敗告終，得票率不到三九%。

撇開他們在婚姻平權、氣候變遷和死刑問題上的分歧不談，這場辯論最引人注目的時刻，是《洛杉磯時報》的傑克．倫納德（Jack Leonard）向庫利提問，如果他在二〇一〇年十一月二日贏得選舉，是否會領取檢察總長加上洛杉磯郡的雙重退休金。這個問題充滿了政治風險。從約翰．伊士曼在初選中提出這個問題，而庫利自己的辦公室也起訴貝爾市的官員之後，庫利應該早就知道會再有人提出這個問題。他的回答雖然唐突，但也很坦率：「這是我三十八年來替大眾服務所應得的。無論我有權領到多少退休金，肯定是我應得的，而且我一定會依靠這筆錢，來補償州檢察總長低到不可思議的薪資。」

賀錦麗看出了這個回答有多麼笨拙與欠缺考慮，答道：「就領吧，史蒂夫（庫利）。」她帶著一抹「被我抓到了吧」的笑容，接著說：「毫無疑問，這是你應得的。」

賀錦麗一直待在洛杉磯，試圖削弱庫利的陣營，並與一位年輕的非裔美國人助手倫敦・布里德（London Breed）在洛杉磯各地跑活動。（布里德現在是舊金山市市長。）**距離選舉剩不到一個月，賀錦麗把所有錢都投到洛杉磯電視廣告上，廣告的焦點，是庫利對退休金問題的回答。**這次進攻足具毀滅性，而且達到了預期的效果。

＊＊

二〇一〇年，茶黨之年[93]，一股紅色浪潮席捲全美國——共和黨在州議會和美國眾議院皆取得了歷史性的勝利，但這股浪潮在內華達山脈（Sierra Nevada）[94]的東面停止了。傑瑞・布朗輕鬆擊敗了億萬富豪梅格・惠特曼當選加州州長，只有賀錦麗和庫利的比賽還在拉鋸。

---

93 茶黨運動在二〇〇九年初興起，並於二〇一〇年選舉支持共和黨候選人。根據 NBC 新聞部落格上計算的結果，在得到茶黨支持或自稱茶黨成員的候選人中，有五〇％當選參議員，三一％當選眾議員。

94 位於加州東部，接近內華達州。

選舉當晚，庫利宣布獲勝。《舊金山紀事報》出現了「杜威擊敗杜魯門」（Dewey Defeats Truman）的時刻[95]，在網路上發布新聞標題，宣布庫利獲勝。庫利甚至拿出了「檢察總長庫利」的衣領別針。但加州州務卿花了數週時間，統計郵寄選票和臨時選票。在灣區人口最多的六個郡中，賀錦麗以幾乎二比一的優勢擊敗庫利，贏了五十三萬三千五百票；在本應是庫利大本營的洛杉磯郡，庫利反倒輸了三十一萬五千票。

十一月底，全部九百六十多萬張選票都統計出來後，賀錦麗以七萬四千一百五十七票之差勝出。她是第一位成為加州檢察總長的女性、黑人和印度裔——加州迎來了變化。

---

95 一九四八年的美國總統大選，因杜威民調大幅領先，《芝加哥論壇報》（*Chicago Tribune*）提前印好「杜威擊敗杜魯門」的頭條新聞，最終結果卻是杜魯門勝選。

第13章

檢察總長賀錦麗

Attorney General Harris

身為檢察總長，賀錦麗既表現出創新，也表現出謹慎。根據不同問題，她可能勇敢，也可能克制；她可能立場堅定，也可能對當時重要的刑事司法問題保持沉默。

檢察總長賀錦麗上任第一天，她在位於沙加緬度的加州司法部總部十七樓邊間套房裡，舉行了一場招待會。沒有攝影機和媒體，只有她、一些餅乾、潘趣酒及幕僚。資深檢察官、司法部探員、守衛和自助餐廳員工都來了。這是許多幕僚初次走進邊間套房，或與檢察總長握手。三十年來，司法部首次由一位有豐富法庭經驗的律師領導。她教他們如何正確念出她的名字，並告訴他們，她非常榮幸能擔任厄爾．華倫曾經擔任過的職位。她還背誦出聖地牙哥、洛杉磯和舊金山分部的電話。

賀錦麗進入了加州司法部，這裡擁有四千九百九十六名員工和七億三千兩百萬美元預算，規模遠遠超過加州所有律師事務所，還有加州其他的司法部門，僅次於美國司法部。加州司法部擁有全國極大的警察部隊之一，其法醫科學家管理著全國先進的犯罪實驗室之一。

過去的司法部副檢察總長（Deputy Attorney General，簡稱 DAG）是一群持懷疑態度的人。他們看著檢察總長來來去去，大多數都是為了競選州長而來，每一位繼任的檢察總長，似乎都比較關心自己將來要爭取的職位，而不是現在的職位；他們知道這間辦公室是個跳板。當然，賀錦麗是有野心的，這可能是件好事。但也許她會投入司法部……她投入其中，卻又不算投入。

＊＊

身為檢察總長，賀錦麗既表現出創新，也表現出謹慎。根據不同問題，她可能勇敢，也可能克制；她可能立場堅定，也可能對當時重要的刑事司法問題保持沉默。有些時候，她本可以帶頭，但她卻走在後面；而在其他情況下，她又是一個開拓者。關於她的管理風格，資深幕僚幾乎想不出她有什麼明確的個人方針。而且她很少出現在沙加緬度的總部，比較喜歡待在她舊金山住處附近的分部，後來又待在洛杉磯，這個城市的選民和捐款人最多。

最終，**她在加州建立起自己的名聲，並透過反對銀行、反對欺騙學生的營利性大學，以及為被買賣的兒童受害者辯護，提高全國知名度**。她利用她的檢察官自由裁量權，起訴了很難贏的案件，並駁回那些可能備受矚目的案件。例如，她沒有起訴第一西部銀行（One West Bank）涉嫌違反「止贖權」[96]的法律程序。這間銀行當時的所有人是史蒂芬．梅努欽（Steve Mnuchin），後來成為川普政府的財政部部長。正如網路新聞網站 The Intercept（攔截）在二〇一七年詳細報導的那樣，賀錦麗的副手在二〇一三年建議起訴，但賀錦麗的結論是，沒有足夠的證據來替訴訟所需資源作擔保。她把未完成的重大案件留給了她的繼任者。

正如政治人物們經常遇到的那樣，有一些超出她控制範圍的事件，迫使她採取行動。

在她之前的檢察總長，是新當選州長的傑瑞．布朗，他在三十年前擔任過兩屆州長，比任

---

96 亦稱取消抵押品贖回權，指的是一旦物件抵押人違約或停止繳納貸款，貸方將獲得房產所有權的過程。通常貸方會試圖透過強制出售（法拍）來取回資金。

何在世的政治人物都更了解加州的錯綜複雜。布朗面對的並非最好的時代。超過一百萬名加州人在經濟大衰退中失去工作，更多人在次貸危機中失去房子和積蓄。全州的失業率攀升至一二・六%，但在中央谷地（Central Valley）[97]的部分地區和加州的農村地區，情況又更加糟糕。自一九三八年以來，加州人的總收入首次實際下降，沙加緬度的稅收下降了二四%。

與可以印鈔的聯邦政府不同，加州和其他州一樣，必須每年平衡預算。**二〇一一年，加州面臨兩百七十億美元的預算短缺。布朗和立法者別無選擇，只能削減開支**，對州政府進行結構性改革，以平衡一千兩百七十億美元的預算。自檢察總長一職回歸後，布朗知道它需要什麼，也知道它不需要什麼。第一年，他從檢察總長辦公室的預算中削減了三千七百萬美元，第二年又削減七千五百萬美元。

削減開支對公共雇員工會的打擊最大，該工會曾在二〇一〇年的選舉中支持布朗的對手。賀錦麗猝不及防，只得手忙腳亂的保住工作崗位，同時應對裁員。她已經沒有資金可用於擴張，更大的野心勢必要先暫緩，不過那些野心終究會出現。

加州司法部包括執法部門，裡面的探員負責打擊重大犯罪、有組織犯罪、跨國幫派和大型販毒集團。該部門的律師負責捍衛消費者權利、保護環境，以及執行反壟斷法。這個部門的大部分工作都很單調乏味。檢察官捍衛州政府免受訴訟，並為無數的董事會和委員會提供諮詢。刑事部門的檢察官在州和聯邦法院中，為郡地區檢察官的定罪辯護。還有一個資深精英團體，專為死刑判決辯護。

丹・吉列（Dane Gillette）在這個地方工作了近四十年，從一線副手到整個辦公室的死刑案件協調員，再成為刑事部門首長。吉列主要在中央谷地的弗雷斯諾（Fresno）和馬德拉（Madera）長大，他的父母和祖父母都是共和黨員，但在川普擔任總統期間，他對共和黨感到失望，便將自己登記的資料改為「無政黨偏好」。作為死刑協調員，吉列監督了一九九二年至二○○六年間，在加州執行的十三起死刑。**儘管賀錦麗對死刑的看法眾所周知，但吉列從未覺得她試圖干涉任何死刑案件。**

「她了解這些事件。有時候，如果她不了解，她會發問。你可以跟她好好解釋。」他說。**賀錦麗對員工可能很嚴格、直接而惱人，不過她在決策方面，有時也會很遲鈍。**二○一三年十二月，吉列正在尋求她的批准，以請求美國最高法院審查一個案件，該案件涉及警察是否不當審訊殺人嫌犯的問題，而嫌犯一開始就提出他有權不自證其罪（self-incrimination）[98]。上訴法院駁回了嫌犯的自白。眼看上訴的最後期限快到了，吉列認為賀錦麗會同意他的觀點，便在沒有得到她回覆的情況下，提交了上訴書。後來她從家裡打電話給他，當時是聖誕節前，而她正在

97 縱貫美國加州中部的狹長盆地，與太平洋海岸平行。

98 「自證其罪」是指自己在遇到法律訴訟時，承認自己有罪的行為。許多國家的法律規定，不能強迫被指控的嫌犯自證其罪，嫌犯有保持沉默和獲得辯護律師的權利，但警察不能因嫌犯拒絕坦白而予以懲罰。

準備節慶晚餐。賀錦麗告訴吉列，自己不同意他的看法，也不會提起上訴。吉列一時羞愧提出辭職，但她拒絕了他的辭職，只是要求這種事再也不要發生。最後她祝他佳節愉快，並道了再見。他想，在一對一的狀況下，她會展現出最佳狀態。

隔年吉列退休時，賀錦麗出現在他的送別晚宴上，於他的餐桌旁徘徊，並與他的妻子和小孩交談，讓他感到驚喜。這是一件讓人難以忘懷的親切之舉。

＊＊

加州司法部最繁忙的一個部門，要為該州擁有三十四個機構的龐大監獄系統辯護。數十年來，囚犯的律師們一直就監獄的狀況起訴州政府，聯邦法院總是站在囚犯那一邊，與州政府對抗。傑瑞．布朗擔任檢察總長時，就曾與這些案件鬥爭過。但法院的損失，加上金融危機，還有監獄系統每年耗費加州一百億美元，而且金額還在持續增加，在在迫使該州採取行動。

二〇一一年五月，在賀錦麗和布朗上任五個月後，美國最高法院以五票贊成、四票反對的結果，裁定加州監獄違反了憲法中禁止「殘酷和不尋常懲罰」[99]的規定。監獄最擁擠的時候，關押了十七萬三千名囚犯，是設計關押人數的兩倍。

該裁決由最高法院的加州法官——雷根總統任命的安東尼．甘迺迪（Anthony Kennedy）撰寫。他描述，在一所監獄裡，五十四個人共用一間廁所；在另一所監獄裡，一名被監禁的男子連續十七個月抱怨身體疼痛，但始終沒有得到治療，最後死於睾丸癌。一位精神病學專家報告說，他觀察到一名囚犯被關在籠子裡近二十四小時，站在自己的尿液中，已經有類似緊張性抑鬱障礙的表現，但監獄官員沒有其他地方可以安置他。

「由於囚犯自己的行為，他們可能被剝奪了自由的基本權利。」甘迺迪寫道：「然而，法律和憲法要求承認其他某些權利，**囚犯依然擁有所有人固有的人類尊嚴本質**。對這種尊嚴的尊重，**推動了禁止殘酷和不尋常懲罰的第八修正案**。」

在懲罰和監禁問題上，這是有史以來極為重要的決定之一，對加州有著深遠影響。加州在大規模監禁方面居全國之冠，它在二十年內建造了二十座監獄，在此期間，囚犯的數量增加了五倍，達到十七萬三千人。既然已經在最高法院敗訴，那麼加州就需要改頭換面。**布朗督促立法人員重新調整刑事司法系統，不要讓那麼多人被送進監獄，並進行一連串改革，將監獄人數減少到十二萬人**。推動這些事情的，是布朗，而不是賀錦麗；在監禁這個基本問題上，新任檢察總長賀錦麗聽從了州長布朗的意見。

布朗正在尋求一些他迫切需要的外部援手：史丹佛大學法學院教授大衛・米爾斯（David W. Mills），以及紐約億萬富翁喬治・索羅斯（George Soros），前者是一位富有的投資者和公民自

99 英美法系中的一個短語，描述對受懲罰者施加痛苦、疼痛、羞辱而被認為是不可接受的懲罰。

由論者，後者是來自匈牙利的納粹大屠殺倖存者，曾主張採取一系列措施減少囚犯人數，還花了一百萬美元，將一項措施列入二〇一二年的投票，該措施將軟化加州三振出局法中最強硬的部分。他們的策略專家包括艾斯．史密斯、尚恩．克萊格（Sean Clegg）和丹．紐曼，也就是賀錦麗競選檢察總長時的策略專家。

根據三十六號提案，再犯的重罪犯將不會再因毒品或財產犯罪（如入店行竊），而被判處二十五年至終身監禁；若要達到此判決，那麼犯罪行為必須是暴力或嚴重的。如此一來，大約三千名因三振出局法而被判終身監禁的人，將獲得向法院聲請釋放的權利。

他們都是像沙恩．泰勒（Shane Taylor）這樣的人；泰勒是一個時常無家可歸的吸毒者，來自中央谷地屬於共和黨的圖萊里郡（Tulare County），而代表該郡的眾議員是德溫．努涅斯（Devin Nunes）。泰勒過去的犯罪紀錄，包括青少年時期兩次入室行竊，以及偷支票簿買披薩。一九九六年某一天，這個前披薩小偷和朋友們在波特維爾市（Porterville）的小鎮外的成功湖區（Lake Success）水庫喝啤酒時，警察上前攔查，發現他身上有〇．一四克甲基安非他命，相當於十分之一個糖包大小。

高等法院法官霍華德．布羅德曼（Howard Broadman）根據法律規定，將泰勒判處二十五年有期至終身監禁，原因是持有少量毒品。布羅德曼並不是懷疑自己，但這個判決讓他很鬱悶。「這樣處置沙恩．泰勒是個錯誤。」布羅德曼法官這麼說。

後來，泰勒成為軟化美國最嚴厲的三振出局法的眾多支持者之一。另一個案例是個偷竊慣犯，因為從家具賣場偷了一副手套，而被判二十五年有期至終身監禁。第三個案例是一名患有精神疾病的男子，他因為擁有一臺價值兩百美元的失竊電腦，而被判處二十五年有期至終身監禁。還有成千上萬個這樣的案例。

＊＊

由於賀錦麗自稱代理刑事司法改革者，選民可能會受益於加州檢察總長的決策。但當洛杉磯郡地區檢察官庫利支持這項軟化措施，賀錦麗卻沒有表態。她陳述的理由是，她的代理檢察官們為選民撰寫了總結該措施的推薦語，因此檢察官們可能得在法庭上為該措施辯護。她認為，**如果她表態支持或反對這項措施，將使得其代理檢察官和辦公室在執行公務時，處於尷尬的境地。**在她擔任檢察總長期間，她在其他投票議案中也表明了這種立場。

但是，不表明自己對投票議案的立場，還是有許多政治原因。要是第三個案例中的人出獄後，犯下可怕的罪行怎麼辦？在未來的競選活動中，這些都會變成攻擊性廣告，因此迴避這項議題會比較簡單。在賀錦麗之前的幾位檢察總長，找到了一些方法，可以平衡為法令辯護和政治參與這兩個需求。例如一九九四年的檢察總長丹・蘭格倫，支持最初的三振出局法提案，並在連任競選中，將他對該提案的支持作為宣傳基礎；他很清楚，新法通過後，他的副手們將在上訴法院為其辯護。與賀錦麗不同的是，**蘭格倫認為，他在法庭上捍衛法律的公務職責，與他作為政治領**

袖的角色之間沒有衝突，政治領袖有責任讓選民知道他在重要公共議題中的立場。

軟化三振出局法的提案，以壓倒性的優勢通過，獲得了近七〇%的選票。自通過以來，大約有三千名囚犯獲釋，再犯而重新入獄的人相對較少，而且沒有人是因為殺人入獄。其中一個沒有再回監獄的，就是沙恩・泰勒。

＊＊

賀錦麗在任期內，沒有對其他幾項刑事司法倡議表達立場，包括副州長葛文・紐森和州長傑瑞・布朗提出的措施，前者內容是減輕毒品犯罪和財產犯罪的刑期，後者表示犯人只要遵守監獄規則，在獄中上課和學習技術，就有可能獲得假釋，給長期服刑的重罪犯帶來希望。

終身反對死刑的賀錦麗，在二〇一二年到二〇一六年擔任檢察總長期間，也拒絕對廢死議題表態，後來這些議案以相對微弱的劣勢失敗了。她沒有表明立場的第三項措施，是二〇一六年向選民提出的一種加速處決方法。已退休的刑事部門首長丹・吉列參與了這項倡議。儘管倡議通過了，不過承諾的處決從未發生。

像所有的死刑法律一樣，加速執行死刑的措施也捲入了訴訟。幾十年來，加州人反覆的投票贊成死刑。到目前為止，加州的死刑犯數量在美國是最多的，但由於法院的裁決和控制州政治的民主黨員反對，加州可能永遠不會再執行死刑。

第14章

遺俗

The Relic

庫珀從一開始就聲稱自己是無辜的，只是在錯誤的時間出現在錯誤的地點……他對《新聞企業》日報說：「他們寧願處死一個無辜的人，也不願承認自己犯了錯。」

在賀錦麗接下檢察總長這個職位時，死刑是個遺俗，不是她這位精明打擊犯罪、力求進步的檢察官想要深入探討的問題。但在二〇一〇年的競選中，賀錦麗承諾要執行現行法律，儘管她個人反對死刑。這代表她將允許代理檢察官完成他們的工作，在州和聯邦法院為死刑判決辯護，而這些努力都是徒勞。

二〇一一年一月，檢察總長賀錦麗上任時，聖昆丁州立監獄（San Quentin State Prison）的死刑室已經閒置了近五年。這座監獄坐落在舊金山灣北岸的一個小高地上，自一八五二年啟用以來，已經發展成一個住著四千人、有圍牆的小城市。在圍牆內有將近七百名死刑犯，居住在三個高度戒備區域，分別建於一九一三年、一九三〇年和一九三四年，統稱為死囚區。要是囚犯們有可看見外面世界的窗戶，就能看到價值數百萬美元的美麗風景了。二〇一一年，監獄裡至少有五十九人年紀在六十歲以上，且曾有一百四十五人死於自然原因、自殺、他殺，或藥物過量。

大多數被判死刑的人都住在東區舍房（East Block），那是一座巨大的倉庫型建築，結構設計有五層樓高，每層有六十個牢房，每間牢房不到一．五坪。在警衛站的牆上有一個米老鼠的時鐘，上面寫著「地球上最快樂的地方」。

早在賀錦麗擔任檢察總長之前，死刑在加州就已經非常罕見了。自一九七七年恢復死刑以來，有九百多名男女被判處死刑，其中有些人的判決被推翻、少數人獲釋，而對於大多數人來說，上訴持續了幾十年。結果在一九九二年到二〇〇六年間，只有十三人在聖昆丁被處決。

＊＊

二〇〇六年，麥可・莫拉萊斯（Michael Morales）因一九八一年強暴並殺害一名洛戴市（Lodi）的高中畢業班學生泰麗・溫契爾（Terri Winchell），即將被處死，當時他的律師說服了美國地方法官傑里米・福格爾（Jeremy Fogel，柯林頓總統任命的一名法官），說加州的**致命藥物組合可能會引起強烈疼痛，違反禁止殘酷和不尋常懲罰的第八修正案**。

根據加州懲戒署（California Department of Corrections and Rehabilitation，簡稱CDCR）制定的協議，獄警應該先為死刑犯注射硫噴妥鈉（一種發作極快的巴比妥酸鹽），使其昏迷後，再將肌肉鬆弛劑泮庫溴銨注入死刑犯的靜脈，導致癱瘓。最後注入氯化鉀，造成死刑犯心臟驟停致死。[100]

莫拉萊斯的律師提供的證據顯示，在過去的死刑中，巴比妥酸鹽的用量不足。如果這些囚犯不是處於深度睡眠狀態，可能會在注射其他藥物時遭受過度疼痛。每次執行過程中到底是什麼狀況，我們並不清楚，因為紀錄非常草率。但有一名男子，他在獄中下令謀殺他人之後被判處死

100 這段過程即「注射死刑」。此死刑方式於二十世紀開始普及，主要用於代替其他被認為較痛苦的處決方式，比如電擊、絞刑、毒氣室或斬首。

刑，而他的氯化鉀竟然注射了兩次。還有紀錄顯示，舊金山最後一名被執行死刑的羅伯特・李・馬西（Robert Lee Massie）在二〇〇一年三月施打泮庫溴銨和氯化鉀時，可能尚有意識並感覺到疼痛。

**

隨著注射死刑案件的拖延，美國地方法官科馬克・卡尼（Cormac J. Carney，由小布希總統任命）開始考慮厄尼斯特・德韋恩・瓊斯（Ernest Dewayne Jones）的案件。瓊斯因於一九九二年姦殺女友的母親，而被判處死刑，至二〇一四年，他已經在死囚區待了十九年[101]。卡尼已經看得夠久了。在二〇一四年發布的二十九頁判決書中，他詳細說明了死刑制度牽涉的諸多步驟，一個典型案件如何透過州和聯邦法院進行追蹤，然後再送回。他指出，確實被執行死刑的囚犯很少，但有很多人死於其他原因。**當時，加州必須在十四年裡，每週至少執行一次死刑，才能空出死囚區，而加州沒有批准任何執行協議。**

他寫道：「過度和不可預測的拖延，導致在數百名死囚中，只有很少數人已經、又或是將被執行死刑。這使得此一制度裡頭，**決定一個人是否會被實際執行死刑，依據的是任意因素**，而非犯罪性質或死刑日期等合法因素。它創造出一個沒有刑罰目的的制度，而這樣的制度違憲。」

卡尼的結論是：前述這種死刑違憲，因為沒有人會被處決。102 如果他的裁定生效，這可能代表加州死刑的終結。檢察總長賀錦麗面臨一道選擇題。她本可以認定卡尼法官是正確的，不提出上訴，藉此盡一份力讓死刑制度擺脫痛苦，換得廢除死刑者的歡呼雀躍。但她的代理檢察官們會感到憤怒，她也會遭受死刑支持者的抗議。因此，她選擇兌現自己在競選檢察總長時的承諾，也就是儘管她個人反對，但她會執行法律並為死刑辯護。

賀錦麗決定上訴，並在一份簡短的新聞稿中解釋這個決定，稱該裁決「不受法律支持」。最有趣的是，她在聲明中補充說，卡尼的裁決「削弱了我們法院為被告提供的重要保護」。

一些加州司法部的檢察官，不知道她所謂「為被告提供的保護」究竟是什麼，為死刑犯辯護的律師也搞不清楚。從表面上看，卡尼的裁決並沒有削弱對被告的明顯保護；但賀錦麗想得比較深遠，她認為，如果她拒絕上訴，支持死刑的郡地區檢察官就會自行上訴，到了最後，這個案子可能會被提交到美國最高法院。在那裡，大多數法官對反覆的上訴很不耐煩。**她擔心法官們會得出這樣的結論：「執行死刑確實有太多障礙，所以各州必須更有效的處決囚犯。」**卡尼的裁決，最後可能反倒會破壞廢死的努力。加州向美國聯邦第九巡迴上訴法院（U.S. Ninth Circuit

101 瓊斯在一九九五年以死刑定讞。

102 雖然極有可能不被處死，但經年累月下來的提心吊膽，足以構成殘酷和不尋常的懲罰。

Court of Appeals）提出上訴，第九巡迴上訴法院稱卡尼的裁決很「新穎」，並在二〇一五年推翻了他的裁決。這表示死刑仍將是加州的法律——直到葛文．紐森介入。

**

二〇一九年三月十三日，在宣誓成為傑瑞．布朗繼任者的兩個月後，紐森州長召開了記者會，宣布他將採取戲劇性的措施，暫停執行死刑。只要他是州長，就沒有人會被處決。為了強調這道命令，紐森指示拆卸死刑室，將其各個部件用卡車運到倉庫。當時，加州有七百三十七名死刑犯，有一個來自舊金山。

那時賀錦麗已經是美國參議員和美國總統的新候選人，這讓她從檢察總長的束縛中解脫。在紐森宣布死刑暫停的當天，賀錦麗發布了一份新聞稿，讚揚州長的行動，稱死刑「不道德、歧視、無效，且嚴重濫用納稅人的錢」。第二天，她告訴記者，她希望聯邦政府暫停使用死刑。

紐森的行政命令並沒有廢除死刑，也沒有清空死囚區。一九七二年投票通過的一項加州憲法修正案[103]，使死刑成為法律，儘管並未嚴格執行，但仍然存在。截至撰寫本文時，加州還有六百九十一名男性和二十名女性背負死刑，他們的判決懸而未決。**只要紐森還是州長，就不會有人死於州政府之手。然而，這些人會變老，並死於其他原因。**二〇二〇年六月二十四日至七月二十九日，COVID-19在聖昆丁監獄肆虐，造成十三名死刑犯死亡，相當於一九九二年至二〇〇六年間，在聖昆丁監獄被處決的人數。

＊＊

賀錦麗不干涉死刑案件的做法，可能讓她在二〇一九年的總統競選中付出代價。其民主黨對手攻擊她的一點是，她沒有堅持做 DNA 檢測，而這項測試可能會幫助死刑犯凱文．庫珀（Kevin Cooper）洗脫罪名。

庫珀於一九八三年時，在洛杉磯東部奇諾崗市（Chino Hills）的一間民宅中殺害四人，而自一九八五年以來，他一直被關押在死囚牢房。當時的受害者是道格和佩吉．瑞恩（Doug and Peggy Ryen，兩人都是四十一歲）、他們的女兒潔西卡（Jessica，十歲），以及來過夜的小客人克里斯多夫．休斯（Christopher Hughes，十一歲），全都是被砍殺致死。瑞恩家八歲的兒子約書亞（Joshua）喉嚨被割開，但他最後活了下來。凶案現場的血腥程度令最老練的警探作嘔，也震驚了整個南加州。

庫珀曾因入室行竊被判監禁四年，在謀殺案發生前不久，他從位於奇諾市（Chino）的加州

103 即加州十七號提案。關於死刑，美國各州規定不一，目前已有二十三州廢除死刑。

男子收容所逃出，躲在距離瑞恩家一百多公尺的一間房子裡。他從一開始就聲稱自己是無辜的，只是在錯誤的時間出現在錯誤的地點。

在謀殺案發生後的幾十年裡，經歷過六位檢察總長，每一位的副手都要求將庫珀定罪，而大部分的爭論都跟 DNA 有關。幾十年來，庫珀的律師一直要求進行 DNA 檢測，讓他證明自己的說法。這個要求至少可以追溯到二〇〇〇年，當時河濱郡的《新聞企業》日報（*The Press-Enterprise*）發表了一篇三千七百字的文章，質疑將庫珀定罪一事。

一如河濱郡的報紙所報導，約書亞說，他覺得有三名殺手，他們可能是白人，不然就是拉美裔，且潔西卡手裡抓著金色的頭髮，但庫珀的髮色是黑的。他的律師認為，走廊牆上的血跡可以證明他是否清白。

庫珀在二〇〇〇年對《新聞企業》日報說：「他們寧願處死一個無辜的人，也不願承認自己犯了錯。」

二〇〇四年一月，也就是賀錦麗就任舊金山地區檢察官的那個月，州長阿諾．史瓦辛格拒絕赦免庫珀。庫珀的死刑定於二〇〇四年二月十日星期二，午夜過後一分鐘執行。那個星期一，庫珀從牢房被轉移到行刑室附近的一間拘留室後，美國第九巡迴上訴法院一個由十一名法官組成的小組介入干預，阻止其死刑執行。這個決定讓庫珀的案子暫時擱置。從那時起，他的律師、檢察官和檢察總長，一直針對 DNA 檢測問題爭論了多年。

二〇一八年五月十七日，《紐約時報》專欄作家紀思道（Nicholas Kristof）寫了一篇三千五百字的文章，詳細描述了有關庫珀被定罪的諸多問題，並特別指出當時的檢察總長傑瑞·布朗，還有後來的賀錦麗，都並未要求進行DNA檢測：

看起來，一個無辜的人被治安官的副手陷害，現在人在死囚區，部分原因出在不誠實的警察、駭人聽聞的媒體報導，以及有所不足的政治領導人——包括像布朗和賀錦麗這樣的民主黨員。賀錦麗在成為美國參議員之前，是加州的檢察總長。他們都拒絕對一名被判用刀砍死一個美麗的白人家庭的黑人男子，進行進一步的DNA檢測。

根據紀思道的描述，這篇專欄文章發表在網路上後，賀錦麗打電話來說：「我對此感到很難過。」並發表了一份聲明，敦促布朗允許DNA檢測。二〇一八年聖誕夜，在州長任期即將結束之際，布朗同意下令進行檢測，儘管他的命令並未達到庫珀律師要求的全面檢測。二〇一九年，繼任的紐森州長發布一項命令，擴大了DNA檢測。

在接下來的幾個月裡，調查人員發現，血液樣本若不是遺失，就是變質而無法判斷，只有一個例外——**在距離瑞恩家不遠處，發現一條帶血的毛巾，而DNA顯示那不是庫珀的血**。庫珀的律師希望紐森能赦免他，或者下令重新審判。雖然賀錦麗在擔任檢察總長期間沒有採取行動，但她成為參議員時，對紀思道的報告做出回應，呼籲布朗州長下令進行檢測。

庫珀的律師諾曼·海奧（Norman Hile）說：「這對我們來說是一個重大突破。我很感激她所做的一切。」

截至撰寫本文時（二〇二〇年），庫珀仍在獄中。被指控犯罪時他二十五歲，現在已經六十二歲了。

第15章

婚禮鐘聲

Wedding Bells

這就是賀錦麗出場的時刻，雖然接下來要再花兩年時間，但她終究會取得勝利，讓婚姻平權在加州成真。

起初，在推動美國同性婚姻合法化的歷史進程中，賀錦麗只是個小角色。在擔任舊金山市市長期間，葛文．紐森成為婚姻平權運動的英雄。在二〇〇四年情人節的週末前幾天，紐森宣布舊金山市和郡將承認同性婚姻，引起國際上的關注、絕大部分的認可，以及一些批評聲浪。

賀錦麗那時是新上任的地區檢察官，在去機場的路上，她看到人群在市政廳外排起長長的隊伍。她從車裡出來，很快就被派去幫忙主持婚禮。

賀錦麗在她的自傳《我們掌握的真相》中寫道：「我們一起站在走廊裡主持婚禮，民眾擠進了市政廳的每個角落和間隙。當我們歡迎這群相愛的情侶，一對接一對當場辦理結婚時，我們感到非常興奮。這很美，跟我以前參加過的任何活動都不一樣。」

**

賀錦麗和紐森都是正在崛起的年輕明星，占據著相似的政治空間，吸引許多相同的贊助者。當時的新聞報導稱他們的關係很冷淡。有一天，他們可能會發現彼此在互相競爭。與此同時，紐森很懂得如何登上頭條新聞。二〇〇四年一月二十日，在他宣誓就任舊金山市長的十二天後，他出席了小布希總統的國情咨文[104]演講。小布希總統是南西．裴洛西的客人，裴洛西是國會議員，也是當時的眾議院少數黨領袖。

小布希對國會說：「我們的國家必須捍衛婚姻的神聖性。」他提出了一項憲法修正案，將婚姻定義為一男一女之間的關係。

紐森的助手後來說，新市長當時決定挑戰社會規範，指示他們採取必要措施，發放結婚許可給同性伴侶。這個想法確實很大膽，但並非獨一無二。在舊金山，大眾已經開始努力使同性婚姻合法化。

二〇〇三年，眾議員馬克・雷諾（賀錦麗的朋友和盟友、舊金山民主黨員、同志）與「平等加州」（Equality California）的律師們合作，希望通過立法，將同性婚姻合法化。平等加州是LGBTQ[105]公民權利組織，也是婚姻平權的主要倡導者。

二〇〇四年一月十五日，一份針對LGBTQ群體的出版物《灣區記者》（*Bay Area Reporter*）報導，雷諾將在沙加緬度引入這項法規。這將是全國第一次，必然會引起全國關注。然而，它成功的機會很小。民主黨領導人請雷諾再等一等，但雷諾還是行動了，在二〇〇四年二月十二日將法案交給議會書記。這個日子意義重大，因為這天是全國自由結婚日（National Freedom to Marry Day），在這一天，同性伴侶會去他們所屬的郡辦公室申請結婚許可，接著被拒絕，然後抗議。

104 美國總統每年在國會聯席會議上，於美國國會大廈中的眾議院大廳發表的報告。

105 男同志、女同志、雙性戀、跨性別者，以及所有認為自己不屬於傳統性別及以上分類的人。

紐森準備採取一項行動，使雷諾的法案淪為次要事物——就在同一天，紐森援引加州憲法賦予每個人平等保護的權利，指示郡官員開始發放結婚許可給同性伴侶。隨著消息傳播，數百對身著婚紗、燕尾服、短褲、T恤和牛仔褲的情侶，聚集在鍍金的美術風格市政廳前，有些人是從美國其他地方搭飛機來的。

於此，紐森鞏固了他作為社會正義先鋒的地位。

其他民主黨員，包括當時麻薩諸塞州的眾議員、同志巴尼・弗蘭克（Barney Frank），以及曾經的舊金山市市長、參議員黛安・范士丹，都大吃一驚。范士丹那時候說：「一下子太多、太快了。」

福斯新聞當時的主持人——前舊金山新聞記者約翰・吉布森（John Gibson）稱紐森為「舊金山同婚市長」，他指出，已有數千對同性伴侶結婚，並將其形容成「一場婚禮狂歡」。

當時，加州法律將婚姻定義為一男一女之間的法律關係，這是選民在二〇〇〇年三月七日，以六一％對三九％通過的加州二十二號提案結果。值得注意的是，**二十二號提案創造的是一條法令，而不是對加州憲法的修正案，這將在後來的訴訟中，證明其無效**。

但此時，加州最高法院援引該法令，於二〇〇四年八月十二日採取行動，禁止同性婚姻。法院沒有回答結婚是否為一項權利，而法官們反倒發布了一個狹隘的裁決，得出結論說，如果地方官員可以在認為州法律違反憲法第十四條修正案的情況下，無視婚姻相關的州法律，那麼他們也可以輕易的無視禁止攻擊性步槍之類的州法律，認為其違反憲法第二條修正案[106]。法官的論述如下：

> 如果每個有執行部級法令之法定職責的政府官員，都可以僅基於官員認為相關法令違憲，而自由拒絕執行該法令，那麼任何統一法治的表象，很快就會消失，這樣一來，就需要持續且廣泛的司法干預，才能使普通的政府機制發揮作用。這當然不是我們所熟悉的法律制度。

這個決定不會是最後的決定，相關上訴將持續十年。舊金山地區檢察官賀錦麗當時還沒有參與，但這種情況很快就會改變。

**

在二〇〇四年最高法院禁止同性婚姻之前，加州大約有一萬八千對夫婦結婚。來自全州和全國各地的律師們，針對他們所認為的婚姻平權決定性案例，提交了意見書。地區檢察官賀錦麗並不在這些律師之列，這不是她的職責範圍，她的工作是起訴罪犯，而不是為發放結婚許可之市

106 保障人民持有和攜帶武器的權利，亦即公民享有正當防衛的公民權利。

長或郡辦事人員的行為辯護。

加州憲法問題於二〇〇八年五月提交到加州最高法院，首席大法官羅納德・喬治（Ronald George）正等著。二〇〇四年一月八日，喬治在賀錦麗母親沙亞馬拉的見證下，讓賀錦麗宣誓就任地區檢察官。沒人能質疑喬治的執法資格。一九七〇年代初期，喬治擔任檢察總長代理人時，曾在加州最高法院為加州的死刑法規辯護，首先任命他擔任法官的，是時任州長雷根。

一九八一年，身為洛杉磯高等法院的法官，喬治指派共和黨檢察總長喬治・杜美金接手起訴小安傑洛・布諾（Angelo Buono Jr.），他被控犯有十起強暴殺人案，也就是眾所周知的「山坡扼殺者」（Hillside Strangler）[107]案；洛杉磯郡地區檢察官約翰・範・德・坎普斷定布諾的表弟兼指控人——肯尼斯・比安奇（Kenneth Bianchi）是個不可靠的證人後，便拒絕繼續調查。布諾被判有罪，後於二〇〇二年死於獄中。一九九六年，共和黨州長皮特・威爾遜任命喬治為首席大法官。

二〇〇八年五月十五日，喬治發表了一份兩百二十一頁的決議，以四比三[108]的票數通過。「考慮到建立家庭關係的基本憲法權利之實質性和重要性，必須正確的解釋加州憲法，以保障所有加州人的基本公民權利，無論是同性戀還是異性戀，無論是同性伴侶還是異性伴侶。」二十二**號提案制定的法令，違反了加州憲法，這是婚姻平權的明確勝利。**

宗教保守人士有不同的想法。全國婚姻組織（The National Organization for Marriage）、耶穌基督後期聖徒教會（Church of Jesus Christ of Latter-day Saints）、哥倫布騎士會（Knights of

Columbus）和天主教主教，以及其他支持所謂「傳統婚姻」的倡導者，付費給請願人，以蒐集到一百一十二萬註冊選民的簽名。州最高法院對二十二號提案做出裁決的兩週後，加州民選官員們宣布了後來成為八號提案的內容。這項新提案有資格納入二〇〇八年十一月四日的投票，而它將藉由修改加州憲法為：「在加州，只有一男與一女的婚姻是合法和受到認可的。」來推翻加州最高法院的裁決。

禁止同性婚姻的「贊成八號提案」運動，籌措並花費了超過四千三百萬美元。他們利用人們對同性婚姻會傷害孩子的恐懼，製作了一個廣告，內容是一個小女孩從學校回到家，對驚恐的媽媽說：「媽媽，猜猜我今天在學校學到了什麼？我知道王子跟王子是怎麼結婚的了。」

「除非我們通過八號提案，否則同性戀婚姻的教育將會發生。」

地區檢察官賀錦麗公開反對八號提案。她的妹妹瑪雅當時是北加州美國公民自由聯盟（American Civil Liberties Union，簡稱 ACLU）的執行董事，就直接參與了挫敗該法案的運動。賀錦麗和「平等加州」組織的領導人選定了運動團隊，並為此籌集到四千兩百萬美元，光是

107 犯人會勒死被害者並棄屍在山丘上，故得名。雖用單數表示，但事實上犯人有兩位，就是小安傑洛·布諾及其表弟肯尼斯·比安奇，後者先被逮捕，認罪後同意作證供出前者。

108 加州最高法院的法官人數為七人，與美國最高法院的九人不同。

北加州的美國公民自由聯盟，就提供了超過兩百萬美元。

當時，紐森以及聖地牙哥和洛杉磯市的市長都反對八號提案；參議員范士丹、波克塞，還有州長史瓦辛格同樣反對；加州教師協會（California Teachers Association，簡稱CTA）提供了一百三十萬美元與之對抗；好萊塢名人，像是大衛．葛芬（David Geffen）、布萊德．彼特（Brad Pitt）和艾倫．狄珍妮（Ellen DeGeneres），以及包括谷歌聯合創始人謝爾蓋．布林（Sergey Brin）在內的矽谷領袖，則是每人捐了十萬美元。

在二〇〇八年大選之夜，民主黨員有很多值得慶祝的事：他們在眾議院獲得了二十一個席位，足以讓南西．裴洛西成為眾議院議長；在參議院獲得六十個席位；最重要的是，歐巴馬當選總統。在加州，歐巴馬以六一%對三七%的優勢，擊敗亞利桑那州共和黨參議員約翰．馬侃。

舊金山郡有超過七五%的選民，投票反對八號提案。但加州五十八個郡中，有四十二個郡的選民支持這項措施，占了大多數，其中包括人口中心洛杉磯郡、橘郡和聖地牙哥郡。最終，八號提案以五二．三%對四七．七%的得票率通過。

「贊成八號提案」運動的策略專家——法蘭克．舒伯特告訴《洛杉磯時報》：「我們在整個加州進行了一對一的調查，面對面詢問人們對這個議題的看法。這是個相當隱私的議題，他們不喜歡與民意調查員交談，也不喜歡與媒體交談，但我們非常了解他們的感受，這也反映在選票統計中。」

隨後，反對者走上法庭。

**

無論檢察總長個人的哲學理念是什麼，他們都有義務捍衛本州的法律。然而也有例外。檢察總長傑瑞．布朗是八號提案的反對者，他想出了一個解決問題的辦法，讓人聯想到其父帕特．布朗和檢察總長斯坦利．莫斯克，拒絕為一九六四年廢除加州《公平住房法》（*Fair Housing Act*）的十四號提案辯護的手法。

在二〇〇八年底提交的一百一十一頁案情摘要中，傑瑞．布朗敦促加州最高法院推翻八號提案。他的論點是：**婚姻作為不可剝奪的自由權和隱私權之一部分受到保護**，而這兩項權利都有寫在加州憲法裡頭。若要行使修改憲法的權力，**不能使一項不可剝奪之權利無效化**，正如八號提案所發生的那樣。

對布朗來說，不為八號提案辯護，在政治上是有利的。布朗計畫在二〇一〇年放棄檢察總長的職位，競選州長，重回他年輕時於一九七五年到一九八三年間擔任的職位。他表明的立場，將使他免受左派的紐森市長挑戰，而紐森市長也正在考慮競選州長。

布朗的決定，對法庭案件立即產生影響。隨著加州廢止八號提案，支持提案的人轉而求助於倡議的擁護者。他們選擇肯尼斯．斯塔爾（Kenneth Starr）來進行辯護，斯塔爾當時是馬里布佩珀代因大學法學院（Pepperdine University School of Law）院長，調查柯林頓總統多年，結果總統因在與白宮實習生莫妮卡．陸文斯基（Monica Lewinsky）的性醜聞上撒謊，而遭到彈劾。

起初斯塔爾那一方占上風。在首席大法官喬治做出的另一項裁決中，加州最高法院以六比一的優勢，基於州憲法理由支持八號提案，不過大法官們也認為，在明顯合法的時機內結婚的同性伴侶，婚姻仍然有效。

喬治對這個問題的看法非常明確。二〇〇九年十月十日，他在麻薩諸塞州劍橋市的美國藝術與科學學院（American Academy of Arts and Sciences）演講時，提到了一項鮮為人知的倡議，該倡議在二〇〇八年選舉之夜壓倒性通過，**指示農民為家禽和其他農場動物提供更大的籠子和圍欄：「在加州，雞獲得寶貴權利的同一天，同性戀失去了權利。」**

真正的鬥爭發生在聯邦法院，法官將判定由八號提案創建的加州憲法修正案，是否違反美國憲法。布朗準備離開檢察總長辦公室，前往州長辦公室；下一任檢察總長將決定是否仿效布朗的做法，讓八號提案的支持者去辯護，還是自己替法案辯護。

這就是賀錦麗出場的時刻，雖然接下來要再花兩年時間，但她終究會取得勝利，讓婚姻平權在加州成真。

**

不過，路上還是有幾個拐彎崎嶇之處。加州的八號提案，最後並沒有成為美國最高法院對同性婚姻做出最終裁決的基礎。二〇一五年，在奧貝格費爾訴霍奇斯案（Obergefell v. Hodges）

中，大法官們以五票對四票的投票結果，確認婚姻平權是一項憲法權利。判決書的主要作者——大法官安東尼．甘迺迪寫道：「沒有任何結合比婚姻更深刻，因為它體現了愛、忠誠、奉獻、犧牲和家庭的最高理想。在形成婚姻結盟的過程中，兩個人會變得比以前更好。」但就像往常一樣，加州再次領先於全國其他地區。

賀錦麗在二〇一一年一月就任檢察總長時，也和布朗一樣，拒絕為八號提案辯護。更重要的是，她反對該法案，並於二〇一三年二月二十七日提交了一份意見書，敦促美國最高法院推翻加州選民通過的這項法律。

賀錦麗在訴狀中提到：「明確來說，八號提案的唯一目的，是阻止同性伴侶結婚，而該提案的唯一功能，是侮辱同性戀家庭的關係。這樣做絕對沒有合法或合理的國家利益，因此八號提案違憲。」

由於賀錦麗不願為八號提案辯護，該倡議的支持者不得不自行為它辯護。這起案件後來被稱為霍林斯沃斯訴佩里案（Hollingsworth v. Perry），以丹尼斯・霍林斯沃斯（Dennis Hollingsworth）的名字命名。霍林斯沃斯是時任共和黨參議員，代表聖地牙哥和河濱郡的保守派，提倡傳統婚姻。

二〇一三年六月二十六日，美國最高法院駁回了霍林斯沃斯的論點，認為他和挑戰八號提案的組織沒有當事人資格；換句話說，他們沒有直接受到同性婚姻的影響，只有加州有。在最高法院做出裁決的兩天後，位於舊金山的美國第九巡迴上訴法院發布一項命令，開闢了加州的婚姻平權恢復之路。

克禮斯．佩里（Kris Perry）和珊蒂．斯蒂爾（Sandy Stier）是四個兒子的母親，他們在人群的最前頭。二〇〇四年，當紐森市長下令，無論申請者的性取向如何，都可以獲得結婚許可，她們就希望在舊金山結婚。在法院叫停同性婚姻的時候，這對伴侶便提起訴訟，後來被稱為霍林斯沃斯訴佩里案。見第九巡迴上訴法院為恢復婚姻掃清道路，佩里和斯蒂爾立刻衝到舊金山市政廳，和一群人聚在一起觀看儀式。檢察總長賀錦麗在推特上說：「我在前往舊金山市政廳的路上。讓婚禮的鐘聲響起吧！#八號提案。」

二〇一三年六月二十八日，在市長辦公室外的陽臺上，賀錦麗為佩里和斯蒂爾主持了婚禮。佩里的其中一個兒子擔任花童。

賀錦麗宣布：「以加州政府賦予我的職權和權威，我現在宣布妳們是終身伴侶。」儀式僅只四分三十秒。能得到這樣的結果，可說是經歷了一段漫長的過程。

第16章

糟糕透頂的照片

The Damned Photos

那些對於是否支持槍枝管制法案猶豫不決的立法者或國會議員，都應該看看死於槍擊的兒童們「糟糕透頂的照片」。「小孩子、小孩子、小孩子。」她在演講中說。

在亞利桑那州土桑市（Tucson）的西夫韋（Safeway）連鎖超市，患有思覺失調症的二十二歲男子賈里德．李．勞納（Jared Lee Loughner），因為行為古怪而被社區大學退學。他拿出一把合法購買、帶有約三十發子彈彈匣的克拉克（GLOCK）九公釐口徑半自動手槍，開槍直到子彈耗盡，再裝上另一個彈匣，最後造成六人死亡，民主黨眾議員加貝麗．吉福茲（Gabrielle Giffords）頭部中彈。那一天是二〇一一年一月八日。

兩天前，賀錦麗宣誓就任加州檢察總長。在之前擔任舊金山地區檢察官時，賀錦麗主張將槍枝從城市街道上清除；現在，她希望樹立起一個標誌，堅定支援全州範圍內的槍枝管制。駭人聽聞的土桑大屠殺，使大眾的注意力重新聚焦於槍枝暴力，還有那些應該被禁止擁有槍枝的人。值得慶幸的是，前檢察總長制定了一項法律，她可以在此基礎上繼續發展。

＊＊

一九九八年，比爾．洛克耶決定競選加州檢察總長時，他是州參議院的民主黨領袖。**洛克耶是槍枝管制倡導者，而他面對的共和黨員和他不同，反對加州禁止攻擊性武器的法律**。洛克耶的競選宣傳，就是圍繞著這個對比展開的。

為了讓選民明白這一點，洛克耶播放了一則廣告，內容是一九九七年北好萊塢血腥槍戰的新聞畫面，兩名持有攻擊性武器的銀行劫匪，與洛杉磯警方搏鬥了四十四分鐘，造成十一名警察受傷。在這場血腥的對決中，警方的火力處於劣勢，其中一些人還得在槍戰途中前往一家槍枝商店，借七支 AR-15 型步槍和兩千發子彈。

過去，加州選民可能反對槍枝安全法，但現在已不再如此。洛克耶當選，證明了在槍枝管制問題上，立場強硬對政治方面有益。未來幾年裡，立法機構將通過更多的槍枝安全法。無論以哪一種標準衡量，**加州都是美國槍枝管控最嚴格的州**。

二〇〇一年，檢察總長洛克耶提出了資料庫合併的想法：一組資料集包括註冊槍枝擁有者的名字，另一組包括被判有罪的重罪犯、有家暴前科的人，以及被法院判定患有精神疾病、需要被強制關押者。基於他們的犯罪史、虐待配偶行為或精神問題，這些人在法律上無權擁有槍枝。洛克耶的想法是制定一項法律，讓當局得以使用合併的資料庫，來識別那些不能合法擁有槍枝的人，並沒收這些武器。

為了起草這項法案，洛克耶求助於他的朋友——加州參議員吉姆・布魯特（Jim Brulte）。布魯特身材魁梧得像頭熊，是傑出的政治戰略專家，也是南加州的共和黨員。在布魯特的推動下，該法案在沒有任何反對票的情況下通過。就連全國步槍協會也支持該法案，不過它很快就改變立場，在那之後，其代表也一直試圖破壞該法案，但沒有成功。

洛克耶的法案創造出了一個「武裝與禁止持槍者制度」（Armed and Prohibited Persons System，簡稱 APPS），是加州檢察總長發起的法案中，影響深遠者之一。

**

當賀錦麗在二〇一一年一月成為檢察總長的時候，加州大約有一萬八千名「武裝與禁止持槍者」，他們擁有多達三萬四千把槍。加州司法部派出十八名特工，任務是從這些人手中拿走槍枝。她本想把探員的數量增加一倍，但成本是個問題。

那時候，加州處於預算危機的陣痛之中，背負著兩百七十億美元的赤字。而州長傑瑞・布朗和立法機構（州議會）正在想辦法削減開支，所以沒有資金用來擴大任何專案。不過賀錦麗有一個重要的盟友，那就是參議院預算和財政審查委員會主席馬克・雷諾。雷諾在威斯康辛州的密爾瓦基市（Milwaukee）長大，年輕時搬到紐約（他曾想成為一名猶太教拉比），一九八一年定居於舊金山。在那裡，他開了一家招牌製作行，並遇到他一生的摯愛——道格拉斯・傑克遜（Douglas Jackson）。一九九〇年傑克遜死於愛滋病時，雷諾一直陪伴在他身邊。

雷諾和賀錦麗在一九九五年認識，那時是威利・布朗競選市長期間，在隨後幾年裡，他們經常一起吃午飯。一九九六年，他們穿上最好的晚禮服，參加舊金山交響樂團的首演，他還有幸和賀錦麗一家人在沙亞馬拉家過感恩節。後來，布朗市長任命雷諾補上舊金山參事委員會的一個空缺；在布朗的支持下，雷諾又先後競選並贏得了眾議院和參議院的席位，一直到二〇一六年才卸任，共任職十四年。[109]

在沙加緬度，雷諾處理了一些棘手的問題：身為預算委員會主席，他與化學製造商展開鬥爭，禁止在家具中使用有毒阻燃劑；與許多企業對抗，推動將最低工資提高到十五美元；還有要求警方在搜查手機前，要先取得搜查令——根據《洛杉磯時報》統計，共有一百六十一條法律。雷諾總是文質彬彬，是個永遠不會忘記自己核心思想的自由主義者，但又與共和黨員有共同點。在州議會裡頭，賀錦麗再也找不到比他更好的盟友了。

二〇一一年，雷諾通過立法，提供專用資金給槍枝管制計畫，將人們購買槍枝時繳交給政府的錢用在這裡。賀錦麗代表該法案作證說，它將「從被禁止擁有槍枝的人手中奪走槍枝，保護無辜的加州人民」。

儘管槍枝遊說團體不再支持該計畫，但政治已經發生變化。槍枝遊說團體在加州國會幾乎沒有影響力了。最後該法案在民主黨控制的立法機構中，以黨派立場投票 110 通過。

此時，賀錦麗可以分配三十三名特工到這個計畫中，但還是非常不足。**這三十三名特工每年可以處理兩千五百名個案，但是每年都會新增三千名武裝與禁止持槍者到名單上。截至二〇一二年底，累積的武裝與禁止持槍者已增至一萬九千多人。**

109 雷諾在一九九八年至二〇〇二年間任職於舊金山參事委員會，二〇〇二年至二〇〇八年進入眾議院，二〇〇八年至二〇一六年擔任參議員。

110 在議會中，不同政黨的議員按照自身所屬黨派要求，而統一投票。

**

在二〇一二年十二月十四日，亞當．蘭薩（Adam Lanza）手持AR-15型的雷明頓（Remington）突擊步槍、克拉克和西格&紹爾（SIG Sauer）手槍，於康乃狄克州紐敦鎮（Newtown）桑迪胡克小學（Sandy Hook Elementary School）屠殺了二十名兒童和六名教師。在加州，議員提出幾項新措施來應對槍枝暴力，而賀錦麗決定重新審議武裝與禁止持槍者制度。

桑迪胡克小學槍擊案發生五週後，在一月一個寒冷的夜晚，我和十幾名加州司法部的探員待在一起，他們正進行一項在我看來極其困難和危險的工作——勸說有嚴重精神病史的前重罪犯和毆打妻子的人，放棄他們在法律上無權擁有的槍枝。

檢察總長賀錦麗鼓勵大家共同努力，希望我在《沙加緬度蜜蜂報》專欄中所寫的內容，有助於她正在思量的一項提案，於立法機構中獲得支持；這項提案會大幅擴大加州獨有的槍枝管制法律，加強沒收槍枝的力道。對我來說，我只是想找點東西來寫。

在城市史塔克頓的東北方，小鎮裡一個運氣不佳的地方，一名黑色制服下穿著防彈衣的司法部探員，敲了一間小房子的門，屋主是個六十五歲的老人，經歷過許多不好過的時光。

獨居老人把門打開一條縫。正如我當時寫的，他註冊擁有八把手槍。而另一份紀錄顯示，當局曾兩次認為他必須被關進精神病院，因為他對自己或他人構成危險。

特工沒有搜查房子的搜查令，他的目標是說服屋主讓他進去，然後徵得同意，帶著對方的槍離開。這名男子告訴特工他沒有槍，但同意讓特工和搭檔們親自進來看看。半小時後，他們帶著兩支左輪手槍、六支手動式槍機步槍，和一個裝滿一千發子彈的木板箱出來。這些槍被收在壁櫥裡和家具底下，而他似乎不知道自己有這些東西。

當時負責此個案的特工約翰．馬許（John Marsh）對我說：「我得說，他對自己來說更危險。他肯定有不太好過的時候。」

特工們一個晚上拜訪了史塔克頓的十戶人家，第二天又造訪了沙加緬度和麋鹿林（Elk Grove）郊區的十一戶住家，總共收回二十四支手槍、步槍和獵槍。在沙加緬度的最後一站，他們敲響一名男子家的門，這名男子幾年前曾因持械傷人被定罪。他們說服對方讓他們進去，並找到一把上膛的左輪手槍、一把上膛的獵槍，以及另外八支步槍和獵槍，還有許多彈藥。他們把他帶到沙加緬度郡監獄，在那裡，他會被指控持有槍枝和彈藥，以此重罪立案。

馬許當時說：「**你會有種拯救生命的感覺。你是在阻止他們自殺或殺害他人。**」

賀錦麗希望將特工的數量增加一倍，目標是在五到七年之內，清光累積的武裝與禁止持槍者名單。她很快支持雷諾的新法案。這一次，**加州將明確規定，向購買槍枝者徵收的兩千四百萬美元，會用於提供額外資金給該計畫**。這個法案只花了四個月時間，就在立法機構投票通過，僅有少數人投下反對票。儘管槍枝遊說團體提出了反對意見，但在加州，它幾乎沒有力量了。

桑迪胡克小學槍擊案之後，在賀錦麗的鼓勵下，來自納帕谷的民主黨眾議員、越戰老兵和獵人麥克．湯普森（Mike Thompson）提出一項立法，向那些希望建立武裝與禁止持槍者制度的州，提供聯邦資金。賀錦麗致信副總統拜登，為該法案進行遊說，尋求政府的支援。她和一名助手在國會為該法案作證，但在國會山莊，**支持槍枝的遊說團體占據主導地位，湯普森的法案也因此並未實現**，一如該槍擊案發生後數週或數月裡提出的所有其他措施。

在加州，賀錦麗並沒有清光被禁止持有槍枝的人員名單，但這並不是因為她不努力。二〇一一年，她出任檢察總長時，名單上有一萬八千兩百六十八個武裝與禁止持槍者；二〇一四年，也就是她再次當選那一年，這個數字增加到兩萬一千兩百四十九人；二〇一六年，她擔任檢察總長的最後一年，數字下降到了兩萬零四百八十三人。

當賀錦麗為槍枝管制辯護，她談到了「糟糕透頂的照片」。那些對於是否支持槍枝管制法案猶豫不決的立法者或國會議員，都應該看看死於槍擊的兒童們「糟糕透頂的照片」。

「小孩子、小孩子、小孩子。（Babies. Babies. Babies.）」她在演講中說。

第17章

抵押貸款危機

Mortgage Meltdown

「作為加州檢察總長，我在金融危機期間，與華爾街最大的五家銀行展開較量。我們為加州的屋主贏得 200 億美元，並且一起通過了美國最強而有力的反止贖法。」

二〇一一年一月，賀錦麗出任檢察總長時，在美國大部分地區，經濟大衰退最嚴重的時期已經結束，但加州的情況並非如此。中央谷地的失業率超過一六%，多於一〇%的加州屋主嚴重拖欠房貸，還有近三分之一加州屋主所欠的房貸，甚至超過了房屋的價值。

賀錦麗在上任後的頭十三個月裡，對危機與傷害的處理方式，基本上就決定了她的檢察總長任期，打下她作為領導者的公眾形象基礎，並塑造了她的未來。

賀錦麗在她的臉書和推特帳戶上寫道：「作為加州檢察總長，我在金融危機期間，與華爾街最大的五家銀行展開較量。我們為加州的屋主贏得兩百億美元，並且一起通過了美國最強而有力的反止贖法。」大眾是這樣認識她的。這種說法正確歸正確，不過就像賀錦麗的行事之道一樣，這也很複雜。

**

在賀錦麗宣誓就職的幾個月前，州檢察總長、美國司法部和五大貸款機構——美國銀行（Bank of America）、富國銀行（WELLS FARGO）、摩根大通（JPMorgan Chase）、花旗集團（Citigroup）和Ally金融（Ally Financial，前身為通用汽車金融服務公司〔General Motors Acceptance Corporation〕）——一直針對住房危機的一個議題進行談判。這個議題最初涉及「機械式簽名」這種有害的做法，銀行能在沒有核實任何拖欠還款細節的情況下，取消貸款人對房屋的贖回權。

前述這種例行通過程序之所以產生，是由於次級貸款[111]被組合成證券並轉售給投資者。隨著這些證券的需求量增加，**貸款機構向天真的購屋者兜售更多貸款，但其中有太多人不理解條款，當浮動利率膨脹，他們便無力支付**。泡沫破裂之時，經濟也崩潰。又隨著止贖危機惡化，貸款服務機構取消了一些人的贖回權，然而這些人沒有嚴重拖欠貸款，或者欠款很少，本來就不應該失去他們的房子。

賀錦麗上任後，愛荷華州檢察總長湯姆．米勒（Tom Miller）代表五十名檢察總長，主持了解決機械式簽名案的談判。從表面看來，賀錦麗似乎沒有及時出擊，然而事實上，她立即就這個議題與頂尖的顧問會面。她首次公眾參與[112]是在二〇一一年三月，她就職典禮的兩個月後，地點是華盛頓特區的全國總檢察長協會會議。

她在自傳中寫道，她的結論是調查並不完整，任何正在討論的和解金額，都不是基於她所理解的計算方式。**在取消贖回權情況最嚴重的十個城市中，加州占了七個，將獲得二十億到**

111 提供給信用評級較差、無法從正常管道借貸者的貸款。次級貸款的利率一般比正常貸款高，而且常常是可以隨時間推移而大幅上調的浮動利率，因而對借款人有較大風險。

112 指社會群眾、社會組織、單位或個人，在其權利義務範圍內，有目的的社會行動。

四十億美元的賠償。賀錦麗沒有繼續參加下午的會議，藉此表明她並不滿意會議方向。當天下午，她決定自行展開調查，儘管她還沒準備好正式退出談判團隊。然而，她開始疏遠一直在推動這項協定的歐巴馬政府，也與妹夫托尼．韋斯特劃清關係，即使韋斯特沒有直接參與談判，但他是司法部的重要官員。

「他們似乎有一種錯誤的印象，認為我會因脅迫而屈服；我不會讓步。」賀錦麗寫道。

與此同時，米勒斷定當時的紐約州檢察總長艾瑞克．施奈德曼（Eric Schneiderman），在積極的暗中破壞和解協議，就將他從團隊中開除。**施奈德曼誓言要自己另做調查，便飛往舊金山，延攬賀錦麗參與他的調查**。他們的面談持續了兩天，期間賀錦麗問了很多問題，清楚掌握政治觀點和政策。最後，她把自己的意見藏在心裡。此時，占領華爾街運動如火如荼的進行中，因為左派借鑑了右派的茶黨運動，對處於經濟階梯頂端那一%的人表示憤怒。占領運動蔓延到奧克蘭、舊金山，還有各大學校園。

二〇一一年九月，賀錦麗前往紐約，施奈德曼協助她組織了一場籌款活動。

隨著談判繼續，賀錦麗面臨來自左派的壓力。網路政治組織 MoveOn.org（繼續前進）要求她堅決反對銀行，而頗具影響力的洛杉磯郡勞工聯合會（Los Angeles County Federation of Labor）寫信要求她放棄談判，還有一個名為「加州人公平和解協議」（Californians for a Fair Settlement）的新組織，鼓勵賀錦麗堅持下去。乍看之下，加州人公平和解協議這組織似乎是自然生成的，但實際上是由施奈德曼的幕僚長、政治召集人尼爾．克瓦特拉（Neal Kwatra）所創立。值得注意的是，對賀錦麗而言時為對手、時為朋友，亦是更高職位的潛在競爭對手——副州長葛文・紐森，簽署了加州人公平和解協議提出的一封公開信，稱米勒協定「存在嚴重缺陷」。《洛杉磯時報》引用了這封信的內容，並在二〇一一年九月三十日附上簽名者名單。

就在同一天，賀錦麗宣布退出談判，在這之前，州檢察總長們和美國司法部為了與五大貸款機構達成協定，已經努力了近一年。她知道自己的決定可能影響股價，因此一直等到收盤後才公開。

賀錦麗在寫給美國司法部副部長托馬斯・佩雷利（Thomas J. Perrelli）和愛荷華州檢察總長米勒的信中說：「經過深思熟慮，我得出結論，這不是加州屋主們一直期待的協定。」刑事部門首長丹・吉列表示，賀錦麗的副手們擔心其邊緣政策會讓加州一無所獲。賀錦麗援引前任檢察總長傑瑞・布朗的話說，他希望她知道她正在做什麼，暗示他懷疑她的策略。她寫道：「**銀行對我製造麻煩感到憤怒。這個和解協議現在出現疑慮，但這正是我的目標。**現在，州檢察總長和銀行不但注意到我的擔憂，還必須做出回應了。」

賀錦麗也有盟友，最著名的是當時副總統拜登的兒子——德拉瓦州的檢察總長博・拜登（Beau Biden）。

「有一段時間，我承受了莫大壓力和責難，那時我每天都會和博聊天，有時一天好幾次。我們互相支持。」賀錦麗寫道。這段關係將會影響她未來的生活和事業。拜登選擇賀錦麗作為競選夥伴時，也提到了她和兒子的友誼。

在與幕僚的會議上，賀錦麗經常提到他們為之奮鬥的對象，這些人並不在決策現場。在目前的狀況下，就是指那些失去房屋的人，或是當鄰近的房子都被遺棄、社區環境惡化之際，仍然留在那裡的人。

＊＊

二〇一二年一月二十三日這天，幾位州檢察總長在芝加哥會見肖恩・多諾萬（Shaun Donovan），他是歐巴馬政府的美國住房和城市發展部部長。正在競選連任的歐巴馬顯然希望達成協定，而他的高階幕僚們也在為此努力。根據媒體收到的消息，可能達成兩百五十億美元的國家和解協議。**賀錦麗沒有參加這次會議，而是發表了一份聲明，重申她的立場，希望保留起訴違法貸款機構的權力。**

在多諾萬和其他檢察總長在芝加哥開會的同一天，賀錦麗開車去了沙加緬度南部的史塔克頓。這座城市有三十萬人口，自稱是「世界蘆筍之都」，不過農民很多年前就發現，在邊境以南種植蘆筍更便宜。史塔克頓也是加州房地產危機的中心，會在二〇一二年六月破產。

在史塔克頓，賀錦麗與非營利組織 El Concilio（理事會）的總裁兼執行長——荷西・羅德里奎斯（Jose R. Rodriguez）會面，該組織為面臨危機的家庭提供諮詢。他把她介紹給受到抵押貸款危機影響的人們，包括一對四十多歲的夫妻，他們因建築工作短缺，而無法支付抵押貸款；另一對夫妻用浮動利率抵押貸款買房，以為他們可以在更高的利率開始之前再籌錢；還有一對六十多歲的夫妻，他們因為不能再工作，無法調整抵押貸款，結果失去了他們的房子。

荷西・羅德里奎斯當時對我說：「對這種處境的其中一些人來說，情況不會好轉，這就是現實。我們看到很多人在哭，我從來沒有見過這樣的情況。」

正如愛德華—艾薩克・多維爾（Edward-Isaac Dovere）在《大西洋》雜誌（*The Atlantic*）所寫的，二〇一二年一月二十四日，歐巴馬總統發表國情咨文演講時，施奈德曼坐在蜜雪兒・歐巴馬（Michelle Obama）旁邊。這可能會讓人聯想到，他與白宮的意願一致，都想要敲定協定。賀錦麗則是拒絕了這次邀請，不想讓人認為她已經結束談判。

二〇一二年二月九日，賀錦麗宣布她代表加州達成的協定：「成千上萬的屋主將直接受益於加州的承諾。」這份與貸款方達成的協定，確保了「屋主們能真正看到益處，也就是他們可以繼續住在自己的房子裡，同時保留我們的調查能力，以調查銀行業者犯罪及掠奪性貸款」。她認為這筆交易價值兩百億美元。一個月後，歐巴馬政府宣布了全國性的和解協議，其中包括賀錦麗詳述過的加州部分。

**

最後，正如賀錦麗後來解釋的那樣，**銀行向加州提供了一百八十四億美元的債務減免，以及二十億美元的其他財政援助**。加州共有八萬四千一百零二戶家庭，獲得了首次或第二次抵押貸款減免。

二〇一二年二月，賀錦麗在宣布此解決方案的記者會上說：「這個議題唯一的重點，就是要讓屋主、勤勞的人，能夠住在自己的房子裡。」

然而，《洛杉磯時報》的菲爾．威倫（Phil Willon）後來報導，許多根據和解協議獲得援助的加州人，並沒有住在自己的家裡。**加州屋主獲得的一百八十四億美元債務減免中，約有一半透過拋售獲得；由於屋主以低於欠債的價格出售房屋，使得銀行蒙受損失。**但他們還是需要其他地方居住，因此，當房地產市場復甦時，這些人看不到任何好處。

作家兼記者大衛．達恩（David Dayen）曾為網路新聞網站 The Intercept 撰寫過大量有關抵押貸款危機的文章，他將和解協議描述為銀行救助，「保護了合法暴露的抵押貸款詐騙者，卻幾乎沒有防止屋主被驅逐」。

「對銀行來說，和解是值得慶祝的，」達恩補充寫道：「實際上對它們的利潤幾乎沒有影響；它們從起訴中徹底鬆了一口氣，不必再頻繁以這種法律方式曝光。」

儘管房價已經上漲，尤其是加州沿海地區，但加州大部分地區還沒有從抵押貸款危機中完全恢復過來。再強硬或富有技巧的政治人物，都無法把經濟大衰退和房地產災難造成的所有碎片，重新拼湊起來。

總部位於沙加緬度的非營利新聞機構 CalMatters，其住房主題記者馬特．萊文（Matt Levin）報導稱，截至二〇一八年，加州的單戶住宅中，用作租賃的戶數，比十年前增加了四十五萬戶。**這些房子的房東是誰？主要是華爾街的公司，它們在止贖權的銷售中大舉入侵，低價買下這些房屋。**

＊＊

在與銀行和解後，賀錦麗將注意力轉向立法機構，把她檢察總長的力量，放在後來被稱為《加州屋主權利法案》（*California Homeowner Bill of Rights*）的法規背後。參議員馬克・雷諾支持這項法案。

此法案旨在禁止機械化簽名的做法，以確保屋主收到明確的通知，得知自己有失去房屋的風險，並要求貸款方為陷入困境的屋主提供單一聯絡窗口，這樣他們就不必每次打電話，都要再描述一次來龍去脈。它所帶來的改變，是面臨止贖的屋主，將有幾個月的時間來達成和解。

首先，這個法案必須獲得時任加州參議員羅恩・卡德隆（Ron Calderon）的支持。卡德隆是南加州民主黨員，曾任銀行委員會主席，經常站在銀行那一邊。在一個設來制定立法細節的特別會議委員會中，卡德隆成了關鍵一票，因此，每間銀行的每位代表都要與他打交道。

雷諾說：「我會盡我最大的努力去說服他，但這就像對著一堵磚牆說話。」話中所指就是卡德隆。

賀錦麗花了一段時間親自走訪議會大廳，拜訪各議員辦公室。雖然有幾位避不見面，但該法案最終在眾議院以極大的優勢通過，在參議院以較小的優勢通過。賀錦麗讚揚議會領導人，協助推動該法案進入最終投票，始終支持賀錦麗的雷諾則有不同看法：「是她讓這一切發生的。賀錦麗加入後，改變了整個情勢。這位檢察總長絕對會按她的意願行事。」

卡德隆最終投票支持該法案。兩年後，卡德隆和他的哥哥——前加州眾議員湯姆・卡德隆（Tom Calderon），被指控犯有與其他立法相關的聯邦貪腐罪，遭判刑後送入監獄。

第18章

非凡女性

Phenomenal Women

賀錦麗的助手都知道，絕對不要介入她和妹妹瑪雅之間，因為如果必須選擇，她永遠會選擇瑪雅。

二〇一二年九月，在北卡羅萊納州夏洛特市（Charlotte）的民主黨全國代表大會上，賀錦麗有幸獲得首要演講的機會。歐巴馬與前麻薩諸塞州州長米特・羅姆尼（Mitt Romney），在總統競選中勢均力敵。賀錦麗的目標是幫助朋友連任，但她和她的政治幕僚也認為，這次演講可能讓她在美國政治舞臺上有所突破，就像歐巴馬在二〇〇四年的演講一樣，那次演講讓他打開了全國知名度。

**

當她走上舞臺彩排，看到稍後就會坐滿的光譜中心體育館（Spectrum Center）全貌，她告訴《舊金山紀事報》的喬・加羅福里（Joe Garofoli）：「感覺非常不可思議，令人謙卑起來。」她停頓了一下，又說：「我忍不住想，要是我媽能看到就好了。」她很緊張。但誰不會呢？更何況她的演講還排在柯林頓的演講之前。

賀錦麗和她的團隊寫了一篇演講詞，雖然比不上二〇〇四年歐巴馬的演講，但依然很有說服力。這次的演講詞，修改自她向加州（加州當時正在從經濟大衰退中恢復過來）聽眾發表的一篇演講：

如果你真的想知道這場選舉的真正意義，那就去西部吧。參觀止贖權簽名的森林，看看高聳的家庭債務山，和成千上萬陷於深淵中無法脫身的家庭談談吧。

去加州的史塔克頓吧，那裡是美國的止贖之都。

這篇演講讚揚了當時總統歐巴馬和副總統拜登對抗華爾街的行為，並對羅姆尼站在銀行家那一邊表示不屑。接著，內容的話鋒一轉，開始反駁當時出現的一種說法，即大型金融機構需要紓困，因為它們「大到不能倒」：

我來告訴你們，什麼才是大到不能倒的。
是我們的中產階級大到不能倒。
是擁有自宅的美國夢大到不能倒。
是讓全民擁有免費優質公共教育的承諾大到不能倒。
我們的年輕人——下一代——他們大到不能倒。
環境保護大到不能倒。
還有，各位民主黨員，我們對一個包容性社會的願景大到不能倒。
婚姻平權大到不能倒！
女性權利大到不能倒！
移民社群大到不能倒！

這篇演講非常精彩，應該要讓觀眾歡呼振奮起來。但始終沒有被發表出來。

因為賀錦麗後來聽從了民主黨全國代表大會負責人的建議。**他們給了她另一篇充滿話題的演講，但沒有一項是她自己的想法**，也沒有一項能激勵人心。演講開始後不久，她的助手注意到，光譜中心體育館裡有許多代表不再集中注意力，開始相互交談。有一度，她還念稿念到有些結巴不順。

原本該是聚光燈下的重要時刻，就這樣被忽視了，支持賀錦麗的人都知道這很糟糕。但她沒有向任何人提起這件事，她的幕僚也不知道。然而，瑪雅在其他人面前指責了她姐姐的一些幕僚，好像他們要為民主黨全國代表大會人員強加給檢察總長賀錦麗的演講負責。但這並非他們的責任。

**

賀錦麗的家庭關係緊密，成員都是出類拔萃的成功人士。瑪雅比她小兩歲，是姐姐的閨密和政治顧問。賀錦麗的助手都知道，**絕對不要介入她和妹妹之間，因為如果必須選擇，她永遠會選擇瑪雅**。

在競選期間，賀錦麗和瑪雅每天都會交談好幾次。通常，和瑪雅通話是一天中的第一件事，也是晚上的最後一件事。她們的幽默感很相似，兩人的笑聲也幾乎一樣。她們聰明伶俐、注重細節、堅強不屈，而且爭強好勝，有時相處起來就像平凡的姐妹一樣。

當賀錦麗到華盛頓特區的霍華德大學讀書時，才十幾歲的瑪雅和母親一起住在奧克蘭，那時她就有一個女兒——米娜（Meena），賀錦麗和外甥女米娜親如母女。賀錦麗曾難得向《政治報》透露些許私人生活，她回憶起自己在法學院讀書時，回家幫忙訓練米娜上廁所的情景：「我回到家，我們全都站在馬桶旁邊，跟一條大便揮手告別。」瑪雅和女兒都畢業於加州大學柏克萊分校和史丹佛大學法學院。根據瑪雅講的故事，小米娜和法律系學生托尼．韋斯特玩起了捉迷藏，瑪雅和她未來的丈夫就是這樣認識的。

韋斯特是史丹佛法律系學生刊物《史丹佛法律評論》（*Stanford Law Review*）的負責人，而且從一九七六年就開始參與總統競選活動，那時競選的是吉米．卡特（Jimmy Carter），而托尼還只是個孩子[113]。二〇〇〇年時，他參加了加州議會的競選，瑪雅擔任他的競選財務主管，可惜競選失敗。二〇〇四年，他被歐巴馬在民主黨全國代表大會上的演講迷住了，並和賀錦麗一起參與歐巴馬二〇〇八年的總統競選活動。

韋斯特後來領導了歐巴馬政府的司法部民事部門，並晉升為司法部副部長，是司法部級別第三高的官員。歐巴馬卸任後，韋斯特在百事公司（Pepsico, Inc.）擔任顧問。最近，他當起優

113 托尼．韋斯特於一九六五年出生。

步公司的法務長，與勞工組織抗爭；勞工組織逼迫優步和類似的零工經濟公司，僱用工作者為正式員工，而不只是約聘人員。**對此，賀錦麗站在勞工那一邊，而不是優步那一邊**。

至於瑪雅，她成為了北加州美國公民自由聯盟的執行董事，這是美國公民自由聯盟極大的分支機構之一。在這個職位上，她幫忙組織了美國公民自由聯盟反對八號提案的運動。二〇〇八年，八號提案曾一度禁止同性婚姻。隨著二〇〇八年大選將近，瑪雅被紐約的福特基金會（Ford Foundation）聘用，讓她管理數百萬美元的撥款。後來，她成為希拉蕊二〇一六年競選總統期間的政策顧問。

她的女兒米娜畢業於史丹佛大學和哈佛法學院（Harvard Law School），是賀錦麗政治組織的一員。米娜之後嫁給臉書的高階主管尼克．阿賈古（Nik Ajagu）；她寫過童書，曾在優步公司擔任高階主管，還是「非凡女性行動運動」（Phenomenal Woman Action Campaign）的創始人，該運動引用了馬雅．安傑洛的詩：「現在你明白了／為什麼我不低頭。／我不要喊叫或暴跳／也不要大聲說話。」

米娜版本的「非凡」，是一個政治組織和服裝品牌的綜合體，其所販賣的T恤和運動衫上頭，印有各種鼓舞人心的口號。其中一款是「我正在發言」，這句話反覆出現在二〇二〇年十月，「錦麗阿姨」與時任副總統麥克．彭斯（Mike Pence）的辯論中，效果非常好。

第19章

「只是個普通人」

“Just a Dude”

《華盛頓郵報》稱他為「進化的丈夫」，「是 2020 年競選中出人意料的人物之一，在這場非傳統、受疫情困擾的白宮競選中，成為頭條新聞人物」。

二〇一九年六月一日，這天是典型的加州民主黨大會。在舊金山市中心的莫斯科尼會議中心（Moscone Center）大廳外，距離賀錦麗公寓不遠處，一群男人穿著亮白色褲子，褲襠上濺著紅色油漆，他們在示威反對割禮。還有些性工作者，其中一些穿上調教裝扮，呼籲將這個行業合法化。

在會議中心內，眾議院議長南西．裴洛西（川普時代的民主黨偶像）因在總統問題上過於軟弱而遭到質問，接著一位綁著小辮子的動物權利激進分子衝上臺，從賀錦麗手中奪過麥克風；當時賀錦麗是總統候選人，正在談論性別薪資不平等的議題。但她就算嚇到了，也沒表現出來，只是一臉困惑，沒有移動。

當該名激進分子開始說教，大談把雞和其他農場動物從屠宰場解救出來的必要性時，本來在「繼續前進」組織的活動上採訪賀錦麗的卡琳．簡—皮埃爾（Karine Jean-Pierre），站到賀錦麗和那男人之間，試圖搶回麥克風。不過她的身材比那男人嬌小得多。

接著，世紀城娛樂公司（Century City entertainment）的律師——任德龍（Douglas C. Emhoff），一臉憤怒的跳上舞臺。他身穿藍色西裝外套、牛仔褲和「賀錦麗競選總統」文字T恤，在體格健壯的保安人員陪同下，將那名男子架下舞臺。任德龍沒有打那個人，但他當時一副作勢要動手的樣子。

＊＊

賀錦麗的丈夫任德龍，出生於布魯克林，然後在紐澤西和洛杉磯長大。他們在二〇一三年相識時，他還是一名努力工作的律師，管理國際律師事務所 Venable LLP 的洛杉磯辦事處，擔任企業和娛樂業客戶的代理人。他在前一段婚姻中有一子一女，是個不錯的高爾夫球手、湖人隊的球迷，還是個試圖找到伴侶的中年男子。而且他和許多加州人一樣，有在留心政治。

二〇〇〇年代，任德龍總共捐了五千八百美元給洛杉磯的政治人物，六百五十美元給加州的政治人物。捐給加州的款項，分別到了兩名競選州議會席位的候選人陣營中，但兩人都沒選上。透過工資扣款的方式，任德龍每月捐一百美元給其律師事務所的聯邦政治行動委員會（基於他在事務所的領導地位，這是一筆必須支付的款項），他還捐了一百美元支持約翰・凱瑞（John Kerry）於二〇〇四年競選總統。在政治方面，他不是個大手筆的人。

身為律師，任德龍為客戶辯護，應對侵犯消費者隱私的指控。比方說，有間廣告公司遭到起訴，原因是速食店塔可鐘（Taco Bell）在廣告活動中使用吉娃娃；電影製片廠與工人發生薪資糾紛；默克藥廠（Merck & Co., Inc.）因一種據稱會讓使用者大腿骨容易骨折的藥物，而被集體起訴。

在律師事務所中，任德龍代表一家購買爆紅影片版權的洛杉磯公司，指控另一間洛杉磯公司侵犯其經典影片的版權，比如「大猩猩教小朋友如何使用中指」、「壞掉的小便斗射出水」、

「物理老師被打中重要部位」，以及令人難忘的紐約地鐵影片，捕捉到「地鐵站的老鼠把披薩帶回家」。

基於某些明顯的理由，**對賀錦麗來說，約會是很複雜的事，她必須謹慎對待自己的選擇。**再說，她先是一個大城市的地區檢察官，接著是加州的檢察總長，她的工作非常忙碌。而且**有些男人可能會覺得，跟加州執法單位的首長約會有點嚇人**。無論她和誰在一起過，她一律保密。

任德龍在一段影片中回憶了他們兩人的故事，這段影片由查斯坦・布塔朱吉（Chasten Buttigieg）發布在網路上。查斯坦是彼得・布塔朱吉（Pete Buttigieg）的同性伴侶，而彼得是前南灣市（South Bend）市長兼民主黨總統候選人。故事是這樣的：

賀錦麗幾十年的老朋友——克麗絲特・赫德林（Chrisette Hudlin），曾和她的丈夫、電影製作人雷吉諾德・赫德林（Reginald Hudlin）就一個棘手的法律問題，前去尋求任德龍的建議。諮詢結束時，克麗斯特詢問任德龍是否單身。

「為什麼這樣問？」

克麗絲特解釋說，她有一個認識了三十年的朋友，現在單身。任德龍問是誰。

「賀錦麗。」克麗絲特回答。

「我怎麼好像聽過這個名字？」

克麗絲特讓這位律師想了起來——加州檢察總長。

任德龍告訴查斯坦：「我當時就說：『天哪，她非常性感耶。』」

克麗絲特把賀錦麗的電話號碼給了任德龍，警告他這是機密，並告訴他不要搞砸了，否則赫德林夫婦以後遇到法律問題，就要去找別人。賀錦麗在她的自傳中提到，克麗絲特打電話給賀錦麗，跟她討論起她認識的這個男人：「他很可愛，而且他是律師事務所的執行合夥人，我覺得妳一定會很喜歡他。」

當晚，任德龍在一場湖人隊的比賽中，傳簡訊給賀錦麗。於是，那個週末她去了洛杉磯。任德龍告訴查斯坦：「我當時只是個普通律師，然後我在傳奇電影製作人雷吉諾德．赫德林安排的相親中，認識了賀錦麗。換句話說，這是個典型的洛杉磯愛情故事。」

＊＊

這段關係在無人知曉的情況下發展起來，就連任德龍的一些好友也感到驚訝。例如，在洛杉磯法律界的小世界裡，律師羅恩．伍德會在布蘭特伍德市（Brentwood）的彼特咖啡館（Peet's Coffe），或者他們工作的世紀城大樓大廳裡，跟任德龍碰面。他們都是離婚的單親爸爸，一起吃午餐和喝酒的時候，兩人聊起了約會的複雜性、公司法（規範公司成立、運作及組織解散的法律規定）的壓力，以及下班後不能回家、週末不能和孩子相處的失落。伍德說：「他就跟許多離婚的單親爸爸一樣，很重視家庭責任。」

二〇一四年某一天，伍德和任德龍在他們常去的一家外帶中式餐館排隊，任德龍展示了未婚妻送給他的訂婚戒指。雖然是他先向她求婚，但這對伴侶決定兩人都戴上戒指，儘管戒指並不華麗，不過訂婚可是件大事，況且來得很突然。任德龍始終沒把這段關係說出來，直到他告訴伍德自己未婚妻的名字時，伍德更加震驚了。

伍德是霍華德大學的校友，他和賀錦麗在大學時代就是朋友。畢業之後，他們一直保持聯絡，伍德還是她競選活動的贊助人之一。在訂婚消息公布後的幾個星期後，他就在彼特咖啡館，遇到剛上完飛輪課、大汗淋漓來喝咖啡的任德龍和賀錦麗。「在一個有八十億人口的世界裡，他們是如何相遇的？」伍德覺得很奇妙，但越想越覺得這也很合理，畢竟他們都是各自領域的領導者，聰明積極又有成就。「這似乎完全正確。」

在確定訂婚之前，賀錦麗曾測試過任德龍。她記得她的第一任競選財務主席馬克・布爾說過，可以從打高爾夫球了解一個人的個性，所以她安排布爾和任德龍玩一局。布爾選擇了Mayacama高爾夫球場，這是葡萄酒之鄉——索諾馬郡（Sonoma County）的一家高級俱樂部。**任德龍打得還不錯，但這不是重點。「他是最貼心的人了。」布爾說。顯然，任德龍已經通過了測試。**

賀錦麗和任德龍於二〇一四年八月二十二日，在聖塔芭芭拉郡（Santa Barbara County）法院舉行了私人婚禮；這座教會風格的美麗建築，是南加州最受歡迎的婚禮場地。賀錦麗的妹妹瑪雅負責主持婚禮。賀錦麗在自傳中寫道，她把花圈戴在他的脖子上，這是一個印度傳統[114]；而任德龍是猶太人，他也按照自己的傳統，踩碎玻璃杯[115]。

他們同樣四十九歲，他比新娘早七天出生。婚禮結束後，賀錦麗和任德龍在要塞軍官俱樂部（Presidio Officers' Club）文化博物館，為他們舊金山的朋友舉辦了一場派對。「她看起來真的很開心。」愛琳．樂漢（Erin Lehane）說，她是賀錦麗的朋友兼支持者，在加州建築行業委員會（State Building and Construction Trades Council of California）工作。

後來，再婚的任德龍即將從歐華律師事務所（DLA Piper）離職[116]。他在那裡工作的時候，從不進行遊說，但該公司在華盛頓的遊說部門，所代表的是國防承包商、醫療保險公司、娛樂集團等。

從二〇一四年開始，大眾開始可以在賀錦麗的競選活動中看到任德龍，他在二〇一六年和二〇一九年也經常出現。有人在推特上發了一段影片，是任德龍在二〇一九年舊金山同志驕傲大遊行時，站在敞篷車裡跳舞的模樣，而賀錦麗在一旁，笑著任德龍所說的「用我的爸爸身體跳的

114 印度傳統婚禮中，新人會交換戴上花圈，表示選擇彼此為終身伴侶。

115 猶太婚禮中將玻璃杯踩碎，個中含意是要猶太人在歡樂之餘，仍然不忘耶路撒冷的聖殿被毀，同時也象徵結婚就如同破碎的玻璃杯一樣無法回頭。

116 任德龍在二〇一七年以合夥人身分加入歐華律師事務所，任職於華盛頓特區和加州的辦公室。當賀錦麗宣布成為拜登二〇二〇年的總統競選搭檔後，任德龍先是向歐華律師事務所請假，之後拜登勝選，他才正式離開歐華律師事務所，以避免利益衝突。

過時舞步」。二〇二〇年，他站在一個大很多的舞臺上，為拜登與賀錦麗的競選造勢。**《華盛頓郵報》稱他為「進化的丈夫」，「是二〇二〇年競選中出人意料的人物之一，在這場非傳統、受疫情困擾的白宮競選中，成為頭條新聞人物」**。

任德龍的孩子科爾（Cole）和艾拉（Ella），是以爵士樂大師約翰．柯川（John Coltrane）和艾拉．費茲潔拉（Ella Fitzgerald）的名字命名的。艾拉在民主黨全國代表大會上介紹賀錦麗，他們稱賀錦麗為「媽馬拉」（Momala，因賀錦麗原名為 Kamala）。這位自豪的繼母把這個親暱的稱呼，放在她的推特帳號 @KamalaHarris 個人簡介中。

**

順帶一提，本章開頭那位衝上臺的激進分子，被押送出了莫斯科尼會議中心，之後他還接受媒體採訪。這次採訪我就不去了。

第20章

匆忙的女子

Woman in a Hurry

由此可見，當某些立場可能在政治上幫助到她，賀錦麗就會在需要時表明立場。但她也明白政治的一個真理——每當政治人物表明立場，就會有疏遠某人的風險。

問題是，賀錦麗能否做完第二個任期？而不是她能否在二〇一四年連任加州檢察總長。

「我希望可以。」二〇一四年八月，她有點含糊其詞的對我說。

此時的賀錦麗很匆忙。大家都認為，賀錦麗可能於二〇一八年競選州長，或於二〇一六年競選參議員（如果芭芭拉．波克塞退休的話）。要是參議院席位出現空缺呢？她說：「我沒有想過這個問題。」我當然不會完全相信她，她的動作總是很快。

**

二〇一四年，沒有民主黨員敢挑戰賀錦麗競選連任。其共和黨對手——洛杉磯律師羅納德．戈德（Ronald Gold）在這場加州首席執法官員的競爭中，圍繞著大麻應該合法化的觀點發起競選活動。這促使當時的《舊金山紀事報》專欄作家黛柏拉．桑德斯（Debra J. Saunders）稱他為「阿卡普科．戈德」（Acapulco Gold）[117]。戈德的競選活動花費不到十三萬美元，也沒有得到加州共和黨的明顯支持。

至於長期支持醫用大麻的賀錦麗，在記者問及對大麻商業銷售合法化的看法時，不太自然的笑了笑，沒有回答。雖然她後來接受了這個想法，但大麻的商業銷售問題，根本不影響二〇一四年的檢察總長選舉。在任內四年，賀錦麗顯然善於在政治上沒有必要時，就不表明立場。

賭博議題就是一個例子。在加州，檢察總長負責監督博弈事業。州內的六十一個印第安部落中，有六十三間賭場，每年有八十億美元的收入；另外還有八十八間紙牌室，每年有八億五千萬美元的收入。至於加州彩券，每年有二十五億美元的收入。加總起來，加州幾乎可與以博弈業著稱的內華達州匹敵，成為美國最大的賭博州。

在賀錦麗任職期間，立法者曾考慮將網路撲克和體育賭博合法化。針對此議題，印第安部落（加州最大的競選捐款人之一）也分裂了。只要能分一杯羹，紙牌室老闆和賽馬愛好者都願意支持這個主意。賀錦麗表示，她從二〇一四年就開始研究這個議題。在這個議題上，金錢利益集團和潛在的競選捐款人相互對立。總之，她從未表明立場，這個問題依然沒有解決。

另外，多年來，賀錦麗一直在譴責小學曠課的狀況，她認為慣性曠課會在日後，對這些脆弱的孩子們帶來負面影響。但在二〇一四年的競選活動中，她沒有針對一個問題公開發表意見，這個問題影響了許多就讀加州較嚴格學校的孩子——終身教職[118]。在她的支持者和競選捐贈人之中，具影響力的加州教師協會支持用終身教職保護教師。但在**二〇一四年，一名州法官裁定**，加

117 阿卡普科是墨西哥重要的港口城市，也是墨西哥最古老、最知名的度假勝地。而 Acapulco Gold 是阿卡普科所產的一種金色大麻，借用羅納德·戈德的姓氏來雙關。

118 終身教職制沿用至今，褒貶意見不一。有該制度的保障，教師可以一本學術的忠誠與良知，深入的分析與傳授知識，不怕教職不保，也可以吸引優秀人才加入行列。而終身教職制的限制，是讓一些敷衍、濫竽充數的教師持續留任，影響學生權益，但校方也無法解聘那些具有終身教職的不適任教師。

州的教師任期規定侵犯了貧窮學生的公民權利（平等受教權），理由是年輕教師會被分配到窮學生人數最多的學校，他們也總是最先收到解僱通知。

法官羅爾夫・特魯（Rolf M. Treu）在意見書中寫道：「大量證據清楚顯示，受到質疑的法規，對貧困和少數族裔學生的影響過大。」歐巴馬總統的教育部長阿恩・鄧肯（Arne Duncan）稱讚了這份意見書。**賀錦麗的副手們代表加州公共教育總監提出上訴**，而後地方法院的裁決在二〇一六年被推翻，**當時賀錦麗正在競選美國參議員**。

由此可見，當某些立場可能在政治上幫助到她，賀錦麗就會在需要時表明立場。但她也明白政治的一個真理——每當政治人物表明立場，就會有疏遠某人的風險。而在二〇一四年幾乎沒有競爭對手的情況下，賀錦麗不必在她選擇迴避的問題上表明立場，她也確實沒有這麼做。

**

賀錦麗做了很多值得連任的事：迫使銀行讓步，幫助遭受抵押貸款危機打擊的屋主；提起訴訟，要求強制執行環境保護法，汙染性企業要能控制損害附近居民（通常是窮人和少數族裔社區）肺部的廢氣排放量，否則不得營業。其中一件訴訟，是保護長灘一所小學的學童，不再吸入柴油火車排放的廢氣。

她試圖在科技業占主導地位的加州執行隱私權法，且會在她的第二個任期內，加強這方面的工作。另外，她大幅增加了加州司法部網站上，與警方拘留期間死亡相關的紀錄數量，民眾可以輕易的查找到這些紀錄。

她還設立了一個副檢察總長的單位，負責審理要送到美國最高法院和加州最高法院的案件。這讓一些最資深和最有經驗的代理檢察官感到困擾，因為他們期待的，是腦力激盪來為自己的案子辯護。不過專家認為，這個單位改善了加州上訴的品質。

當然，她原本可以做得更多。一些支持者認為，在警察暴行之後，她沒有採取夠強硬的態度。但她很清楚自己的立場——**身為一個因反對死刑而激怒過警察的黑人女性，她知道自己需要執法部門的支援，才能做出長久的改變**。為了努力消除警察對她的反感，她不會錯過殉職警官的葬禮，還會前往當地的警察機構，為他們的英勇表現頒發獎項。

賀錦麗在她的連任競選上，花費了三百六十萬美元，還剩下一百三十萬美元用於未來的競選。憑藉著在舊金山灣區和洛杉磯郡的極大優勢，她贏得了五七．五%的選票。然而，在對手表現平平的狀況下，賀錦麗在加州五十八個郡中，只贏下二十六個，這或許暗示她在擔任州級官員的頭四年裡，都無法與共和黨陣營和南加州郊區的郡，建立良好關係。

二〇一五年一月五日，加州首席大法官塔妮．坎蒂爾—沙卡伊（Tani Cantil-Sakauye）主持了賀錦麗第二任期的宣誓就職儀式，而坎蒂爾—沙卡伊那天的角色，正好反映了加州及其政治領袖的演變。她的母親是菲律賓移民，坎蒂爾—沙卡伊年幼時，和父母在沙加緬度一條小巷裡的妓院旁邊住了一段時間。她在雷諾市（Reno）當服務生、在撲克牌桌發牌，這樣賺錢完成了大學學業，後來成為檢察官和初審法院法官，並被州長史瓦辛格提拔為首席大法官。她原本是共和黨員，但在觀看了最高法院大法官布雷特・卡瓦諾的確認聽證會後，她悄悄退出共和黨。

在沙加緬度市中心的克羅克藝術博物館（Crocker Art Museum），賀錦麗向人群發表演講，用充滿雄心壯志的言語，描述著她所在的州，及其產生的眾多領導人：「全國人民都在期待加州。他們看向我們，看看改變是什麼樣子；他們看向我們，看看能有什麼創新；他們看向我們，因為我們不為過去所累，而是被未來鼓舞。」

她舉出了最引以為豪的成就：「**與華爾街銀行高薪僱用的專家證人正面交鋒**，而銀行花的這筆錢，本可拿來保留房產」，藉此為加州屋主爭取了兩百億美元，並幫助制定《加州屋主權利法案》。她表示，在任職這四年裡，**加州司法部特工查獲了一萬兩千磅甲基安非他命，並從街頭收回了一萬兩千支非法槍枝。**

賀錦麗說：「我向你們保證，在我的下一個任期內，我們會加倍努力。我將利用這個辦公室的力量，來提升下一代的加州人。」她提出了一項議程，包括保護那些逃離中美洲後抵達南部邊境、無人陪伴的未成年人，以及處理執法中的「信任危機」。她承諾將利用她的新犯罪防制部門，來「起訴那些未經女性同意發布某些圖片，從敲詐、羞辱和貶低女性中獲利的網路掠食者」。**她也計畫成立兒童司法局，並承諾繼續致力於打擊小學曠課現象。**

「現在是時候這樣說了——在加州，兒童不受教育是一種犯罪行為。」賀錦麗宣布。那一天是二〇一五年一月五日。但賀錦麗是個匆忙的女子。十天後，她宣布了她的下一步計畫。

第21章

拜登助賀錦麗一臂之力

Joe Biden Gives Harris a Hand

賀錦麗想知道，若身為 100 名參議員中的一員，自己能產生什麼影響。她想知道，怎樣才能確實為她經常談到的「不在決策現場的人」發聲，幫助真正需要幫助的人。

在賀錦麗宣誓開始加州檢察總長第二任期的三天後，參議員芭芭拉・波克塞宣布，她不會參加二〇一六年的連任競選，因此空出了一個自一九九二年以來一直占據的席位。那天是二〇一五年一月八日，星期四。

週六早上，賀錦麗提早來到舊金山市中心的競選團隊辦公室。她的競選團隊由艾斯・史密斯、尚恩・克萊格和丹・紐曼組成，此時他們有正經事要談，各自在會議桌前就座。這個會議桌用舊橡木椅製成，而這些椅子是從柏克萊大學的加州紀念體育場（California Memorial Stadium）中搶救出來的。

會議室牆上裝飾著漫畫家湯瑪斯・納斯特（Thomas Nast）的畫作，以及林肯政府時期的《哈潑週刊》（*Harper's Weekly*）和《帕克》（*Puck*）的封面。《帕克》是十九世紀末和二十世紀初的一本雜誌，專門刊載政治幽默和諷刺文章，雜誌名稱來自威廉・莎士比亞（William Shakespeare）筆下愛惡作劇的小精靈[119]，他說過一句格言：「這些凡人怎麼都是十足的傻瓜！」

＊＊

賀錦麗曾想在二〇一八年傑瑞・布朗退休後，去競選州長，她周遭的人也都認為她會成為美國最大州的首位女州長。舊金山人葛文・紐森也想競選州長，他曾考慮過在二〇一〇年挑戰布朗的可能性。那個星期早些時候，賀錦麗主持了紐森連任副州長的宣誓就職儀式。她還認為，如果她的「友敵」與她競爭，她可以打敗他。但隨著波克塞退休，她轉而考慮另一個政治頭銜。

賀錦麗想知道，若身為一百名參議員中的一員，自己能產生什麼影響。她想知道，怎樣才能確實為她經常談到的「不在決策現場的人」發聲，幫助真正需要幫助的人，比方說移民、有色人種等。雖然賀錦麗支持希拉蕊於二〇一六年參選總統，但她是歐巴馬派的成員，而不是希拉蕊派的成員，而且眾議院和參議院都在共和黨手中。賀錦麗試著把自己想像成一個最資淺的少數黨成員。

近幾十年來，卡特、雷根、柯林頓和小布希，都曾從州長職位晉升為總統。但從參議員約翰．凱瑞、歐巴馬、約翰．馬侃、希拉蕊、伯尼．桑德斯（Bernie Sanders）等人身上看來，像那樣晉升並非從政唯一的路。美國政治已經聯邦化了，這是各州和地方新聞機構規模縮小，再加上州議會和市政府報導隨之減少，所帶來的諸多不幸後果之一。**就算一位州長（尤其是加州州長）擁有很大的權力，但媒體和選民的注意力都集中在華盛頓。**

顧問們講述了兩個來自麻薩諸塞州的政治人物的故事。賀錦麗究竟視何人為榜樣？是定期推動全國討論的參議員伊莉莎白．華倫（Elizabeth Warren），還是州長德瓦爾．派屈克（Deval Patrick）？派屈克縱然才華洋溢，但在麻薩諸塞州之外，沒什麼人認識他。

119 出自《仲夏夜之夢》（*A Midsummer Night's Dream*）。

身為一名擔任過地區檢察官和檢察總長的參議員，賀錦麗可能會對最高法院大法官的判決產生重大影響。二〇一五年時，沒有人能猜到二〇一六年總統大選的結果。但是，一位聰明而野心勃勃的加州參議員，很快就會在愛荷華州和新罕布夏州為總統競選試水溫——賀錦麗觀察著全盤局勢，回家和丈夫、妹妹、妹夫一起仔細考慮。

在那個週日晚上，紐森告訴賀錦麗，他不會競選參議院席位，並在週一時公開這個決定，這等於是宣布他將在二〇一八年競選州長。在那個週二，也就是賀錦麗宣誓連任檢察總長後第八天，她發表了聲明：她要競選美國參議員。按照她的風格，**她讓大家都知道這個消息，而且才第一天，就籌集了超過九萬兩千四百五十二美元**。她的團隊打造了一種傳奇感，說她難以被戰勝，而這其實也是可信的。

《衛報》（*The Guardian*）寫道：「她被稱為女版歐巴馬。她自己下廚，穿著連帽運動衣去健身房。她視律師為英雄，以伊莉莎白·華倫對待華爾街[120]的方式，對待抵押貸款公司。」

在賀錦麗宣布參選當天，參議員華倫發表了一份聲明，稱她是一位「聰明、堅強、經驗豐富的檢察官，一直與華爾街對抗」。參議員柯瑞·布克（Cory Booker）請他的推特跟隨者去一個網站，從那裡可以捐款贊助賀錦麗。參議員陸天娜（Kirsten Gillibrand）說她「正是我們參議院需要的那種領導人」。上述三人都將在二〇二〇年總統候選人提名與賀錦麗競爭，他們只是暫時在同一個陣線上。

＊＊

一九九二年，波克塞角逐的參議員席位，已由阿蘭・克蘭斯頓連任四屆，而范士丹爭取的另一個席位，由一位共和黨員擔任。當時的參議員皮特・威爾遜，在一九九〇年的州長競選中打敗了范士丹，因此指派這位共和黨參議員[121]做到任期結束。波克塞和范士丹都面臨著激烈競爭：當時競爭的民主黨員包括格雷・戴維斯（他在一九九八年成為州長）、副州長里奧・麥卡錫（Leo McCarthy），及洛杉磯很有影響力的眾議員梅爾・萊文（Mel Levine）。在二〇一五年，選民們或許可以想見，美國這幾十年來第一個開放的加州參議院席位，會有不少人很有興趣。果不其然，野心勃勃的政治人物相當多。

來自南加州的民主黨眾議員——亞當・希夫（Adam Schiff）、哈維・貝西拉和洛麗塔・桑切斯（Loretta Sanchez），都在考慮參選，還有民主黨員湯姆・史迪爾（Tom Steyer），他是舊金山的避險基金億萬富翁，還是氣候變遷活動人士。史迪爾可以自己出資競選，然而，正如梅

120 伊莉莎白・華倫認為，美國資本主義過度保護以華爾街為主的大公司或是科技公司，扼殺了公平競爭與讓所得平均分配的機會，因此不斷在幾個議題上努力，如修改《破產法》（*Bankruptcy Code*），為破產家庭爭取機會；要求政府公開金融機構紓困案的細節；成立組織監管大型金融機構等。

121 指的是約翰・西摩（John Seymour）。

格．惠特曼和其他富有候選人的發現，加州人對自籌資金的候選人並不友善，因此史迪爾改變了主意。至於貝西拉和希夫兩人，在首都圈外沒有什麼知名度。

前洛杉磯市市長安東尼奧．維拉萊戈薩也在考慮參選，而且他本來會是個難纏的對手。他是老練的競選者，有著招牌自信微笑，是希拉蕊的堅定支持者，而他的立場會吸引許多加州人。

他和賀錦麗也是朋友，他們於一九九五年相識，那時是維拉萊戈薩在州議會的第一個任期。有一段時間，他們經常交談，而**賀錦麗在談話結束時，總會以手足般的口吻告訴維拉萊戈薩，說她愛他，這讓維拉萊戈薩深受感動**。一九九五年，議會議長威利．布朗正要離開沙加緬度，但他在維拉萊戈薩身上看到了自己的影子，於是向他提供建議與幫助。

維拉萊戈薩在洛杉磯東部一個單親家庭長大，爸爸嗜酒成性，總是不在身邊，家裡只剩媽媽。當小維拉萊戈薩鞋底磨破的時候，他會把紙板塞進鞋裡。高中時，他因為在餐廳打架被捕而輟學，但他遇到一個相信他的老師，之後他進了加州大學洛杉磯分校、就讀法學院，然後在洛杉磯教師工會找到一份工作。一九九四年，他當選洛杉磯市中心的代表，並成為議會中相當自由的成員之一，推動槍枝管制和對加州富人增稅，但這兩個議題都不受歡迎。

在卸任並搬回洛杉磯之前，他當到了眾議院議長。二〇〇五年，他在洛杉磯當選為第四十一任市長。維拉萊戈薩的競選顧問一度包含代表賀錦麗的舊金山團隊。當維拉萊戈薩考慮參選參議員時，布朗建議他轉而效忠賀錦麗。布朗說：「他的忠誠和他們倆的關係，應該是非常寶貴的。在我看來，他應該把握機會證明這點。」這位維拉萊戈薩的前導師補充道：「我希望他在將來的某個時候，去競選一個全州範圍的職位。」

布朗是在告訴當時六十二歲的維拉萊戈薩，應該把位置讓給賀錦麗，並等待更適合他的機會到來，即使不知道那是何時。基於維拉萊戈薩在這個拉美裔人口占四〇%的州取得的成就[122]，這根本就是個冒犯的觀點。

但比起加州第二大城的市長，維拉萊戈薩更想擔任行政長官；他和紐森一樣想當州長。對他和其他南加州人來說，這個決定最終還是涉及籌集資金的能力、民意調查，以及關於加州選民的一個基本事實——**雖然加州人口集中在南加州，但灣區的選民投票率較高，故北加州的民主黨員較占優勢。**（二〇一八年，維拉萊戈薩在沒有賀錦麗支持的情況下，與紐森競選州長。）

那些假定的對手，考量過後都放棄與賀錦麗競爭，只有一個例外。

＊＊

二〇一五年五月十四日，也就是賀錦麗參選五個月後，橘郡連任十屆眾議員的洛麗塔・桑

122 安東尼奧・維拉萊戈薩在市長任內的成績，獲得全國注目，並出現在《時代雜誌》全國前二十五大最有影響力拉美裔的名單上。他是第一個擔任洛杉磯市市長的拉美裔。

切斯宣布參選。從資料上看來，桑切斯可能是個強勁的對手，有很吸引人的故事。她來自移民家庭，家裡包含她共有七個孩子，而且她是另一位眾議員琳達・桑切斯（Linda Sanchez）的姐姐。她還參與了啟蒙計畫（Head Start Program）[123]。

桑切斯希望拉美裔選民和她在人口中心南加州的出身，能將她送入參議院。但作為候選人，她很容易失態。

在競選初期，桑切斯在描述印第安人（Indian）和家庭來自印度（India）的人之間的區別時，模仿了一種陳舊刻板的作戰吶喊——用手反覆輕拍張開的嘴並發出吶喊聲，因而為冒犯到美國原住民領袖道歉。

另外，在一次候選人辯論中，桑切斯提出了一個她認為很聰明的觀點，並突然比出一種被稱為「嘻哈超人舞」（dab）的奇怪舞蹈動作——一手手肘彎曲斜舉，頭部靠向手肘，另一手同時平行抬起斜伸。這種舞是由於當時美式足球隊卡羅來納黑豹（Carolina Panthers）的四分衛凱姆・牛頓（Cam Newton）常在賽場上做此動作而流行起來。

賀錦麗當時的反應，是多看了她一眼。

在重要政策上，桑切斯與加州民主黨員的步調並不一致。**在國會，她投票賦予槍枝製造商豁免權，免受產品訴訟，以支持槍枝製造商和共和黨的小布希總統。**這是全國步槍協會推動的一項法案，結果，製造了大規模槍擊事件中犯案武器的製造商，因此在大屠殺倖存家屬的訴訟中獲得豁免權。

＊＊

自二〇一五年一月十三日宣布參選以來，賀錦麗一直忙著尋找贊助者、打電話拉贊助。到五月中旬，桑切斯宣布參加競選時，賀錦麗已經籌集了三百九十七萬七千美元；有鑑於當時美國規定，個人在一次選舉中，最多只能捐助兩千七百美元，所以這個總數已經很不錯了。贊助者包括舊金山的老朋友，比如馬克和蘇西・湯普金斯・布爾；華爾街金融大亨喬治・索羅斯和羅納德・佩雷爾曼（Ronald Perelman）；以及好萊塢明星，包括芭芭拉・史翠珊、羅伯・雷納（Rob Reiner）、西恩・潘（Sean Penn）、凱特・卡普肖（Kate Capshaw）和唐・奇鐸（Don Cheadle），還有律師、矽谷風險投資家、工會，和許多較小的捐贈者。

三百九十七萬七千美元，幾乎相當於桑切斯為整場競選籌集的四百二十萬美元。賀錦麗的競選團隊對她看似無敵的姿態感到驚訝，然而，這種狀態卻維持不久。

賀錦麗顯然對某些議題並不確定，因此在二〇一五年初的大部分時間裡，她都迴避記者。同年四月，也就是宣布參選的三個月後，賀錦麗在舊金山舉行了盛大的發布會。前密西根州州長珍妮佛・格蘭霍姆（Jennifer Granholm）、紐澤西州參議員柯瑞・布克，還有幾名國會議員和市

123 美國公共衛生與公共服務部的一項計畫，為低收入家庭提供全面的幼兒教育、保健、營養、教養等服務。

政官員都出席了。但正如當時《舊金山紀事報》的記者卡拉・馬里努奇所報導的，**媒體都被拒絕進入，以這種方式開始競選實在奇怪。**

賀錦麗雖競選美國參議員，但在俄羅斯入侵烏克蘭、北太平洋公約組織（NATO，或稱北約）、中東等國際問題上，都未曾表明立場，更不用說加州關心的環境和水資源等聯邦問題了。**由於賀錦麗拒絕採訪，使得本來就認為她過於謹慎的記者和競爭對手，更加深了這個想法。**那一年晚些時候，情況會變得更糟。

賀錦麗的加州競選顧問團隊，善於操作全州範圍的競選，他們在全州範圍內穩定獲勝的客戶包括傑瑞・布朗、紐森和賀錦麗等。他們的目標是讓賀錦麗在二〇一五年累積數百萬美元的資金，並盡量節省開支，把資金留待選舉日臨近、選民開始關注競選時，用在必要的廣告支出上。

民主黨參議員競選委員會由華盛頓內部人士管理，並透過瑪雅來運作，他們對加州頂級候選人需要什麼，有著不同看法。委員會展示出一份組織結構圖，其中包括數十名成員，花費相當高昂。有傳言指出，賀錦麗的競選經費超支。

二〇一五年十月，《沙加緬度蜜蜂報》報導說，賀錦麗的競選團隊在籌集資金的同時，也在迅速消耗資金，「她花費了數十萬美元，用來呼籲郵件募款，還有用在部署於洛杉磯的龐大競選團隊，以及分散全國各地的知名籌款人上」。十一月時，據《洛杉磯時報》報導，賀錦麗的競選團隊改組，加州人胡安・羅德里奎斯（Juan Rodriguez）被任命為競選幕僚長，一些來自華盛頓的幕僚被解僱。後來，《大西洋》雜誌在十二月發表了一篇文章，詳細描述賀錦麗的競選團隊

「大肆揮霍在豪華汽車、機票和頂級住宿上」；據該雜誌報導，帳單金額達一萬八千美元，包括華盛頓瑞吉酒店（St. Regis）、芝加哥華道夫酒店及度假村（Waldorf Astoria Hotels & Resorts）和洛杉磯 W 酒店等豪華飯店。這篇文章提到「短少的籌款，使她無敵的光環黯然失色」。

捐款者對他們的錢被浪費感到沮喪，而賀錦麗團隊擔心，在二〇一五年四月看似能勝出的氣勢之後，這位候選人可能會失去這樣的勢頭。羅德里奎斯於是開始實施紀律，削減工資，控制支出。此時對賀錦麗仍有利的是，對上桑切斯的競爭並不激烈。

＊＊

在二〇一六這場選舉中，共和黨員就像是無用的點綴。共和黨候選人若想在加州獲勝，哪怕只是微乎其微的機會，也必須具備史瓦辛格或雷根那樣的明星效應，以及願意支出一億美元的億萬富豪帳戶。而**共和黨不打算在加州花一分錢，因為他們知道錢用在較小的州效果更好**，在這些州，幾百萬美元就可以扭轉參議院競選。

在加州的初選制度下，在初選中得票最多的兩名候選人，將在決選中對決，無論他們屬於哪個黨派。在二〇一六年的初選中，時運不濟的共和黨員分裂了他們那一小部分不斷縮小的選民，使得桑切斯得到第二名，要和明顯領先的賀錦麗競爭。

桑切斯身為不那麼自由派的民主黨員，要想在十一月的決勝選舉中增加競爭力，就必須拉攏共和黨選民，同時不能過於右傾，以免疏遠民主黨員。她確實贏得了前洛杉磯市市長李察・雷登（Richard Riordan）的共和黨支援，他自二〇〇一年以來就沒有擔任過公職；在保守派廣播公司——塞勒姆媒體集團（Salem Media Group）底下，主持談話性節目的休・休伊特（Hugh Hewitt），也表示支持她；還有眾議員達雷爾・伊薩，這位聖地牙哥郡的共和黨員強烈抨擊歐巴馬政府，並過度調查包括約翰・史蒂文斯大使在內的四名美國人，在美國駐班加西領事館死亡案，激怒了民主黨員。

賀錦麗的目標是贏得加州民主黨的支持。為此，她打電話給副總統拜登，請他參加二〇一六年二月在聖荷西舉行的加州民主黨代表大會。**拜登確實去了，演說一開始，他就點名賀錦麗，回憶起她和他前一年死於癌症的兒子（博・拜登）關係密切。**這場演講總共將近一個小時，而進行到四十五分鐘左右時，拜登談到了他的主要觀點，與他在二〇二〇年總統競選期間提出的相同：「問題不在於我們的人民，問題在於我們的政治，變得如此瑣碎、如此私人化、如此險惡、如此醜陋。」隨著拜登祝福賀錦麗，加州民主黨也支持她，歐巴馬總統也不例外。

在試圖削弱歐巴馬的支持時，桑切斯犯下大錯——她在接受西班牙文電視臺的採訪時，暗示歐巴馬之所以支持賀錦麗，是因為他們都是黑人。在加州，歐巴馬是最受歡迎的民主黨政治人物。但反正桑切斯的評論與她經常失言的風格一致，能碰上這般對手，賀錦麗的確運氣不錯。

進入二〇一六年後，關於哪位候選人會獲勝，已經沒有太多疑慮揣測了。與此同時，賀錦麗還是必須顧及她那份艱鉅的正職，管理加州司法部。

第22章

起訴與否

Picking Her Shots

那些穿著高級西裝、坐在豪華辦公室的人，在占弱勢族群的便宜，而受害者裡頭，有很多是單親父母、退伍軍人，和一無所有的有色人種。

科林斯學院（Corinthian Colleges）曾是美國最大的營利性大學之一，在賺錢機構的可恥歷史中占有特殊地位，而這些機構鎖定的目標，是尋求教育來改善自己的人。

川普創立的營利公司——川普大學（Trump University）[124]，也因其品牌和電視節目《誰是接班人》（*The Apprentice*）而聲名狼藉。身為檢察總長，賀錦麗起訴了科林斯學院，但沒有起訴川普大學，從這些決定可以看出賀錦麗管理公共事務的方式。

＊＊

政治人物們經常到紐約尋求競選資金，就像紐約和其他州的政客們到加州尋求資金一樣。為了籌集資金並在全國建立知名度，賀錦麗於二〇一一年九月前往紐約曼哈頓區。隨後，紐約州檢察總長艾瑞克·施奈德曼借助一名律師的幫忙，替她吸引了一群人；這名紐約州律師的業務，主要是代表客戶，處理送至州檢察總長面前的案子。這次造訪紐約，和往常一樣是基於政治事務——至少看起來是這樣。

在那次行程中，許多紐約人捐款支持賀錦麗，川普也在二〇一一年九月二十六日，捐了五千美元。二〇一三年二月二十日，川普又捐了一千美元。他的女兒伊凡卡·川普（Ivanka Trump）在二〇一四年六月三日，追加兩千美元。這種就是**川普和他的家人為了做生意所捐的款項**，畢竟包括加州在內，川普集團（The Trump Organization）在許多州都設有公司，因此培養該州的首席律師也很合理。

二〇一一年五月，有新聞報導指出，施奈德曼對位於紐約、以川普為名的「大學」展開調查，指控該機構推銷價格過高的研討會，而對那些想靠房地產致富的人來說，這些研討會幾乎毫無價值。二〇一三年八月，施奈德曼針對學校的做法，起訴了川普。

對此，**川普的反應是攻擊施奈德曼，指控他不斷向自己索要競選捐款**。川普聲稱施奈德曼的請求懷有惡意，使得紐約州的監督機構——公務操守聯合聯合委員會（Joint Commission on Public Ethics）進行調查。二〇一五年六月十六日，川普乘著川普大廈（Trump Tower）鍍金的電扶梯下樓，並宣布角逐總統候選人資格後，前面這起案件在沒有指控的情況下結束。二〇一六年十一月，川普贏得大選後，他和他的「大學」解決了紐約州和自訴人提起的訴訟，賠償兩千五百萬美元。

二〇一六年，眾議員洛麗塔．桑切斯在美國參議員的選戰中陷入困境，她認為自己遇到的困難，是不知如何拉低領先者賀錦麗的聲譽；她這種觀念，在政治上很正常。在二〇一六年，加州沒有哪個政治人物比川普更不受歡迎。與此同時，候選人川普助長了政客腐敗的說法，**他在競**

124 原名川普財富學院（Trump Wealth Institute），宣稱授課內容為川普的賺錢方法；二〇一〇年因沒有大學辦學認證，被紐約州教育廳年要求取消「大學」字樣，遂更名為川普企業家計畫（Trump Entrepreneur Initiative）。

選集會上告訴擁護者，競選捐款就是筆交易，並表示為了回報這些捐款，政治人物會提供幫助。那時，桑切斯的競選發言人說：「若有個候選人說，他捐款給政治候選人就是為了獲得好處，那麼我們真的要質疑，當川普大學受到審查的時候，為什麼川普捐了兩次錢給賀錦麗；我們真的要質疑，為什麼賀錦麗接受川普的捐款。」

可以理解桑切斯為何提出這樣的說法，畢竟她需要借題發揮。賀錦麗從未公開討論過此事，但桑切斯對她的指控——以不起訴來換取競選捐款六千美元，令人難以置信。從二〇〇二年開始競選公職到二〇一六年，賀錦麗為她的競選活動籌集了超過三千兩百萬美元。就一個有雄心壯志的政治人物、甚至還是一名檢察官來說，如果渴望獲得更高的職位，就不會在這樣的事情上犯錯。此外，如果有值得提起的訴訟，那麼賀錦麗在二〇一六年總統競選期間起訴川普，豈不是更引起全國關注？

之所以沒起訴川普，更有可能是基於這個原因：因為相對來說，很少有加州人成為川普大學騙局的受害者，那些相信川普大話的人是損失了一些錢，但並非傾家蕩產。在桑切斯提出之前，賀錦麗早在二〇一五年就巧妙化解了這個問題，為川普捐贈的六千美元找到合適的用途——她的檢察總長競選帳戶中，有一筆六千美元的捐贈紀錄，對象是洛杉磯中美洲資源中心（Central American Resource Center of Los Angeles，簡稱 CARECEN），這是一個幫助難民和移民的非營利組織。

＊＊

與此同時，賀錦麗瞄準的目標，遠大於川普的學位造假行為，是一個確實傷害到加州人的事件。

科林斯學院位於橘郡的聖塔安娜市（Santa Ana），其股票在納斯達克交易所（NASDAQ）交易，根據收益狀況漲跌。它的收益取決於招收學生的能力，以及學生們申請聯邦補貼貸款來支付昂貴學雜費的能力。對於科林斯的股東來說，這些學生能否找到工作或者償還貸款，一點也不重要。

二〇〇七年，時任加州檢察總長傑瑞．布朗處理科林斯學院遭指控誤導學生一事，要該公司支付六百六十萬美元來達成和解。科林斯承諾改革。然後，經濟大衰退來襲了。科林斯公司繼續以各式各樣的名字營運，並於《傑瑞．斯布林格秀》（*The Jerry Springer Show*）和《莫瑞秀》（*The Maury Povich Show*）的時段投放大量廣告，目標群眾是那些下午有空的人。其內部文件顯示，科林斯尋找的是「孤立」、「沒有耐心」、「缺乏自尊」、「生活中很少有人關心」、「無法預見和規畫未來」的對象。

根據《洛杉磯時報》報導，科林斯是此次危機的最大受益者，因為尋求培訓和更好生活的失業員工相信了它給的承諾。從二〇〇七年經濟大衰退開始至二〇一一年，該公司的收入幾乎翻倍，達到十七億五千萬美元。

科林斯在加州曾一度有兩萬七千名學生，要拿到副學士學位（associate degree），他們必須支付三萬九千美元以上的費用；而在加州的公共社區學院，幾乎可以免費取得副學士學位。另外，科林斯學院的學生必須支付高達六萬八千八百美元，才能獲得一個效用可疑的學士學位；反觀加州州立大學的學位，只需要這筆費用的一小部分。因此在二〇一三年十月十日，賀錦麗對科林斯提起了一場全面訴訟。這是有史以來針對營利大學的大案件之一，使這所學院陷入癱瘓，最終走向倒閉。

這也引起了華盛頓有權勢的民主黨員的注意，他們一直在**試圖限制以學貸形式提供的國家補貼，因為這些補貼助長了營利性學校產業**，其中最著名的是參議員伊莉莎白·華倫，她是第一批支持賀錦麗競選參議員的全國知名人物之一。

接下來，科林斯成了消費者金融保護局（Consumer Finance Protection Bureau）的首批目標，這個機構是華倫在歐巴馬政府工作時幫忙創建的。另外，有十幾位參議員寫信給歐巴馬政府的教育部長阿恩·鄧肯，要求他打擊營利性大學，而華倫也是其中一人。信中提到了科林斯：「科林斯學院對學生來說是一種風險，它會破壞目前為學生提供的支持和安全網……科林斯學院已經證明自己是營利性學校產業中，極度糟糕的角色之一。」

科林斯學院和幾乎所有營利性大學一樣，要學生請領補貼貸款，來支付上漲的學雜費。無論學生們在學業結束後是否找到工作，他們都得償還貸款。**科林斯學院有三分之二的學生中途退出，四分之三的學生無力償還貸款**，這些都是賀錦麗起訴科林斯學院欺騙學生，對學生幾乎沒有任何益處的證據。

隨著大選臨近，二〇一六年三月二十三日，賀錦麗宣告了一項十一億美元的判決，其中包括必須償還學生的八億美元。然而，在那之前，科林斯已經關閉了所有學院，宣布破產，付不出半毛錢。賀錦麗和其他州檢察總長敦促歐巴馬政府免除科林斯學生的學貸，歐巴馬的教育部亦表示贊同。至於川普政府，採取了相反的策略，要求償還貸款，但沒多少學生能履行這一項義務。

賀錦麗起訴科林斯的原因很清楚：**那些穿著高級西裝、坐在豪華辦公室的人，在占弱勢族群的便宜**，而受害者裡頭，有很多是單親父母、退伍軍人，和一無所有的有色人種。正如賀錦麗所說，這些人都不在決策現場。

＊＊

賀錦麗的批評者和一些朋友表示，她在擔任檢察總長期間過於謹慎，也確實有證據支持這種說法。

然而，**過早起訴或提起刑事訴訟非常危險**。檢察官有權剝奪人們的自由、破壞他們的名譽、沒收他們的財產，因此在指控個人或企業的錯誤行為之前，必須很確定自己是正確的。賀錦麗在行使這種力量時手腳並不快，**但當她真的要提起訴訟，她很少失手**。

第23章

永無止息的戰爭

Fighting the Forever War

賀錦麗以支持女性的選擇權為豪。但在克內爾看來，賀錦麗是一名稱職的檢察官。這就是她的成功之道。

美國計畫生育聯合會（Planned Parenthood Federation of America，簡稱PPFA）的政治宣傳部門，在其網站上列出了「愛賀錦麗的九個理由」。

其中一些理由是：她為獲得避孕藥物、用具和生殖健康護理，不遺餘力的辯護；在參議院司法委員會的確認聽證會上，她擊敗了最高法院法官布雷特．卡瓦諾；還有，帶著一點開玩笑的：「跳舞。和打鼓隊伍一起。就是這樣。」

＊＊

賀錦麗在墮胎權利方面的立場，與加州的絕大多數選民一致。但在加州的四千萬居民中，還是有些人抱持不同想法，其中一個叫做大衛．達萊登（David Daleiden），這個人從高中時代開始，在加州的自由大學城戴維斯（Davis），就自封為反墮胎鬥士。二〇一三年十月至二〇一五年七月，他二十多歲時，與一名同伴使用假身分參加墮胎會議，並祕密錄製了和計畫生育聯合會的醫生以及其他成員的對話。二〇一五年七月，他和他創立的醫療進步中心（Center for Medical Progress）**發布了經選擇性剪輯和刻意誤導的影片，引起全國關注。據稱，這些影片的內容，是計畫生育聯合會的官員同意出售胎兒器官。**

不過，達萊登給自己帶來了法律問題；根據加州法律，除非雙方都同意錄音或錄影，否則偷錄對話是犯罪行為。達萊登認為法律不適用於他，因為他是試圖揭露違法行為的記者。

二〇一五年夏天，一場關於墮胎權的持久戰打了起來。計畫生育聯合會的工作——為婦女提供生殖健康護理，如避孕藥物和用具、減少少女懷孕、對抗性傳染疾病、發布可能導致胎兒缺陷的殺蟲劑之各種最新警告等——在達萊登的錄影紀錄發布後，變得更加複雜。這些影片導致共和黨控制的國會介入調查，並提出制裁計畫生育聯合會的新要求。

在隨後幾個月裡，**針對計畫生育聯合會的威脅和暴力浪潮不斷，不僅診所被燃燒彈攻擊，在診所裡為婦女提供醫療服務的醫生和護理師，也擔心遭暗殺。**一名華盛頓男子因願意出資謀殺一名生物技術公司的高階主管而被捕，影片中的聲音曾提及這間位在加州的公司。二〇一五年十一月，在科羅拉多泉市（Colorado Springs）的一家計畫生育聯合會診所，一名持槍歹徒口中胡亂念著一些人體部位，並殺害了三個人：一名警察、一名伊拉克戰爭老兵，和一名兩個孩子的母親。據報導，他後來告訴警方，當他死時，他相信天堂裡的胎兒會感謝他避免掉墮胎。

達萊登堅稱暴力事件與他的影片無關，他在二〇一六年四月告訴當時《沙加緬度蜜蜂報》的記者肖恩．休伯勒（Shawn Hubler）：「我不認為反墮胎運動或我的影片與此（暴力事件）有任何關係——我的影片傳達了強烈的非暴力訊息。」

國會的民主黨員，包括紐約的傑羅德．「傑瑞」．納德勒（Jerrold "Jerry" Nadler）和聖荷西的柔依．洛夫格蘭（Zoe Lofgren），都為計畫生育聯合會辯護，敦促賀錦麗調查達萊登的所作所為，以及隨後攻擊計畫生育聯合會的合法性。

洛夫格蘭在二〇一五年七月寫道：「在我的社區，計畫生育聯合會是一個備受尊重和重要的組織。」她力勸賀錦麗調查，說：「最近那個祕密錄下的影片，是最新版本的騷擾，也是對計畫生育聯合會的黨派攻擊，這些攻擊已經變得過於普遍，造成嚴重的法律問題，值得調查所謂的『醫療進步中心』是否違法。」

在加州領導計畫生育政治組織長達二十四年之久的凱西．克內爾（Kathy Kneer），也認為加州檢察總長應該對此進行調查。畢竟，國家刑事部門禁止對談話祕密錄音錄影。

**

二〇一五年七月二十四日，**賀錦麗回應了洛夫格蘭和納德勒的呼籲，發表聲明稱她將調查此事**。不過她告訴她的內部幕僚，她擔心診所員工的生活，也擔心需要照護的病患，但除了發表這個聲明之外，**她沒有再公開發表任何相關言論，也沒有舉辦記者會**。

美國計畫生育聯合會一直是賀錦麗競選活動的支持者和捐助者，因此有人認為該聯合會可以聯絡到賀錦麗。但沒有，至少一開始沒有。克內爾沒有賀錦麗的手機號碼，也沒有私人電子郵件，於是她透過正常管道，先與加州司法部的幕僚預約，最後終於與幾位律師見面，但不包括賀錦麗。之後又是更多的沉寂。「他們以正常、緩慢的官僚節奏工作。」克內爾說。

然而，暴力威脅並沒有減少。克內爾和計畫生育聯合會的其他領導人很擔心員工的安全，也擔心當地執法部門沒有重視這個問題，所以他們再次向加州司法部求助。二〇一六年三月，他們在那裡與高層官員會面。

當時的電子郵件顯示，會議的結果，是加州司法部的一名律師，將在計畫生育聯合會的全體員工會議上發言；會議時間是二〇一六年四月七日，在沙加緬度市中心的喜來登大飯店（Sheraton Grand Hotel）舉行。

二〇一六年四月五日，集會的前兩天，加州司法部律師吉兒．哈比格（Jill Habig）在一封電子郵件中重申她計畫討論的內容：「你們附屬機構提出的安全請求／需求（包括醫生和診所）。這樣我們就可以在當地執法部門需要時提供幫助。」她同意說明二十分鐘，並用幾分鐘回答問題。這只是全天議程中的一小部分。

**

二〇一六年四月五日，這是反墮胎支持者——達萊登生命中重要的一天。正如他反覆講述的那樣，當時他在加州杭亭頓海灘（Huntington Beach）的公寓裡，準備把廚房垃圾拿到室外的垃圾桶，接著加州司法部的幕僚從一輛沒有任何字樣的白色廂型車裡走出來，給了他一張搜查他公寓的搜查令。那天，就在**賀錦麗承諾著手調查的九個月後，他們查獲了達萊登的電腦、硬碟和檔案**。負責搜查工作的是專業司法部特工，他們受到強大的公務員制度和工會的保護。雖然當選的檢察總長來來去去，這群人依然留在這裡，做他們的工作；他們是警察，不是政治人物，然而達萊登和他的律師聲稱搜查是上級賀錦麗指使的。

在搜查行動前幾天裡，計畫生育聯合會的領導人和加州司法部的高級官員，一直以電子郵件往來。**應該至少有部分參與郵件往返的司法部官員，知道搜查行動正在計畫中，但是完全沒有走漏消息**，克內爾和計畫生育聯合會的其他高階主管，都是到搜查結果公布後才知道。克內爾表示：「我們事先都沒有得到消息，連一點點暗示都沒有。」

當然，克內爾對事態的發展感到高興，她說，達萊登公布的錄影「具創傷性」，就像「燃燒的汽油」。現在，在錄影公開的九個月後，法律或許可以用來保護計畫生育聯合會。

辦在沙加緬度的計畫生育聯合會會議，於四月七日如期舉行。發言的司法部律師並未提及搜索或調查。賀錦麗沒有出席這個活動，也沒有舉行記者會來宣傳這次搜索，取而代之的，是更多沉默。調查持續了整個夏天和秋天。在賀錦麗擔任檢察總長期間，達萊登沒有遭到指控。

＊＊

隨著達萊登的錄影在二〇一五年點燃墮胎戰爭的戰火，賀錦麗成為立法的主要提倡人之一，與墮胎權利組織黑人婦女健康組織（Black Women for Wellness）及加州支持墮胎權協會（NARAL Pro-Choice California）一起，針對危機懷孕中心（crisis pregnancy center，簡稱CPC）；這些中心分布在加州和全國各地，由保守的基督教組織管理，其中許多工作人員不是醫療專業人員，但他們都會建議婦女不要終止妊娠。這項法案名為《自由、責任、全面護理和透明度法案》（*Freedom, Accountability, Comprehensive Care, and Transparency Act*），簡稱《FACT法案》，**要求反墮胎的危機懷孕中心張貼標語，告知婦女她們有哪些選擇，而在加州，這些選擇包括接受政府資助的墮胎。**

標語上寫著：「加州有公共專案，能立即為符合條件的婦女，提供免費或低成本的全面計畫生育服務（包括所有美國食品藥物管理局批准的避孕方法）、產前護理，以及墮胎。」

正如標語所言，這項立法的目標是「確保加州居民知道自己的權利以及可獲得的醫療服務，並且在此情況下，做出個人生殖健康保健的決定」。

反對者包括國家家庭和生命宣導者協會（National Institute of Family and Life Advocates，簡稱NIFLA），這是維吉尼亞州的一個組織，「旨在保護那些支持生命的懷孕中心，讓那些容易選擇墮胎的婦女和家庭，為未出生的孩子選擇生下來」。NIFLA組織在加州開了一百多間危機懷孕中心，它在反對該法案的信中說：「透過立法強制宣導，不是解決問題的辦法。」

為加州議會工作，也為議員提供建議的律師們明白，這項立法帶出了憲法級的問題。但他們認為，**長期存在的法律允許政府規範商業言論，以防止虛假、欺騙或誤導性的陳述，特別是在涉及公共衛生的議題上。**

達萊登的錄影成了沙加緬度共和黨議員的談論重點，因為他們試圖破壞《FACT法案》，但沒有成功。時任橘郡共和黨參議員約翰・穆拉克（John Moorlach）在反對該法案的演講中說：「現在，我們發現墮胎的強大動機，可能不是為了幫助有需要的人……但可能是為了收割。也許其中存在巨大的利益衝突，且整個國家正在意識到這一點。」

在共和黨勢力薄弱的加州，共和黨員無法阻止加州的任何立法。最終該法案以黨派立場投票通過，多數民主黨員支持，而共和黨員反對。

賀錦麗經常被指責過於謹慎，但這次沒有。當州長布朗於二〇一五年十月九日簽署該法案成為法律時，賀錦麗歡呼道：「**我很自豪能共同發起《FACT法案》，該法案確保所有婦女都能平等獲得全面的生殖健康保健服務**，也讓她們掌握必要的事實，就自己的健康和生活，做出有根據的決定。」

如果能夠看見未來，或想到美國最高法院的人員組成，檢察總長賀錦麗可能就不會表現出這麼大的熱情了。

＊＊

後來，NIFLA組織提起訴訟，聲稱該法案要求這些中心發布的通知，與他們的信仰互相衝突，侵犯了他們的言論自由。地方法院站在州政府這一邊，但在地方法院敗訴後，反墮胎勢力向美國最高法院上訴。代表NIFLA組織的律師中有約翰．伊士曼，他是前大法官克拉倫斯．托馬斯的助理，曾在二〇一〇年以共和黨員身分競選檢察總長，那年賀錦麗當選。二〇一八年六月十八日，在托馬斯法官撰寫的裁決書中，**五票贊成、四票反對，法院支持NIFLA組織**。他寫道：「有執照的診所必須提供政府起草的文字，告知國家資助何種可用的服務，以及如何獲得這些服務的聯絡資訊。其中一項服務，就是墮胎——而這正是上訴者極力反對的做法。」

事情還沒完呢。根據法律，在民權案件中獲勝的當事人有權獲得律師費。二〇一九年，加州檢察總長哈維·貝西拉同意支付兩百萬美元，給因《FACT法案》提起訴訟的反墮胎組織律師，解決了這些律師費。

二〇一九年，前述這批律師的其中幾名，又出現在美國地方法官威廉·奧里克（William Orrick）的舊金山法庭上。在那裡，他們代表的不是別人，正是達萊登。這起反墮胎運動的著名訴訟案，是為了對抗美國計畫生育聯合會起訴他侵犯個人隱私權，並以違法入侵的方式祕密錄影。他的法律團隊由十六名以上律師和律師助理組成，他們都免費為他工作。

二〇一九年十一月十五日，舊金山聯邦法院的陪審團裁定，達萊登和他的同夥違反了有關入侵、詐欺、祕密錄音錄影及敲詐勒索的法律，判賠計畫生育聯合會兩百二十萬美元。達萊登繼續上訴，還控告賀錦麗和州政府，稱他們侵犯了他的第一修正案權利[125]。

125 即保障宗教自由、言論自由、新聞自由與集會自由，以及向政府請願的權利。

＊＊

在二〇一六年競選美國參議員時，賀錦麗從未舉行過記者會，陳述達萊登的案件，她也沒有對他提出刑事訴訟，儘管這樣的訴訟在加州對她有利，因為大眾支持女性掌控自己身體的權利。總之，這件事留給了她的繼任者。

二〇一七年三月二十八日，賀錦麗在參議院任職時，檢察總長貝西拉對達萊登和他的同夥提起刑事訴訟，指控他祕密錄製影片。**達萊登的刑事案件正在審理中，他辯稱自己無罪，並聲稱自己是在充當一名尋求真相的記者。**達萊登有一流的刑事辯護團隊，其中包括前洛杉磯郡地區檢察官史蒂夫．庫利，他曾在二〇一〇年，與賀錦麗競爭加州檢查總長的位置。**庫利認為賀錦麗的行為是貪汙，因為她受惠於計畫生育聯合會。**達萊登也在一支製作精良的影片中說：「很明顯，賀錦麗之所以針對我個人，是因為我敢於批評計畫生育和墮胎行業。」

克內爾於二〇一七年七月從計畫生育聯合會退休。她對賀錦麗的角色有何看法呢？「我認為她很謹慎。甚至連你和她見面時，她也不會說：『我會站在你這邊。』她是中立的。」

賀錦麗以支持女性的選擇權為豪。但在克內爾看來，賀錦麗是一名稱職的檢察官。這就是她的成功之道。

第24章

「捉住他們」

"Go Get 'Em"

在宣布指控時，賀錦麗做了一件別人沒做過的事，那就是特別提到卡麗莎·菲爾普斯律師，稱讚她幫忙尋找兒童受害者，並為其提供諮詢。

賀錦麗在奧克蘭和舊金山擔任檢察官時，目睹過對兒童的性剝削行為。她利用自己加州檢察總長的身分，提出這個問題，而這些努力最終將在全國引起共鳴。

「人口販賣是一種現代的奴役形式。」賀錦麗在二〇一二年發表的報告中如此說道，這是她擔任檢察總長的第二年。「它涉及透過武力、欺騙，或強迫手段脅迫受害者，進而達到控制，使之進行勞動、性剝削，或兩者皆有。」報告指出，在網路時代，「尤其是性交易工作，已經轉移到網路上」。報告還特別指出了「像 Backpage.com 這樣不道德的網站」。

在賀錦麗和其他人看來，Backpage 就等於線上皮條客，它的存在主導了網路性交易，任何有智慧型手機的人都可以看到其分類廣告目錄，並直接召妓。該網站遍及九十七個國家、九百四十三個地點，年收入超過一億美元。

＊＊

Backpage 的起源可以追溯到一九六〇年代和一九七〇年代的另類報紙。另類報紙的收入和主流報紙一樣，主要來自分類廣告。二〇〇四年，克雷格·紐馬克（Craig Newmark）利用他的網站「克雷格列表」（Craigslist），來提供免費分類廣告，打破了這種商業模式。

邁克·萊西（Michael Lacey）和詹姆斯·拉金（James Larkin）經營著《鳳凰新時報》（*Phoenix New Times*）和其他出版物，這些出版物歸屬於他們的鄉村之音媒體控股公司（Village

Voice Media Holdings）。為了應對克雷格列表帶來的威脅，他們創建了 Backpage，名稱來自另類報紙的封底廣告（back-page ads），是個幾乎不加掩飾的賣淫市場。**在執法和倡議團體的壓力下，克雷格列表在二〇一〇年關閉了「成人」版塊，但 Backpage 填補了這塊空白。**

隨著收入增長，拉金和萊西的生活變得富裕起來，他們經常出國旅行，購買豪華房產。其中一間位於舊金山，是可以看到金門大橋的山頂住宅，最近被估價為一千三百九十九萬美元；還有一間五房住宅，位在納帕谷葡萄酒產區中心的聖海倫娜（St. Helena），估價達到三百四十萬美元。

二〇一一年八月，在上任八個月後，賀錦麗和四十五個州的檢察總長聯名致函 Backpage 的律師，說他們「越來越關注人口販賣，特別是販賣未成年人」。執法官員說，Backpage 就是「此類活動的中心」。不過這封信顯然收效甚微，Backpage 仍持續經營。

二〇一三年七月，四十九位州檢察總長共同簽署一封信，要給美國國會參眾兩院的主要議員，信件內容指出，《通訊規範法》（*Communications Decency Act*）禁止州執法機構履行「調查與起訴那些促進賣淫、危害兒童之人」的職責。《通訊規範法》於一九九五年由柯林頓總統簽署，旨在保護兒童不受網路色情內容侵害，但沒有達到預期的效果，因為**該法案保護了臉書、推特、谷歌、Reddit 和其他網路巨頭公司，使它們不必為發布在自家網站上的任何內容承擔刑事和民事責任**，這種免責權對它們的商業模式至關重要。

Backpage 也躲在同樣的免責權底下。該公司的高層辯稱，他們不應該為廣告的內容負責。

在二〇一三年致國會的信中，州檢察總長提出證據，證明該網站被用來買賣兒童，以滿足男性的性慾，並為皮條客和 Backpage 本身獲取經濟利益。信中還提到，佛羅里達州的一個皮條客，把他的名字紋在一個十三歲孩子的眼皮上，表明她是他的財產。

在接下來幾年裡，更多與受害者相關的細節浮出水面。一名在東海岸透過 Backpage 出售的女孩，被強迫在槍口下進行口交，還被掐住頸部，並遭人輪姦。在二〇一三年和二〇一四年，一名十五歲的女孩在酒店房間裡被強暴——她在 Backpage 上的售價是每小時兩百美元，出售人是她的叔叔和他朋友。二〇一五年六月二十日，一名在德州被買賣的女孩遭顧客殺害，而他試圖焚燒她的屍體來掩蓋事實。

二〇一三年，檢察總長們在給國會的信中說道：「事實證明，僅靠聯邦執法，不足以遏制由網路促進之兒童性交易的增長。那些站在打擊兒童性剝削前線的人，也就是州和地區執法部門，必須獲得權力，以調查和起訴那些助長這些可怕罪行的人。」

國會未能在二〇一三年採取行動，隔年也是，就這樣年復一年，完全沒有採取行動。但檢察總長賀錦麗有個計畫。

＊＊

瑪姬·克瑞爾（Maggy Krell）於二〇〇三年從加州大學戴維斯分校法學院畢業，之後在聖華金郡（San Joaquin County）擔任代理檢察官。聖華金郡是美國最富有的農業州裡面，最富有的農業郡，不過有很多農田已被開發作為房地產和商場之用。身為一名初級代理地區檢察官，克瑞爾負責起訴賣淫案件，意思就是要起訴被控賣淫的年輕女性，但她們看起來又是如此脆弱。克瑞爾說，她們遭遇的事情「讓我反胃」，一定會有更好的解決辦法。

克瑞爾於二〇〇五年到加州司法部任職，一路晉升到負責起訴跨郡複雜犯罪案件的部門，其中許多案子涉及抵押貸款詐欺。這些案件都很有意思也很重要，不過她真正關心的是人口販賣案件，特別是性交易。在加州司法部工作的這些年裡，她幫忙起訴了那些把妓院偽裝成按摩院的人。另外，她對國內和國際犯罪集團的成員提起訴訟；這些**犯罪分子發現，槍枝或毒品只能出售一次，但販賣人口不同，他們可以一再出售和轉賣女性**，而這些女孩和婦女幾乎無法控制自己的生活。克瑞爾說：「所有案例都有一個共同點，就是Backpage。」

二〇一六年七月，克瑞爾和她八歲的兒子在唐納湖（Donner Lake）上划獨木舟。這美如明信片的水域，得名自唐納大隊（Donner party）[126]，他們在一八四六年末至一八四七年初，受困於內華達山區中度過嚴冬，靠著食用已經死亡的人才得以倖存。

126 一支移民篷車大隊，由數個家庭組成，他們在一八四六年春季由美國東部出發，預計前往加州。八十七名成員中，最後只有四十八人活著抵達加州。

划著划著，克瑞爾的手機響了，見未顯示來電號碼，她便沒有接聽。幾分鐘後，檢察總長賀錦麗的幕僚長內森・巴蘭金（Nathan Barankin）傳了一封簡訊給她，請她接電話。

電話又響了。

電話那頭的人是賀錦麗。

克瑞爾把船划回碼頭，光著腳走出獨木舟。由於手機訊號很差，所以她爬上一座小丘，以便聽清楚一點——原來，賀錦麗想知道克瑞爾調查了三年的一樁案子的細節：有多少受害者？是未成年嗎？他們願意作證嗎？那麼法律呢？在這種情況下，法律是否會成為一種特殊的障礙？克瑞爾光是爬坡就差點喘不過氣來，但還是盡力回答這一連串問題。「和我對話的是另一名檢察官，她聽懂了我說的內容。」克瑞爾說：「通話結束時，賀錦麗說：『捉住他們。』」

在賀錦麗的支持下，克瑞爾準備起訴這樁將考驗加州法律極限的案件。面對Backpage這家價值六億美元、使用最先進的技術，且在全球範圍內運作的公司，她將指控Backpage的幾位所有人，犯下了最古老的犯罪行為——拉皮條。

**

克瑞爾從二〇一三年就開始調查此案，起因是有關Backpage的新聞報導，以及國家失蹤與受虐兒童援助中心（National Center for Missing & Exploited Children）的報告，該中心發現數百起使用Backpage廣告在加州出售兒童的可疑案例。

要證明Backpage被用於賣淫，並不需要花費太多力氣——她和探員付費在Backpage放了兩個廣告，一個是沙發廣告，另一個是「陪護」廣告。**有一位Backpage讀者致電詢問沙發的事；而在四十八小時內，有八百零三通男性打來的電話，尋求陪護服務。**

在克瑞爾的指示下，探員們還約了刊登廣告在Backpage上的婦女和女孩，到沙加緬度東北郊區——羅克林（Rocklin）的八十號州際公路附近一家汽車旅館。回應邀約的四名女性都聲稱自己二十幾歲，但到場查證後發現，有兩個十五歲，一個十六歲，另一個十七歲。其中一個女孩講述了第五個女孩的事情，大家只知道她的名字字首縮寫為E．V，十三歲，照片被刊在Backpage上。克瑞爾想像在另一個世界，E．V應該在生日派對上，和朋友們一起用棍棒打皮納塔[127]。但在Backpage的世界裡，E．V跟隨她十七歲前輩的腳步，為皮條客賺錢。十七歲的女孩告訴克瑞爾，有一次，皮條客把她們帶到一家服裝店，而這個十三歲的女孩實在太嬌小了，只能在小女孩專區挑衣服。

「我們始終沒有找到她，」克瑞爾說：「我經常想到她。」

127 一種紙糊的容器，其內裝滿玩具與糖果，於節慶或生日宴會上懸掛起來，讓人用棍棒打擊，打破時玩具與糖果會掉落下來。

二〇一六年九月底，克瑞爾代表加州，以封緘的祕密方式提起刑事訴訟，指控Backpage的執行長卡爾・費瑞（Carl Ferrer）及主要所有人——拉金和萊西——多項拉皮條罪，她還聲請了對費瑞、拉金和萊西的逮捕令。十月，當費瑞從阿姆斯特丹飛往休士頓的喬治・布希洲際機場，當局已經在那等著了。費瑞被拘留後，他們搜查了Backpage在德州達拉斯的辦公室。

二〇一六年十月六日，也就是選舉日[128]的一個多月前，加州解封公布了克瑞爾提出的起訴書。隨後德州檢察總長肯・派克斯頓（Ken Paxton，其探員協助過加州當局）舉行記者會，宣布逮捕的消息。至於賀錦麗，她發布了一份新聞稿，但沒有舉行記者會。

二〇一六年十月十二日，當三名被告被傳訊，包括我在內的眾多記者在場，賀錦麗一樣沒出現在沙加緬度的法庭上。她很少在嫌犯被捕後召開記者會，也不會讓被告在鏡頭前遊街示眾。

那天，受害兒童的父母和那些為他們辯護的人，坐滿了法庭的幾排座位。為了在法庭上見到Backpage的高層，他們已經等待多年。**在宣布指控時，賀錦麗做了一件別人沒做過的事，那就是特別提到卡麗莎・菲爾普斯**（Carissa Phelps）**律師，稱讚她幫忙尋找兒童受害者，並為其提供諮詢**。在菲爾普斯的著作《逃跑的女孩》（*Runaway Girl*）中，她講述了自己小時候被販賣的故事。談到賀錦麗時，菲爾普斯說：「總得有人帶頭。在加州串聯起來的舉動很大膽醒目，畢竟這裡是科技之鄉[129]。」

＊＊

Backpage 的辯護人很快就開始譴責賀錦麗，指責她把起訴時間安排在十一月八日大選之際。雖然賀錦麗本身也正在競選美國參議員，但競選結果毫無疑問；且逮捕前兩週進行的民意調查就顯示，賀錦麗領先桑切斯二十二個百分點。

在法庭上，Backpage 的高層辯稱，他們不需要對網站的內容負責。《通訊規範法》讓他們免受拉皮條法規的約束。**為了支持他們的論點，辯護律師引用了賀錦麗自己的話來反駁她**；引述內容來自她和其他州檢察總長在二〇一三年七月簽署的信，信中敦促國會修改《通訊規範法》，以便各州可以起訴那些宣傳兒童進行性交易的網站。130

二〇一六年十二月九日，加州一名法官同意 Backpage 的律師的意見，駁回了此案。然而，事件並沒有就此結束。在搜查 Backpage 辦公室的過程中，探員們蒐集到大量詳細記錄 Backpage 金融交易的檔案。他們利用這些檔案說服法官，證明當主要信用卡公司停止處理付給 Backpage 的款項時，Backpage 會引導客戶將支票寄到郵局信箱、使用加密貨幣，或向空殼公司付款。加州政府聲稱，Backpage 試圖利用冰島、匈牙利和列支敦斯登公國的銀行洗錢。

128 美國法定普選公職官員（總統、副總統和國會兩院議員）的日子，通常定在十一月第一個週一後的第一個週二。

129 有重視網路公司權利的含意。

130 既然要修改法案來讓各州可以起訴，表示當時起訴其實並不符合規範，辯護律師即以此重申《通訊規範法》所賦予的免責權效力。

二〇一六年十二月二十三日，賀錦麗選上美國參議員時，克瑞爾在這位即將離任的檢察總長同意下，提出一項新的指控——指控這三人違反了州法律，犯下洗錢罪。於此，Backpage帝國正在瓦解。

**

賀錦麗挑戰Backpage的決定並非沒有政治風險。雖然Backpage是一家流氓公司，但她攻擊的是一家網路公司，而加州是網路的最大發源地，況且她還挑戰了《通訊規範法》提供的保護。加州許多大型企業和許多高額納稅人，都仰賴這條法律的保護。「只是因為賀錦麗不喜歡人們使用這家公司的方式，就去騷擾這家公司，這個行為很可怕，簡直濫用權力。」一名評論人士寫道：「她和她的員工不願費事去做實際的執法工作，也就是利用這些資訊去追捕真正的違法者。這種行為很可恥。」

二〇一七年八月二十三日，賀錦麗已是美國參議員，當時沙加緬度高等法院法官勞倫斯·布朗（Lawrence G. Brown）為她的決定辯護，裁定加州可對拉金、萊西和費瑞提起洗錢指控。

二〇一八年四月，費瑞承認洗錢罪名，並承諾作證指控他的前老闆拉金和萊西。截至撰寫本文時，加州對拉金和萊西的案件仍在審理中，他們拒不認罪。[131]

二〇一八年四月九日，鳳凰城的美國檢察官辦公室針對Backpage的七名高層，宣告了九十三項指控，包括他們共謀、協助跨州賣淫，以及洗錢。此審判也懸而未決，每個人都辯稱自己無罪。[132]費瑞正在配合聯邦調查局的調查，而此案會成為聯邦案件的部分原因，就是基於在加州已經做了的調查。「這本來就是一個全國性的案件，」克瑞爾說：「我們需要在加州立案，因為沒人會這麼做。」

聯邦當局於二〇一八年四月關閉了 Backpage。此時已經有新網站出現，填補這個空缺，但它們不能像 Backpage 那樣厚顏無恥。**二〇一八年四月，川普總統簽署了一項法案，聲明《通訊規範法》不為拉皮條的網站提供豁免權，受害者和州檢察總長可以起訴這些網站。**

131 至二〇二一年九月，本案仍在審理中。

132 在二〇一八年八月，銷售總監承認共謀賣淫，另外六人仍拒不認罪。

第25章

「我打算奮戰」

"I Intend to Fight"

賀錦麗站在舞臺上，身邊站著她的丈夫……在長達 8 分鐘的演講中，她將「戰」這個字重複了不下 26 次，而且沒有用到提詞器。

到二〇一六年十月，賀錦麗和洛麗塔・桑切斯之間的美國參議院席次競爭，已經沒有懸念，一年多來，賀錦麗在每次民調中都領先。雖然她並不需要額外造勢，但在接近選舉的最後幾週，即將離任的總統歐巴馬最後再推了她一把，代表她出現在一個在全州播放的廣告中。歐巴馬對選民們說：「若成為你們的參議員，賀錦麗每天都將是一名無畏的戰士，為加州人民服務。」

此時的加州選民，反而比較關注川普，他在《走進好萊塢》（*Access Hollywood*）[133]錄影時的粗魯言論，無異於侵犯女性；選民關注的，還有聯邦調查局局長詹姆士・柯米（James Comey）的信，他在信中宣布將重新調查希拉蕊的郵件[134]。

在某種程度上，選民們也關注州的問題，而這一次投票，充滿了挑釁性的倡議。一個是大麻的商業銷售合法化，一個是將每包香菸的菸草稅提高兩美元，第三個是不能合法擁有槍枝者，一旦購買彈藥即違法，還有要麼終止死刑、要麼加速死刑執行。

《洛杉磯時報》的政治專欄作家喬治・斯凱爾頓（George Skelton）自帕特・布朗擔任加州州長以來，就一直在報導加州的競選活動。他在選舉結束一個月後寫道，賀錦麗和桑切斯的競選「對民眾的吸引力，如同在競爭一個滅蚊委員會的席位。**加州過去有許多引人注目的參議院鬥爭：**芭芭拉・波克塞對卡莉・費奧莉娜（Carly Fiorina，曾任惠普科技董事長）、黛安・范士丹對邁克爾・哈芬登（Mike Huffington，《哈芬登郵報》共同創辦人）、傑瑞・布朗對皮特・威爾遜、阿蘭・克蘭斯頓對馬克斯・拉弗蒂（Max Rafferty），**但賀錦麗對桑切斯呢？無聊透頂**」。

**

二〇一六年十月二十日，賀錦麗五十二歲生日那天，她在舊金山市中心的高級餐廳林蔭大道（Boulevard）舉辦了一場募款午餐會；如果她相信自己會勝選，這種行為是可以諒解的。她的朋友——紐澤西州民主黨參議員柯瑞・布克是特別嘉賓。賀錦麗站起來致詞，和往常一樣，她談到了**槍枝管制、槍枝暴力，還有校園槍擊案**。

舊金山這個城市和少數幾個城市一樣，對槍枝暴力司空見慣。一九七八年，曾任舊金山警察和消防員的丹・懷特（Dan White），辭去了舊金山參事委員會的職務。後來，他從市政廳的側邊窗戶爬了進去，躲過偵查，接著走進市長喬治・莫斯科尼（George Moscone）的辦公室，要求莫斯科尼讓他復職。當莫斯科尼拒絕，懷特隨即掏出手槍朝他開了四槍，將莫斯科尼擊斃。然後，懷特跟蹤舊金山首位同志參事委員哈維・米爾克（Harvey Milk），走進對方辦公室開了

---

133 美國電視娛樂新聞節目，於平日晚上播出。

134 二〇一五年三月，希拉蕊的電子郵件爭議被公開披露。她在擔任美國國務卿期間（二〇〇九年至二〇一三年），使用私人電子郵件伺服器進行官方通信，而不是使用在聯邦伺服器上維護的官方國務院電子郵件帳戶，且這些電子郵件中，有上千封後來被國務院歸類為國家機密。二〇一六年七月初，柯米本已經結束調查，且不起訴希拉蕊，但在同年十月底，他一度宣布發現新線索，決定重啟調查，而這被認為是最終影響二〇一六年美國大選，為川普當選的原因之一。

五槍。參事委員范士丹聽到槍聲也聞到火藥味，急忙跑到米爾克身邊，檢查他的脈搏，但他已經死亡。基於該城市的繼任計畫，范士丹在震驚中成為舊金山市市長。

一九九三年七月一日，范士丹已經當了六個月的參議員，當時在市中心離林蔭大道步行不到十分鐘的一棟高樓，有個生意失敗的商人帶著兩把英特拉泰克（Intratec）TEC-9半自動手槍、一把．四五英寸口徑的半自動手槍，外加數百發子彈，並戴著耳機隔絕聲音，莫名其妙的在三十四樓向一家律師事務所開火，造成八人死亡。在那次屠殺之後，范士丹參議員成功讓一項攻擊性武器的聯邦禁令通過，儘管該禁令在十年後就失效了。

在林蔭大道，賀錦麗向聚集的人群講述，她讀到的小學屠殺事件警方報告細節，受害者大多是「小孩子、小孩子、小孩子」。

然後她停了下來。

「愛琳，我很抱歉。我忘了。」

愛琳．樂漢是那天賀錦麗的捐款人之一，她把七歲的女兒蘿絲（Rose）也帶來，而觀眾席上只有她一個孩子。

賀錦麗從蘿絲還是嬰兒時就認識她了，她看著她的眼睛，答應等活動結束後，會再和她談談。等賓客們開始散去，賀錦麗拉來一把椅子，並靠近蘿絲，詢問剛剛說的話有沒有嚇到她。

愛琳沒有聽見賀錦麗說的每一句話，不過蘿絲後來告訴她，賀錦麗是叫她不要擔心，有很多人會保護她——她的媽媽、老師、警察。

「她試著讓我們放心。」愛琳說：「她問蘿絲有沒有問題，並花了很多時間跟她聊。**當時沒有攝影機、沒有媒體、沒人知道。在那一刻，她非常有人性，希望蘿絲能感覺安全。**」

愛琳看得出賀錦麗的隨從人員都在等，幕僚看起來很不耐煩，他們還有其他活動要參加。她說：「對於一個沒有太多時間表現出人性的人來說，這是個非常人性化的時刻。」

＊＊

賀錦麗確信她的競爭在最後幾天已經結束，於是開始為其他候選人造勢，競逐立法與國會席位。她在結交盟友，蒐集籌碼，知道這些總有一天會派上用場。甚至在投票和計票之前，大家就已經在猜測她的下一步行動。

二〇一六年十一月六日，《舊金山紀事報》專欄作家菲爾·馬蒂爾和安迪·羅斯在這場重大選舉日的兩天前寫道：「知情人士表示可能會是一場白宮之爭。」

二〇一六年大選之夜，東部投票結束後，賀錦麗的競選幕僚在洛杉磯市中心、加州司法部辦公室附近的一家餐廳，點了酪梨沙拉醬、薯條和西班牙小菜。賀錦麗的新聞祕書納森·克里克（Nathan Click）回憶說，他們一直在看手機，查看《紐約時報》機率表上的指標，然後一直重新整理網頁，無法相信自己看到的東西。

「靠。」尚恩·克萊格脫口而出，他是賀錦麗的主要策略師之一。

克萊格第一個說出了在場所有人的想法，他心煩意亂，意識到這件不可能的事情發生了；他衝到賀錦麗競選之夜的地點——洛杉磯交易所（Exchange LA），這個翻新過的裝飾藝術市中心活動空間，曾是太平洋證券交易所（Pacific Exchange）的所在地。

賀錦麗與她的家人、密友克麗絲特和雷吉諾德．赫德林，以及他們的孩子，在另一家餐廳用餐。當現實發生時，賀錦麗在她的自傳中寫道，赫德林家的兒子——還不到十幾歲的亞歷山大（Alexander），含淚看著即將當選參議員的賀錦麗。

「錦麗阿姨，那個人不會贏的。他不會贏的，對吧？」

孩子的恐懼狠狠打擊了賀錦麗。她匆忙趕到洛杉磯交易所，與幕僚克萊格和胡安．羅德里奎斯擠在牆邊的凹室裡，**撕掉了她充滿希望的演講稿，那本來是預期希拉蕊獲勝而寫的。**

那天晚上，**美國其他地方的一些民主黨領導人，大膽的向候任總統川普提出合作。但賀錦麗沒有……今晚她做不到。**她並沒有像十三年前第一次競選時所說的那樣，戴著一條由頭顱串成的項鍊；但在碎紙上的手寫文字，表明了她正在變得像迦梨一樣。[135] 這位經常被批評立場不明確的政治人物，把謹慎拋到了腦後。

晚上十點左右，賀錦麗站在舞臺上，身邊站著她的丈夫；現場大約有一千名觀眾，當中許多人流著淚，所有人都處於一種難以置信的狀態。在長達八分鐘的演講中，她將「戰」（fight）這個字重複了不下二十六次，而且沒有用到提詞器：

我們要撤還是戰？我說我們要戰。而我打算奮戰，我打算為我們的理想而戰。

我打算為美國擁有最多移民的州而戰，無論是合法還是無證的移民，並盡我們所能，在法律面前為他們帶來公正、尊嚴和公平。我們要通過全面的移民改革法案，帶他們走出陰影，為我們自己而戰。我打算奮戰。

我打算為「黑人的命也是命」（Black Lives Matter）而戰。

我打算為真相、透明度與信任而戰。我打算奮戰。

我打算為女性獲得醫療保健和生殖健康權利而戰。

我打算與那些認為沒有氣候變遷這回事的反對者一戰。

賀錦麗承諾為所有人的公民權利而戰，為捍衛婚姻平權而戰。她誓言為學生貸款債務而戰，與石油巨頭和否認科學的人一戰，也為工人的集體談判權和槍枝安全法而戰。

「所以，各位，事情是這樣的，我們的理想現在岌岌可危，我們都必須為自己而戰。」

那天晚上，**賀錦麗以六一．六%比三八．四%的優勢，大勝桑切斯。她獲得了七百五十萬張選票，在加州的五十八個郡中，贏下五十四個**。與總統選舉得票數相比，在加州，她比川普多

135 在神話中，迦梨女神是一位戰士，殺死邪惡來保護無辜。

獲得三百一十萬票，但比希拉蕊的八百七十萬票少了一百二十萬票。[136]

在賀錦麗演講結束時，競選幕僚進行了必要的氣球降落儀式，但這是個錯誤，根本沒人有心情慶祝，房間很快就空了。賀錦麗和她的競選團隊約好隔天上午在威爾希爾大道（Wilshire Boulevard）[137]的競選辦公室會面。

隔天，她打了幾通電話向支持者致謝，並**開始思考能讓她造成最大影響的委員會職務**，她和團隊還決定讓她以參議員當選人身分首次公開露面。這活動將在洛杉磯人道移民權利聯盟（Coalition for Humane Immigrant Rights of Los Angeles）總部舉行。報導該事件的記者注意到，當她回想起孩子們詢問他們是否會被驅逐出境時，她哽咽了。

她對活動出席者說：「你們並不孤單，你們很重要，我們會支持你們。」

參議員賀錦麗已經表明她將帶到華盛頓[138]的立場。當天晚上和隔天，賀錦麗都沒有談到下一次競選，然而，她的顧問團隊忍不住提前思考，並考慮二〇二〇年競選可能會發生什麼事。

---

136 但由於美國的「選舉人團」制度，儘管希拉蕊得到了較多民眾投出的普選票，最終還是由得到較多選舉人票的川普勝選。

137 洛杉磯主要的東西幹道之一。

138 美國參議院議場建築物分布在首都華盛頓特區的國會山莊北部。其他許多政府機關也位於華盛頓特區。

第26章

登上國家舞臺

Stepping onto the National Stage

「我將積極為我們的家庭而戰、為國家的理想而戰。」

到二〇一六年大選日之前，賀錦麗和幕僚已經花了幾個月的時間，為她的參議員生涯做準備，這將使她成為全國矚目的焦點。

不過要不是幕僚強烈要求，賀錦麗也不會主動去規畫這些，因為她有一些顧忌，所以在投票結束之前，不會去考慮獲勝的可能性。**她認為，把注意力放在其他事情上，哪怕只有一分鐘，都可能絆倒一個候選人，或毀掉一段政治生涯**。但到了九月中旬，她已經輕鬆領先對手，因此，當她的資深顧問們與更多支持者交談時，選舉後會發生什麼事的話題，就經常被提出來。

＊＊

在其中一次談話中，歐巴馬政府的一名高層官員直接告訴賀錦麗，不思考選舉日後的事，將是個巨大的錯誤，並要她務必爭取委員會職務。賀錦麗回應說，她還沒有提出這些請求，是因為她還沒有獲勝。這位官員於是向她解釋華盛頓的行事方式：**如果賀錦麗要等，她會發現自己排在隊伍的尾巴**。

因此，儘管有顧忌，賀錦麗還是接受了這位官員的建議，要求她的競選團隊開始處理交接事宜。他們立即著手，包括研究如何幫助賀錦麗進入她想要的委員會，特別是那些能給她足夠全國知名度的委員會，以實現她競選時雄心勃勃的承諾。

首先，她想進入**環境暨公共工程委員會**。這個委員會有水源和森林管理的管轄權，這部分在討論氣候變遷時格外重要，對加州也事關重大。加州乾旱持續了很長時間，靠近海岸的山中，塞拉國家森林（Sierra National Forest）、橡樹和灌木叢正以前所未有的猛烈態勢燃燒著。二〇〇五年，歐巴馬以一名新任參議員身分進入該委員會，他非常喜歡這個職位。賀錦麗還對**退伍軍人事務委員會**感興趣，因為加州有約兩百萬名退伍軍人。

最重要的是，她想進入**司法委員會**，因為這符合她檢察官的技能和經驗，以及她對刑事司法改革的興趣。它也是參議院所有委員會中最引人注目的一個，不但聽證會經常在電視上播出，司法部也有一長串覬覦該職位的參議員。

**

二〇一六年，無論是傳統觀點、民意調查，還是其他所有跡象，全都顯示希拉蕊會當上總統。這表示賀錦麗不只要規畫進參議院的過渡期，還要規畫如何融入即將上任的希拉蕊政府，以及整個華盛頓會產生的連鎖反應。

賀錦麗擁有大多數新參議員缺乏的特點，而這主要來自於**歐巴馬陣營的支持**。除了能幫助她做出明智的過渡決定，歐巴馬政府的高層官員和其他知名顧問也可以給她一些地位，或許還可以利用一些關係，讓她與其他新進成員區別開來。

賀錦麗也已經在全國嶄露頭角，並得到了一些最重要的民主黨員支持。奧勒岡州的榮恩·

魏登（Ron Wyden）是幫助她競選參議員的幾名參議員之一。麻薩諸塞州參議員伊莉莎白・華倫、紐澤西州參議員柯瑞・布克，還有紐約州參議員陸天娜，皆在她宣布參選的當天表示支持。

還有錢的問題。華盛頓的競選顧問告訴賀錦麗，她需要籌集四千萬美元才能成功組織競選活動，這與華倫在二〇一二年競選參議員時的資金差不多。她的加州團隊知道她不需要那麼多，而且賀錦麗一向不熱衷籌款，畢竟向熟人要錢一直是件很不自在的事。最後，**她為二〇一六年的競選籌到一千五百萬美元，在競選上花費了一千四百一十萬美元**。但由於她來自一個被稱為「民主黨自動提款機」的州，她可以**把剩下的現金繳給民主黨參議院競選委員會，用於全國各地的其他競選活動**。她願意幫助其他民主黨員這點，讓紐約州參議員查克・舒默（Chuck Schumer）對她風評頗佳；舒默身為民主黨全國參議院競選活動的監督人，即是賀錦麗慷慨資助的直接受益者。外界普遍預計，舒默將輕鬆連任，然後取代即將退休的少數黨領袖——內華達州的哈利・瑞德（Harry Reid），成為參議院民主黨領袖。

決定誰被分配到哪個參議院委員會，是一個複雜而模糊的過程，沒有明確的協定。就算有，按照傳統，幾乎所有決定都將由舒默做出。這給了賀錦麗樂觀的理由。

委員會並非賀錦麗得謹慎穿越的唯一雷區。在一個以資歷和結盟為基礎的立法機構中，賀錦麗還需要培養和管理其他重要的關係，其中最重要的，就是**與加州資深參議員范士丹站在同一邊**。范士丹資歷豐富，在參議院累積了很大的權力，她可以幫助賀錦麗，當然也可以不幫。

與范士丹結盟會是很棘手的事，她們的摩擦可以追溯到二〇〇四年、艾斯皮諾薩警官的葬禮上，當時范士丹公開指責賀錦麗沒有對弒警凶手求處死刑。賀錦麗必須在過於順從范士丹和過於傲慢或獨立之間小心拿捏。即使兩人之間時好時壞的關係，已經有些許改善，但還是必須保持敏感謹慎，畢竟賀錦麗要進入的是范士丹的主場。

和全國其他人一樣，賀錦麗對於絕大部分的事情，都需要重新校準和評估，因為川普這個巨大的未知數即將上臺。

＊＊

按照參議院的傳統，新議員必須在十一月十四日星期一（當選日隔週一），提早抵達華盛頓；這一天，是為期一週的參議院新兵訓練營的開始。

賀錦麗告訴幕僚，她想要兩樣東西。一個是原先就有的計畫：他們將盡量僱用多元化的幕僚。比如他們就被告知，當時幾乎沒有黑人幕僚長，只有一個是擔任重要的立法主任。另一個是新的決定：**他們將確保任何計畫要加入希拉蕊政府但現在失業的人，都能受到尊重與傾聽，或者如果可能的話，也進行會面**。

第二個決定，代表他們要回覆數百通電話和電子郵件，還要安排與賀錦麗或高階幕僚的數十次會面。從賀錦麗開始參選以來，就一直在她身邊的黛比·梅斯洛，還有她在加州檢察總長辦公室的重要幕僚——麥克·川科索（Michael Troncoso），這兩個親密助手都已搬到華盛頓，帶頭展開工作，確保每個人都得到適當的回應，而兩人都將待上幾個月。

二〇一六年大選的一絲慰藉，是三名有色人種女性加入了以白人和男性為主的參議院。當賀錦麗到哈特參議院辦公大樓（Hart Senate Office Building）的地下室報到，她發現走廊上還有兩個人，分別是內華達州的凱瑟琳．科爾特斯．馬斯托（Catherine Cortez Masto）和伊利諾州的譚美．達克沃斯（Tammy Duckworth），前者是一同在止贖危機與銀行對抗的盟友，也是美國首位拉美裔參議員，後者是第一位當選參議員的泰裔美籍女性。她們立刻就團結起來了。

令賀錦麗驚喜的是，范士丹從一開始就成了關鍵的合作夥伴和盟友。這種慷慨的表現讓她的一些幕僚感到驚訝，甚至是震驚，他們原本抱持最好的希望，但也做了最壞的打算。范士丹和即將離任的參議員波克塞，幫助賀錦麗解決了許多意想不到的後勤問題，比如辦公室政治等。**范士丹還協助賀錦麗安排人員，並主動提供自己的幕僚，在各方面援助賀錦麗**。另外，范士丹給賀錦麗提供了一些建議，這些建議不僅有益於她在參議院的發展，還將她推向了政治的頂峰，其一就是：**賀錦麗應該考慮加入參議院情報委員會**。

作為任職時間極長的委員會成員之一，范士丹說，這是一份非常艱鉅的工作，工作時間很長，委員會聽證會很久，還有許多祕密會議，用來討論美國一些最敏感和最緊迫的問題。因為參議員不能用自己的幕僚來處理每日大量的最高機密資訊，因此很多工作都落在參議員自己身上，工作量非常大。范士丹警告賀錦麗，如果她進入委員會，可能會收到一大堆機密情報報告和備忘錄，她必須仔細研讀到深夜，為隔天早上一連串的決議和會議做好準備。

范士丹還警告賀錦麗，說進入這個委員會有另一個缺點——因為基本上，它的所有工作都是機密，所以是一項吃力不討好的隱匿工作。而且，賀錦麗在這個委員會任職期間，幾乎沒有辦法做任何事，好為自己在參議院贏得聲譽或建立全國形象，讓她的政治生涯更上一步。正因如此，**許多參議員，尤其是剛入職的參議員和那些有意更上層樓的參議員，在向委員會提交任命請求時，都不會將情報委員會納入考慮**。不過，賀錦麗還是申請了這份工作。

＊＊

那是一段忙碌的時期。賀錦麗收到了重要委員會中幾位資深民主黨員的邀請，其中包括奧勒岡州的參議員魏登，他是財政委員會的副主席，經常以犀利的言辭激怒共和黨員。選舉結束後，魏登問賀錦麗的第一個問題是：「嗨，錦麗，妳有興趣加入財政委員會嗎？」他也希望在環境暨公共工程委員會見到賀錦麗，因為他們有著共同的利害關係，希望保護西部各州免受大規模野火的危害。而且魏登知道她嚴厲檢查官的名聲，一定會派上用場。

魏登後來談及賀錦麗時說，每個人都想延攬她，「因為她是一個有能力又有價值的參議員。她知道各委員會都有人排隊等著進去，但我認為，說有很多資深議員希望她加入他們的委員會，並不為過」。賀錦麗的回應，是告訴魏登她自己的計畫和她想要實現的目標。

魏登說：「我有種感覺，如果她能如願以償，她會成為一大堆委員會的成員。」

二〇一六年十二月二十日，舒默宣布了委員會任命結果，而賀錦麗就相當於中了政治頭獎。雖然她沒有獲得司法委員會的席位[139]，因為有很多比她資深的參議員，但她獲得了四個委員會的席位，而且都是很知名的委員會。一個是**參議院情報委員會**，一個是**環境暨公共工程委員會**，還有**參議院預算委員會**，這是對《平價醫療法案》具有管轄權的關鍵委員會之一。此外，還有**國土安全暨政府事務委員會**，這保證會讓她受到全國關注。賀錦麗立即宣布了她的新職位，稱這些職位讓她處於與川普政府和候任總統本人較量的完美位置。

賀錦麗說：「在為我們國家的未來奮戰之中，這四個委員會將是關鍵的戰場。當許多加州人和美國人對我們的未來沒把握時，我將積極為我們的家庭而戰、為國家的理想而戰。」

對於任何一個了解賀錦麗的加州人來說，她在國家舞臺上一舉成名，不是什麼令人震驚的事。但她正在改變自己的行事方式。或許是因為她不需要再留心訴訟時，自己代表的是加州的立場，可以更自由的表達自己的意見。顯然，川普的當選——以及賀錦麗的當選，產生了很大的影響。基於她自己的身分，賀錦麗準備帶頭抵抗這個最不可能的、非正統的、引起分歧的、在她看來是種族主義者的總統。

139 但在二〇一八年一月，艾爾・弗蘭肯（Al Franken）辭去參議員一職後，賀錦麗被任命為司法委員會委員，而她在環境暨公共工程委員會的位置，由克里斯・范荷倫（Chris Van Hollen）接任。

第27章

抵抗

The Resistance

一如她在 2016 年大選之夜的演講，賀錦麗迅速成為民主黨在參議院抵抗川普的領袖。更廣泛來說，她被視為華盛頓新一代的象徵。

二〇一七年一月三日，副總統拜登主持賀錦麗宣誓就職，成為加州第四十五任參議員。沙亞馬拉·戈帕蘭和唐諾·哈里斯是印度和牙買加的移民，當初他們來到美國，是為了尋求更高的教育和更好的生活。**而他們的女兒是任職於這個頂級俱樂部的第二位黑人女性，也是第一位印度裔女性**。

賀錦麗來的時候，已經聽了如何在參議院成功的指示，這些指示來自華盛頓和加州最優秀的政治頭腦。其中最重要的，是找好幕僚，做好萬全準備。而她這麼做了，還超前部屬。但是，第一百一十五屆國會會期開始時的混亂，是賀錦麗和參議院的其他成員都沒辦法做好準備的。

＊＊

華盛頓所有人都期待的是，權力的槓桿從歐巴馬總統手中，友善的移交給希拉蕊，曾經的競爭對手，改站在同一陣線上；然而，川普卻在破壞這個政黨，企圖盡量破壞歐巴馬和國會民主黨員的成果。

川普提名的、負責監督解散的人士，將立即接受確認聽證會，而參議院中的政黨分裂狀況，前所未有的嚴重。

控制參眾兩院的共和黨員，將強行通過新政府在移民、環境、醫療保險、稅收、最高法院提名等關鍵議題上，希望通過的所有法案。民主黨員能做的只有抗議。

在川普就職前的幾天裡，即將離任的歐巴馬政府官員非常擔心，因為**有情報顯示，川普的競選團隊，或許加上候任總統本人，可能與俄羅斯勾結，幫助他擊敗希拉蕊**。歐巴馬的國家安全團隊趕在川普一月二十日上任之前，祕密加緊調查任何潛在的聯繫。歐巴馬政府的目標是記錄和保護犯罪資訊，以免川普試圖抹掉這件事。這些事情讓國會開始和川普就職之間的那段時間，變得格外緊張。

在民主黨員看來，賀錦麗在執法部門工作了二十六年，其中大部分時間是指揮檢察官，她的技能遲早會派上用場。雖然她已經十多年沒有審理過案件，但她可以利用自己的法庭經驗，以其他參議員很少能做到的方式，盤問不合作的川普政府官員。

毫無疑問，這也是參議院民主黨領袖查克．舒默，讓她進入如此多重要委員會的原因之一，其中還包括一個新人通常無法接觸到的委員會——參議院情報委員會。

榮恩．魏登作為任職時間極長的成員之一，已經記不得最近一次新進參議員進入情報委員會是什麼時候了。但在賀錦麗宣誓就職後的幾天裡，情況變得越來越明顯，無論是對她自己、對她的政治抱負，還是對處於困境中的民主黨來說，她當選參議員的時機再好不過。

在情報、國土安全、環境暨公共工程、預算等議題上，賀錦麗成了前線回應者，試圖在川普議程的許多核心議題中，堅守民主黨的立場。她在這些努力（或抵抗）中的角色，越來越重要，從而增加她在參議院的任期，最終確定參選總統。

＊＊

二〇一七年一月十日，賀錦麗就任參議員第六天，預示著爭議不斷、繁忙勞碌的時代即將到來。當天上午，國土安全委員會為退役海軍陸戰隊將軍約翰．凱利（John F. Kelly）舉行了確認聽證會。身為美國南方司令部司令，凱利從二〇一二年十一月到二〇一六年一月，監督了美國在中美洲、南美洲和加勒比地區的所有軍事行動。凱利是川普提名的國土安全部長人選，將負責許多對加州這個邊境州，乃至對整個國家來說至關重要的問題。這位四星上將獲得了如此高的評價，以至於兩黨一面倒的支持他，立法者對他奉承恭維，就連在國會上下都值得注意。

北達科他州民主黨員海迪．海特坎普（Heidi Heitkamp）在凱利的確認聽證會上滔滔不絕：「你是一位傑出的公務員。但我認為國土安全部贏得內閣提名的原因之一是——你在對南部邊境和整個邊境安全都非常具挑戰性的領域，有著如此豐富的經驗。也許從我們今天與你一同參加的聚會，你就能看出端倪。」

輪到賀錦麗問問題時，她可沒那麼高興。

在感謝完凱利的貢獻後，她開始**質問他是否會執行川普提出的計畫，修建邊境圍牆，驅逐數以千計的人，擴大政府的執法權力，並增加全國拘留室的數量**。這些問題在達科他地區可能無關緊要，但對加州來說至關重要，也是人們最感興趣的議題。在加州，有四〇％的人口是拉美裔，其中大多數人的祖籍是中美洲，還有二七％的人口在外國出生。

賀錦麗立即回到「童年抵達者暫緩驅逐辦法」（Deferred Action for Childhood Arrivals，簡稱DACA）的議題上。DACA是歐巴馬的招牌專案之一，保護了許多被稱為「追夢人」（Dreamers）的年輕人，**這些人的父母為自己和孩子尋求更好的生活，並帶著孩子越過邊境進入美國。雖然追夢人不是美國公民，但他們之中大多數人與父母的祖國，沒有任何聯繫。**到目前為止，加州的追夢人比其他州都要多，達到十八萬三千人，有許多人在讀大學，還有許多在工作。據說，驅逐他們是川普的首批舉措之一，賀錦麗很想知道凱利的立場。

「你是否知道，是你之前的國土安全部長做出這個決定，並向軍隊發布資訊？」賀錦麗問道：「不是總統，這你知道嗎？」

「是的，女士。」凱利回答。

「好。那你是否同意，這些年輕人當中，有許多人自小就被帶到美國，只知道美國是他們的家？」賀錦麗又問。

凱利回答：「很多人都屬於這一類。」

賀錦麗接著說：「你是否同意，他們現在在全國各地的大專院校和研究所學習，有些人在財富美國一百強公司、大型企業，還有各種規模的公司工作？」

凱利說：「是的，我知道有些人是這樣。」

「那你打算利用國土安全部有限的執法資源，把他們趕出美國嗎？」

「我會遵守法律。」凱利說。

在質詢時，賀錦麗一直是禮貌而直接的；在整場聽證會中，她給人的印象比較像是一位優雅的議員，而不是一些同事所期待的嚴厲檢察官。不過這次，她得到了問題的答案。雖然沒有直接說明，但凱利的意思是——他會監督讓追夢人被驅逐出境的政策。這直接威脅到的加州人口數，超過十五萬人。

賀錦麗沒有公布她對凱利的決定，直到九天後，她發表聲明：她將投票反對凱利。她說：「不幸的是，我無法看著這群追夢人，向他們保證凱利上將不會把他們驅逐出境；而沒有這樣的保證，我就不能支持他的國土安全部提名。出於倫理和道德，我們必須履行美國政府對這些孩子的承諾。」

一月二十日，凱利以八十八比十一的票數獲得參議院批准，並在幾小時後宣誓就職——與川普就職同一天。賀錦麗是十一票中的一個。范士丹則投贊成票。

＊＊

凱利的確認聽證會結束約一個小時後，賀錦麗出席了她在參議院情報委員會的首次公開聽證會。

證人名單上有四名政府頂級國家安全官員，他們就一份剛剛公布的情報報告，向參議員作摘要；該報告涉及俄羅斯多方面的努力，試圖使美國總統選舉朝著有利於川普的方向發展。

當時，大眾對川普競選團隊可能從俄羅斯那裡獲得援助的猜測（和警覺），已經達到了巔峰。對此，川普幾乎沒有反駁，只譴責它是「假新聞」。

二〇一六年十二月，歐巴馬總統在任期間，要求國家情報總監辦公室、聯邦調查局、中央情報局和國家安全局，彙編一份最高機密報告，題為「評估俄羅斯在近期美國選舉中的活動和意圖」。在聽證會前幾天，一份經大量刪減的解密版報告發布了，其結論令人不寒而慄。

該報告稱，俄羅斯的確實施了一場全面的網路行動，以破壞總統選舉並幫助川普，此由俄羅斯總統弗拉迪米爾．普丁（Vladimir Putin）**親自下令**。報告指出：「俄羅斯竭盡全力影響二〇一六年美國總統大選之舉，相當於莫斯科長期以來，欲**破壞美國所領導之自由民主秩序**的最新表現，但與過往行動相比，這些活動在直接程度、活動層級和影響範圍上，皆有顯著升級。」

川普和歐巴馬都聽取了報告提要，並收到一份副本。

隨後，川普發表了一份聲明，試圖分散指責，聲稱不只是俄羅斯，中國和其他國家與組織，也可能試圖入侵民主黨和共和黨的電腦系統。他還說：「這對選舉結果絕對沒有影響。」

不過，這份公開版的報告並沒有提到選舉結果的問題，而高度機密版的報告，記載的雖然也是相同發現，但在所謂「影響活動的關鍵要素」方面，內容詳細得多。這些細節足以震撼參議院和華盛頓的其他地方。

據《華盛頓郵報》報導，調查結果包括：美國情報機構獲得了未經證實但可信的情報，指出莫斯科掌握了有關川普個人生活和財務狀況中，不可見人或令人困窘且有損聲譽的資料。這就表示，這位即將入主白宮、世界上最有權勢的人，可能會受美國最具攻擊性的敵人勒索和脅迫。這些調查結果載於完整報告所附的兩頁摘要中，附錄中的指控，還包括川普核心集團成員與克里姆林宮[140]代表之間，有持續的接觸。

**

曾任加州檢察總長的賀錦麗，對跨國犯罪集團、恐怖主義威脅等敏感執法資訊瞭若指掌。然而參議院情報委員會的機密程度完全不同，來得更加深入。其所有工作人員，都在一個類似地下堡壘的敏感訊息隔離設施工作，該設施位於參議院辦公大樓內部一個沒有窗戶的地下室中。對幾天前才進入參議院的賀錦麗而言，涉入這些事關國家安全的重大問題，令她大開眼界。

情報委員會的聽證會本身就是一個奇觀，它會由主要的有線新聞網路進行現場直播，現場有一百五十多臺攝影機對準參議員，可說是具備水門案[141]彈劾聽證會的所有特徵。當輪到賀錦麗的時候，許多關鍵問題都已經被提出了。

因此，賀錦麗轉而向時任國家情報總監詹姆斯．克拉柏（James Clapper），提出一連串消息資料充分的問題，詢問美國情報機構，是否有在確保川普及其過渡團隊[142]的電腦網路和個人設備受到保護，免受俄羅斯持續的網路滲透行動威脅。

克拉柏說：「我們已經盡我們所能教育過渡團隊，讓他們了解行動裝置在安全區域等地方的缺陷。

「你認為你的費心教育成功了嗎？」賀錦麗問道。

「我想，這妳得問他們。」克拉柏隱晦回應。

在接下來幾個月裡，一個接一個的媒體報導，記錄了賀錦麗提到的那種粗心安全漏洞，包括川普的高層官員使用私人手機和電腦處理白宮事務一事。在大家進入非公開會議之前，賀錦麗又問了聯邦調查局局長詹姆士·柯米幾個問題，但沒有引起爭議。

不過，兩天後，在川普提名的中央情報局局長人選——來自堪薩斯州的共和黨眾議員麥克·龐培歐（Mike Pompeo）的確認聽證會上，賀錦麗開始發起攻勢。

她上場後，從剛剛公布的情報報告調查結果開始。「你完全接受此調查結果嗎？是或不是？」她向龐培歐提問。

龐培歐回答：「我沒看到報告結果哪裡有疑慮。」

140 俄羅斯聯邦政府行政總部所在地及象徵建築，也是俄羅斯總統駐地。

141 一九七〇年代發生的一場政治醜聞。一九七二年，民主黨全國委員會位於華盛頓特區的水門綜合大廈發現被人侵入，然而時任總統尼克森及內閣試圖掩蓋事件真相，直至竊聽陰謀被發現，尼克森仍然阻撓國會調查，最終導致憲政危機，尼克森也於一九七四年宣布辭去總統職務。

142 當政治領導階層轉變，需要過渡團隊的協助，來讓權力在一段時間內和平移轉。

賀錦麗還迂迴轉進該委員會中一些幾乎未知的領域，向她的參議院同事們提供證據，證明她為聽證會做好了準備，並願意將進步的政治手段，帶入情報事務之中。

龐培歐對氣候變遷的懷疑態度眾所周知，儘管美國政府的科學家幾乎一致同意氣候變遷確實存在，於是賀錦麗細問這部分，想確定對方到底有多懷疑。更重要的是，中央情報局正在努力蒐集有關全球暖化的情報，調查該現象如何引發世界各地不斷增加的不穩定和衝突；賀錦麗詢問龐培歐，他的個人信念是否會對這些情報產生負面影響。

龐培歐閃避話題，而賀錦麗在聽證會後段再次回到這個問題，讓他無法迴避。

「龐培歐先生，在氣候變遷問題上，我知道你不是科學家。我想知道和想從你這裡聽到的，是一個**願意接受壓倒性證據**的中央情報局局長，**即使事實證明這在政治上會帶來不便，或者需要你改變以前的立場**。」賀錦麗讓龐培歐公開表示他會這麼做。

隨後，她告訴這位中央情報局局長提名人，她擔心川普政權會採取歧視做法，破壞中央情報局招募和留住LGBTQ與穆斯林美國雇員的努力，給自己帶來巨大的風險，因為「這些人在該機構往往表現出色」。

在一連串關乎法律具體應用方式的問題中，賀錦麗得到了龐培歐的保證，答應所有員工都將受到平等保護。從這些早期和後來的其他聽證會可以看出，賀錦麗並不是媒體後來描述那種一夜成名的人物，也不是一個愛搶風頭的自我推銷者，她只是在完成自己的工作。

＊＊

賀錦麗準備充分的出現了。在聽證會上，她會攤開厚厚的檔案資料夾和筆記，在白色小便利貼上飛快的寫下問題。賀錦麗還快速研究了參議院晦澀的程序和協議規則。她表現得很尊重她的同事，也清楚自己在參議院的地位。

在起步時，賀錦麗就聘請了一群聰明而多元化的幕僚：她在沙加緬度的頂級副手內森・巴蘭金，到東部擔任參議院幕僚長；在國會山莊久經沙場的羅希尼・科索盧（Rohini Kosoglu）擔任副幕僚長；名單上還有克林特・奧多姆（Clint Odom）和泰隆・蓋爾（Tyrone Gayle），前者後來成為參議院唯一一位黑人立法主任，後者曾為希拉蕊競選團隊工作，是一位二十九歲的非裔新聞祕書。為了監管自己的全國媒體策略，賀錦麗僱了莉莉・亞當斯（Lily Adams），她是已故德州州長安・理查茲（Ann Richards）的孫女，曾在希拉蕊團隊擔任過類似的職務。亞當斯很快就在參議院幕僚中受到好評，並因在賀錦麗應對重大影響時刻（比方說向川普政府的高層官員提問）的準備工作中，發揮了不可或缺的作用而聞名。賀錦麗在舊金山的主要政治顧問艾斯・史密斯、尚恩・克萊格和丹・紐曼，也繼續為她提供建議。

賀錦麗聯繫了其他民主黨員和共和黨員，針對共同關心的問題合作。其中一位是肯塔基州共和黨參議員蘭德・保羅（Rand Paul），他們都對改革現金保釋制度感興趣，還同意共同發起一項立法，以保護DACA範圍下的非法移民青年。此外，她也邀請亞利桑那州共和黨參議員約翰·馬侃出去喝咖啡，他和她分享了他在國會與競選期間的經驗。

與此同時，賀錦麗的宣傳團隊一直忙著在推特和其他社群媒體上，就一些重要議題傳達她的立場，並且針對川普、其政府政策、以及他們涉嫌的不當行為與掩蓋行為等，大肆宣傳她的強烈擔憂。

賀錦麗在推特上擁有一批來自全國的忠實跟隨者，他們關注的焦點通常都是川普針對移民、勞工家庭和有色人種的行動。隨著冬去春來，賀錦麗在情報、國土安全、環境和預算聽證會上的質詢，變得更加激進，且越來越頻繁的出現在美國收視率最高的新聞節目和最知名的報紙上。**由於大量駐華盛頓的外國記者，將川普政府的一舉一動轉述給自己家鄉的觀眾聽，使得賀錦麗的全球形象跟著提升。**

到了初夏，賀錦麗已經成為激進且高調批評川普政府的人之一。一如她在二〇一六年大選之夜的演講，賀錦麗迅速成為民主黨在參議院抵抗川普的領袖。更廣泛來說，她被視為華盛頓新一代的象徵。

隨著賀錦麗的到來，參議院也發生了變化。還有更多改變即將到來。

第28章

「我在問問題」

"I'm Asking the Questions"

賀錦麗的問題連發而來，她經常打斷凱利，試圖讓他做出相應的回答。這位一向沉著冷靜的前上將顯然很受挫，開始抗議說自己根本無法說話。

二〇一七年一月二十九日，參議員賀錦麗追隨父母在一九六〇年代為民權遊行的腳步，加入了白宮外抗議者的行列；他們**譴責川普總統所頒布的違法禁令，這項禁令禁止了七個穆斯林占多數人口的國家人民入境**。

在華盛頓，共和黨參議員約翰・馬侃和林賽・葛瑞姆（Lindsey Graham）譴責這項禁令，警告說這「將成為打擊恐怖主義中的自殘行為」。回到加州，穆斯林入境的禁令，證實了反川普抵抗團體一些最擔憂的事情。副州長葛文・紐森已經在競選州長，他和一千人一起在舊金山國際機場舉行臨時抗議活動，嘴裡唱著伍迪・蓋瑟瑞（Woody Guthrie）的抗議頌歌〈這是你的土地〉（*This Land Is Your Land*）。

當天晚上，賀錦麗打電話給國土安全部部長約翰・凱利，表達了她和選民的擔憂，並詢問政府計畫的細節。然而凱利粗暴的回應這位美國參議員：「妳為什麼拿這種事情打電話到我家裡來？」賀錦麗被他的回答嚇到了，試圖解釋。但電話很快就掛掉了，掛斷前，凱利說他會再跟她聯絡。不過賀錦麗在自傳中寫道，他根本沒這麼做。

在接下來幾個月裡，賀錦麗逐漸加強對川普政府官員的盤問力道。二〇一七年六月六日，當凱利來到國土安全委員會面前，她這種猛烈力道達到了新高峰。賀錦麗一直盼著這一天。

賀錦麗就以下議題質詢凱利：針對那些沒有執行嚴厲新移民拘留令的城市，川普政府威脅要切斷其聯邦反恐資金，但經律師推斷，這將使這些城市背負民事責任。而這直接威脅到了加州一些主要城市。

賀錦麗的問題連發而來，她經常打斷凱利，試圖讓他做出相應的回答。這位一向沉著冷靜的前上將顯然很受挫，開始抗議自己根本無法說話，最後他腦怒道：「妳能讓我把話說完嗎？」

「不好意思？」賀錦麗說：「我在問你問題。」

就這樣，委員會的共和黨員對此很不高興，而賀錦麗似乎不在乎她惹惱了他們。

**

二〇一七年六月七日，時任司法部副部長羅德・羅森斯坦（Rod Rosenstein）出現在參議院情報委員會面前。參議員們想知道，在川普一個月前解僱聯邦調查局局長詹姆士・柯米的決定中，他所扮演的角色。另外，羅森斯坦任命勞勃・穆勒（Robert Mueller）為特別檢察官，監督司法部調查俄羅斯與川普競選總統之間可能存在的聯繫，參議員們也打算就這個決定提出質疑。

輪到賀錦麗時，她問了羅森斯坦**一連串是非題，當他開始閃躲，她就像對待凱利一樣打斷他的話**。她的重點是讓對方承諾寫一封信，同意讓穆勒完全獨立，用以對抗白宮干預或報復。

賀錦麗質詢時，手裡拿著筆，邊說邊指著羅森斯坦。他有些慌張的解釋說，這個問題很複雜，他必須與她進行「非常長的對話」才能做出回應。

「你能給我一個是或不是的答案嗎？」賀錦麗問。

羅森斯坦說：「參議員，這不是個可以簡短回答的問題。」

「當然是，」賀錦麗回答：「你願意這麼做，或者不願意這麼做，就這樣。」

隨著賀錦麗的問題越來越尖銳，委員會主席——來自北卡羅萊納州的共和黨員理查・波爾（Richard Burr）打斷了她的話。波爾看了看她的方向，說：「這位參議員可以暫停一下嗎？主席要行使權利，允許證人回答問題……。」

賀錦麗難以置信，她非常不習慣別人叫她克制自己。她猛的轉過頭來怒視波爾，然後不以為然的瞇著眼睛，在大約有數百萬觀眾的電視直播前，繼續聽著他對她的指責。波爾告訴賀錦麗，**他是在行使自己作為主席的權利，給羅森斯坦「應受而未完全受到的禮儀對待」，讓他做出自己認為合適的回應**。當賀錦麗試著解釋她的問題時，波爾又打斷了她。現場民主黨員保持沉默，有些人低頭看向自己的筆記。賀錦麗絕對給人留下了深刻印象。

這段對話立即在網路上瘋傳——老白人男性參議員「噓」了委員會中唯一的黑人女性賀錦麗。隨著影片在推特上爆發廣傳，民主黨參議員和共和黨參議員之間，還有民主黨和川普政府之間的仇恨黨派爭吵，又進一步惡化了。

幾小時內，賀錦麗和她的幕僚就巧妙的利用這次事件，想出了一個迷因口號：「**拿出勇氣，而非禮貌客氣**。」（Courage, Not Courtesy.）這像病毒一樣傳播開來，相關的商品也隨之開賣。賀錦麗在推特上寫道：「如果你訂購了『拿出勇氣，而非禮貌客氣』貼紙，並想讓你的朋友和家人也得到一張，那就轉發這則推文。」有一些不是特定支持賀錦麗的人，還加上「賀錦麗二○二○」的字樣。六天之後，賀錦麗親自安排了她最出名的時刻。

**

二〇一七年六月十三日那天，情報委員會證人是傑夫．塞申斯（Jeff Sessions），不過賀錦麗的一些幕僚刻意大聲說出其全名——傑佛遜．博勒加德．塞申斯三世（Jefferson Beauregard Sessions III），以顯示他和父親與祖父一樣，都以這位南方邦聯總統和將領的名字[143]命名。

塞申斯是來自阿拉巴馬州的參議員，也是二〇一六年二月首位支持川普競選總統的主要共和黨員。但**作為檢察總長，他還是遵循司法部的指導原則**，以「被任命為川普競選團隊國家安全顧問委員會的負責人，存在利益衝突」為由，**迴避掉川普與俄羅斯的調查。這激怒了川普**，因為如此一來，就由羅森斯坦負責調查。出於諸多原因，塞申斯陳述證詞成了必看的電視節目，有些人還刻意等賀錦麗與他交互詰問的時段。他們很好奇，對於川普在競選期間和之後與俄羅斯可能有的聯繫、川普解僱柯米的原因，以及川普破壞調查的行徑，他了解多少，而她能問出什麼。

大學教師吉姆．斯皮爾斯（Jim Spears）在推特上對賀錦麗說：「星期二讓塞申斯全招了吧。我非常期待這場質詢。」他是一位來自路易斯安那州的民主黨選民，認為賀錦麗是民主黨對付塞申斯的最佳武器，她會「直接打斷塞申斯的廢話和種族主義，得到她需要的答案」。

143 指的是傑佛遜．戴維斯（Jefferson Davis），因於美國內戰期間擔任唯一一任南方邦聯總統而知名。

賀錦麗快速的提問與塞申斯形成強烈對比。塞申斯看起來很溫和，身高約一百六十五公分、七十多歲，說起話來慢條斯理，一如南方拉長語調的說話方式。撇開他那貌似文雅的氣質不談，他在參議院時，對移民問題一向抱持最為強硬的態度。

在聽證會的大部分時間裡，塞申斯都在迴避問題。「我不記得了。」他不斷重申。

賀錦麗詢問塞申斯，他在二〇一六年俄亥俄州克里夫蘭的共和黨全國代表大會上，是否見過俄羅斯商業領袖或情報人員？因為事實證明，那次大會是克里姆林宮的行動重點。他先是否認，又說自己在克里夫蘭見過非常多人，因此想澄清一下答案。當賀錦麗繼續逼問，塞申斯顯然有些慌張，請她慢下來，再有些結巴道：**「我沒辦法承受妳這麼快的步調。這讓我很緊張。」**

正如賀錦麗許多現任和前任員工所證明的那樣，她有辦法對人們產生這種影響。賀錦麗繼續下去，說塞申斯既然表示不能與委員會討論關鍵問題或分享檔案，那請更詳細的說明援引自何項法律或政策。塞申斯回答：「我無法回答這個問題。」

然而賀錦麗並不買帳。「你得依靠這個政策。你是不是沒請幕僚告訴你，一旦要拒絕回答大多數問題，你要憑藉的是什麼政策？」當她繼續發言的時候，她又一次被打斷了。

「賀錦麗參議員，讓他回答吧。」委員會中一名資深共和黨員對她說。

之後，共和黨參議員和保守派評論員皆指責賀錦麗無禮，沒有遵守參議院的秩序規則。這些老派的華盛頓官員，尤其是老一輩人，對賀錦麗的大膽和固執感到難以忍受。但在加州就認識她的人都毫不懷疑，這就是賀錦麗之道。

第29章

「是或不是」

“Yes or No”

一位情報委員會的資深幕僚向民主黨參議員表示：「很多參議員在對待幕僚時都有點傲慢，但賀錦麗絕對不會這樣。」

賀錦麗在二〇一七年六月的聽證會上，質詢了川普政府的高層官員約翰・凱利、傑夫・塞中斯和羅德・羅森斯坦，此後她的明星地位開始上升。

共和黨員對賀錦麗的風格持批評態度，這點並不意外，但她也惹惱了一些民主黨同僚和國土安全部的職業官員，他們沒有政治動機，就是覺得被她侮辱了。

私底下，一些民主黨員認為她好鬥的語氣主要是在作秀，另一些則懷疑她對聚光燈的渴望，是某項長期計畫的一部分，意即**她要在參議院停留夠長的時間，以獲得競選總統所需的資歷**，來「帶出另一個歐巴馬」。

更讓人肯定這種說法的是，賀錦麗在四月中旬宣布，她剛剛結束了為期一週的中東之旅，這對一位想在國家舞臺上獲得一席之地的參議員來說，是個重要的途徑，可以提升她的外交政策資歷。藉著這次中東之旅，她在伊拉克，會見了支援當地部隊打擊ＩＳＩＳ的加州軍人，詢問他們在那裡是否得到需要的支援，以及他們在部署期間和部署之後，何時返回家園。此外，她前往約旦，親眼目睹敘利亞總統巴沙爾・阿塞德（Bashar al-Assad）政權造成的難民危機，所帶來的毀滅性影響。

賀錦麗回國後，在一份新聞稿中說：「至關重要的是，我們要制定一項健全、詳細且長期的國家安全戰略，打擊中東地區的恐怖主義，並制定一項移民政策，提供避風港給逃離暴力和壓迫的人。」

**

此行不是任何正式國會代表團的部分行程。賀錦麗解釋說，她之所以去，是基於她在參議院情報委員會和國土安全委員會的職位，然而，她並非直接監督軍隊的委員會成員，比如軍事委員會或外交關係委員會。這一點被國會山莊注意到了；一些資深人士回憶道，歐巴馬任參議員時，在美國外交關係委員會得到一個寶貴席位，以便在競選總統之前，增強他在外交政策方面的資歷。

一名於二〇二〇年夏天離開國土安全部、不願透露姓名的資深官員說，在國土安全委員會中，不滿的情緒非常嚴重。**一些參議員和委員會幕僚認為，賀錦麗是在逃避她應做的那份工作，**而該份工作占委員會事務的絕大部分，這對一個剛上任的參議員來說，是令人惱火的違規行為。更糟糕的是，一些官員開始認為，**她的唐突和敵視性風格，危及兩黨在關鍵安全問題上，多年來的苦心經營。**

這位曾與參議員和委員會幕僚打交道的前國土安全部資深官員說：「我的印象是，**在國土安全委員會中，不得不跟她打交道的人，大多數都不喜歡她。**」

對於前來接受參議院質詢的國土安全部高層，不管他們將負責什麼事務，賀錦麗都可能會對他們很不尊敬。如果他們要執行川普的移民政策，那麼賀錦麗的不敬或許可以理解，因為川普的移民政策直接影響到加州人。但**國土安全部有二十四萬名員工，他們還處理了許多與政治無關**

的問題，致力於保護美國人的安全。

國土安全部對此深感憤怒，以至於有至少四位公開支持過拜登的現任和前任資深官員，在拜登選擇賀錦麗作為競選夥伴後，決定不支持他。透露這件事的前國土安全部官員，過去曾在共和黨和民主黨政府中服務，後來為了公開反對川普而離開。「他們說：『對不起，我做不到。』」他補充道：「她做事的方式真的讓這些人很困擾。對他們來說，她在乎的是政治，而不是任務。」

＊＊

還有一件事讓一些官員感到不滿：賀錦麗拒絕會見許多被川普提名擔任國土安全部最高職位的人；相反的，她選擇在公開的確認聽證會上，就那些無法用簡單方式回答的複雜話題，拿「是或不是」的問題拷問他們。**川普提名者的無能或拒絕回答問題，可能會成為精彩的新聞片段，但無益於替一些重要的政策問題提供答案，也無助於促進參議院所需的良好治理，以成功履行其監督職責。**也許最重要的是，在部門高層官員與負責監督他們的參議員賀錦麗之間，完全沒有培養出有建設性的關係。

在參議院的傳統中，賀錦麗喜歡在公開聽證會上提出的那類緊張問題，都會先在私下會面時討論。這些被稱為「禮儀性拜訪」的會面，會在繁瑣的少數政治任命人員挑選程序之後進行，這些任命人員對部門的使命至關重要，需要經過參議院全體成員確認。

這些被提名人，必須先向監督委員會提交大量個人與專業背景的資訊。委員會消化完這些資訊後，再向被提名人發送一長串政策問題。待被提名人做出答覆，將與委員會幕僚會面，時間可能持續數小時。

最後一個步驟是打電話給參議員，這是最重要的一步——參議員和資深幕僚就是藉此了解被提名人和他們的管理風格。這些電話就像是重要工作的面試，在黨派較少的時代，**光是這些會面，就能夠決定要批准還是拒絕任命。而且就算彼此持不同意見，參議員和被提名人仍可以建立一些融洽和信任關係。**

二〇一七年春天，被川普提名為國土安全部副部長的伊萊恩・杜克（Elaine Duke），希望與國土安全委員會所有成員會面，尤其是民主黨員，這樣她就可以為他們提供新聞頭條上那些問題的詳細答案，畢竟以公開聽證會的安排來說，這些問題似乎太複雜了。杜克是一名職業公務員，在公共服務領域工作了二十八年，經歷過小布希和歐巴馬政府，且幾乎所有參議院民主黨員都私下見過她，但賀錦麗沒有。賀錦麗只有公開問了她一些問題。

「我知道我不是唯一一個她不想見的人。」公認屬於政治溫和派的杜克說：「我的理解是，總的來說，她不會見任何共和黨提名人。」

杜克說，賀錦麗的檢察官式質問法，似乎更傾向製造頭條新聞，而不是共同找出最好的解決辦法，這讓她很想知道：「妳到底是在為監督工作蒐集資訊，還是準備起訴對方？」

杜克的提名確認，在二〇一七年以八十五票對十四票[144]通過；賀錦麗反對，而范士丹支持。杜克一直任職到二〇一八年四月，包括擔任代理國土安全部部長五個月。當被問及拜登選擇賀錦麗作為競選夥伴，是否影響了她不公開支持民主黨候選人的決定時，她不予置評。

「你去看她的公開紀錄、聽證會和競選活動時，有沒有發現其中隱藏著憤怒？」杜克問道：「那這會有幫助嗎？還是會進一步分裂這個國家，讓人們從同情轉向憤怒？」

＊＊

川普作為總統的領導風格，就和他競選時一樣——他就是在演出一個實境節目，裡面有很多有趣的角色和情節，讓觀眾目不暇給、沉迷其中。賀錦麗是少數幾個參與川普這個大型遊戲的民主黨員之一，不管有意還是無意，她都正在變成一個辨識度很高的角色。她也以川普的方式做到了這一點，藉著抓住鎂光燈焦點，來傳達她的訊息，並改變了陳述。

在正常情況下，國會議員若像政治人物一樣行事與尋求關注，會遭到批評。也許是出於嫉妒或競爭，這種公然的自我推銷被視為一種惡習，而不是美德。但當川普接管華盛頓時，賀錦麗的聲音蓋過了批評的喧囂，她總能想出簡潔有力的新聞金句、病毒式傳播的影片和吸睛的標題，這讓她從小配角一躍成為明星。共和黨員越把她塑造成民主黨抵抗政府的代表人物，就讓賀錦麗的明星地位升得越高。

記者們也助了賀錦麗一臂之力，緊追著她幫忙製造的故事——她與川普政府展開的以小博大之戰。尤其是那些蜂擁到華盛頓，為美國民眾報導川普鬧劇的記者們，他們特別喜歡這條故事線。然而他們常常忽視一點：**賀錦麗絕非唯一與川普較量並取得勝利的民主黨員。還有許多民主黨議員也在各種議題上，巧妙的迫使政府官員就事論事**，進而激怒川普把他們揪出來。

其中一位是來自洛杉磯郊區柏本克的民主黨眾議員亞當．希夫，他曾考慮競選參議院席位，現在正在領導眾議院同仁調查川普與俄羅斯之聯繫。另一位是第一屆來自紐約的女性眾議員——亞歷山德里婭．歐加修—寇蒂茲（Alexandria Ocasio-Cortez）。

參議院裡也有很多人反對川普，其中包括至少兩名前檢察官，不過他們的背景沒有賀錦麗那麼引人注目。其一是參議員謝爾登．懷特豪斯（Sheldon Whitehouse），他曾是羅德島州（Rhode Island）[145]的聯邦檢察官，監督數十名檢察官；另一個是康乃狄克州的理察．布魯蒙索（Richard Blumenthal），他擔任州檢察總長的資歷，比賀錦麗擔任加州檢察總長長得多。情報委員會的其他六名民主黨員，都很善於從最具敵意的證人那裡得到答案，該委員會的資深民主黨參議員馬克．華納（Mark Warner）尤其擅長此道。

144 參與投票的參議員共有一百位，這次強尼．艾薩克森（Johnny Isakson）未投票。

145 位於美國東北方，是面積最小的一個州，但非獨立島嶼，實際上有相當大一部分在美國本土。

一些守舊派人士如范士丹，則是以準備充分、提出有見地的問題，並得到他們需要的答案而聞名。賀錦麗傾向於直接對抗，范士丹則傾向於憑直覺行事。

在向前聯邦調查局局長詹姆士・柯米提問時，范士丹讓柯米提供的內容，可能是川普與俄羅斯聽證會上最轟動的。柯米在羅森斯坦受質詢後的隔天出現，當時有媒體報導，川普邀請他到白宮參加一個私人的雙人晚宴，要求他展現忠誠，但柯米拒絕後，他就無緣無故被解僱了。由於柯米詳盡記錄了當時每件事，而且可為法庭所接受，因此他的出現顯得特別重要。川普在回應這些報導時，於一條推文中暗示，或許有白宮的祕密錄音可以證明柯米所言不實。

柯米花了數小時作證，他對於委員會民主黨員（包括賀錦麗）所提出的問題，都會給出很長、有時還有點隨性的回答。在回答范士丹的問題到一半時，他說：「對，我看到關於錄音的推文了。老天，我還真希望有錄音。」然後才回到手邊的話題。這段對話的片段被發布到網路上，當天就有數百萬人觀看。

＊＊

在正常情況下，賀錦麗的傲慢自信和毫不掩飾的野心，會在競爭異常激烈的參議院內部引發更多摩擦。但她進參議院的時機卻如同巧合一般，從第一百一十五屆國會一開始，**參議院民主黨員就迅速意識到，他們所面臨來自川普政府的威脅，比來自彼此的威脅大得多**，因此大多數人都齊心協力支持她。

許多參加參議員競選的幕僚發現，賀錦麗比她的大多數同事來得平易近人。反過來，她也得到了豐厚的回報。「在我與她的互動中，我發現她在與幕僚相處時非常有風度，也很風趣。」一位情報委員會的資深幕僚向民主黨參議員表示：「很多參議員在對待幕僚時都有點傲慢，但賀錦麗絕對不會這樣。」

此外，榮恩．魏登和賀錦麗形成了一種特殊的情誼，人們經常看到兩人在參議院的走廊上邊走邊聊；魏登身高一九三公分，比大約一六〇公分的賀錦麗高出很多。魏登是靠籃球獎學金上大學的，賀錦麗和他在工作空檔時，經常談論起她的金州勇士隊和他的波特蘭開拓者隊[146]。

魏登說：「賀錦麗天天都來報到，每一天。她準備充分，態度專注，聰明又有效率，而且確實做了功課。參議院中有兩種人，一種確實做了功課，一種只是拿出新聞稿念個十秒鐘，對這些事情根本不是認真的。」

多年來，魏登堅持不懈的提出許多問題，增進人們對一連串重大議題與事件的認知。例如，在過去十六年多的時間裡，他一直指責政府在監視、酷刑、無人機襲擊，以及其他美國情報和司法問題上的越權行為，還有反恐戰爭中的各種司法問題，但他經常被以十三比二甚至十四比

146 兩支隊伍分別來自兩人選區。

一的票數否決。現在由於賀錦麗是委員會的成員，他找到了一個盟友；面對委員會中的許多重大議題，她在自己做過研究之後，都投票支持他。

雖然賀錦麗的那一票，在大多數情況下不足以扭轉局勢，但在幫助魏登推動一項修正案方面，她的支持發揮了重大作用，該修正案將禁止使用《美國愛國者法》（*USA PATRIOT Act*）[147]第二一五條——蒐集美國人的網路搜尋歷史和瀏覽紀錄。他們最終以一票之差落敗。

二〇一七年一月，在魏登第四次連任後，他帶著女兒史嘉蕾（Scarlett）去參加在舊參議院會議廳舉行的宣誓就職儀式。這位四歲的紅髮小女孩用不同尋常且懷疑的眼神，看著正在帶參議員宣誓的拜登，引來一片笑聲。魏登說：「我把照片拿給幾個人看了，因為他們向我問起這件事。於是我們一群人就在那問：『她在做什麼？』突然，賀錦麗說：『各位，史嘉蕾正在斜眼看著美國副總統呢！事情就是這樣！』」

後來回想起這件事，魏登得出結論，賀錦麗確實給參議院帶來了一些新的氣氛；她會分享食譜，她會穿帆布鞋來，她會邀請參議員們到家裡吃簡單的晚餐。還有，她的家人都非常有趣，她也喜歡籃球。「她就是一個相處起來非常有趣的人。」

147 正式名稱為「Uniting and Strengthening America by Providing Appropriate Tools Required to Intercept and Obstruct Terrorism Act of 2001」，意指「使用適當手段來阻止或避免恐怖主義，以團結並強化美國的法律」，取英文原名的首字縮寫即為「USA PATRIOT Act」。

第30章

賀錦麗對上卡瓦諾

Harris v. Kavanaugh

經過那次聽證會，賀錦麗讓更多社會大眾看見，她不怕與有權勢的男人直接衝突。

二〇一七年十月九日，參議員范士丹在推特上宣布，她將在二〇一八年競選連任。不過她還沒有完全搞懂推特這個新奇的世界。當時，她在推特上有七千五百五十七名跟隨者。賀錦麗就很擅長這種其實也不算新的溝通方式，擁有六百九十萬名跟隨者，而這遲早會派上用場。

在加州和華盛頓，許多民主黨員曾希望范士丹就此退休，結束她自一九九二年開始的傳奇參議員生涯。因為再另一個六年任期結束時，她就高齡九十一歲了。但范士丹相信自己還有很多事要做；身為參議院司法委員會的資深民主黨員，她深入參與了川普總統提名的聯邦法官終身任命確認聽證會，偶爾也會投反對票。在范士丹於推特宣布參選的幾分鐘之後，賀錦麗就發了一封籌款信給自己的支持者，請大家為范士丹的連任競選捐款。

賀錦麗寫道：「自今年一月加入參議院以來，在阻止川普激進議程的鬥爭中，我發現范士丹是最好的盟友。在每一場重大戰鬥中，她都會加入我們。」

但這份結盟即將受到考驗。

＊＊

賀錦麗未能阻止布雷特．卡瓦諾在二〇一八年九月獲得最高法院的確認，雖然她已經努力嘗試了。經過那次聽證會，賀錦麗讓更多社會大眾看見，她不怕與有權勢的男人直接衝突；她是一名戰士，且理解安慰受傷害女性的必要性。

雖然，共和黨在一百個席位之中占據了五十一個，參議院領袖密契・麥康諾（Mitch McConnell）也投票確認卡瓦諾，然而，只要有賀錦麗的幫忙，民主黨員還是有可能擾亂這次聽證會程序。

確認聽證會於二〇一八年九月四日開始。愛荷華州參議員兼司法委員會主席查克・葛雷斯利（Chuck Grassley），當時八十四歲，是參議院第二年長的成員，比同委員會的資深民主黨成員范士丹小三個月。葛雷斯利宣布聽證會開始時，以賀錦麗為首的民主黨員打斷了他——當然，這是精心策劃的。

在葛雷斯利開場的幾秒鐘後，賀錦麗開口道：「主席先生，我們不可能讓這次聽證會繼續下去。」她和其他民主黨員指出，民主黨員在十五個小時前才拿到有關卡瓦諾背景的四萬兩千頁文件，根本沒機會審查。此時還有抗議者在外面示威，當中一些人穿著影集《使女的故事》（*The Handmaid's Tale*）的深紅色戲服。紐澤西州的民主黨員柯瑞・布克大聲說：「主席先生，為什麼要這麼急？不事先把檔案拿出來是為了隱藏什麼？」

葛雷斯利以故作友好的語氣反覆聲明，要求延期並不正常，聽證會要繼續進行。參議員、法律專家和品格證人，花了近七個小時進行冗長的開頭致詞，並提出他們對卡瓦諾的看法，而這些想法有好有壞。

在接下來幾天裡，民主黨員試圖從卡瓦諾那裡獲取資訊，但他避不回答。賀錦麗處在緊張激烈的時刻，雖然在議事過程中，她總是脾氣暴躁、言辭尖銳，但實際上她還算是比較溫和的戰士，這很可能是因為她在委員會中仍屬資淺；另外還包括明尼蘇達州的柯瑞．布克和艾米．克羅布徹（Amy Klobuchar），他們都在計畫總統競選活動。專家們忍不住好奇，這三人會怎麼把聽證會當作更高職位的跳板。相較之下，共和黨參議員似乎對這種前景不太感興趣，他們指責民主黨員不正當的圍攻卡瓦諾，以贏得黨內和選民的支持，說得好像如果情況倒過來，共和黨員就不會這麼做一樣。

在參議員們有機會向卡瓦諾提問的第一天，輪到賀錦麗質問卡瓦諾時，她的提問令人困惑：「法官，你是否曾與任何人討論過特別檢察官勞勃．穆勒或他的（川普與俄羅斯）調查？」

「當然。」卡瓦諾回答，他曾與其他法官討論過穆勒的調查。

賀錦麗接著問他：是否曾與川普私人律師——馬克．卡索維茲（Marc Kasowitz）的律師事務所的任何人，討論過此事？卡瓦諾若不是不記得了，就是偽裝得很好，只見他結結巴巴的回答一些含糊不清、模稜兩可的答案。賀錦麗繼續追問，一時激動之下，她又加了一句：「先生，回答要有把握。」

共和黨參議員插話了。猶他州參議員麥克．李（Mike Lee）打斷賀錦麗的提問，說律師事務所有這麼多律師，而且更換得相當頻繁，卡瓦諾不記得也不為過。

「他們不斷的轉來換去。」李說：「今天拆夥，明天成立新的公司。這些人就像兔子一樣，一直生出新的公司，我們不可能指望證人知道整間公司有誰。」

在其他參議員短暫爭論了誰可以在什麼時候打斷訴訟之後，賀錦麗再次回到同樣的問題上：卡瓦諾是否曾與川普私人律師的事務所中任何人談過？她對他說：「我想，不用我給你那家律師事務所所有員工的名單，你也可以回答這個問題。」

最後，賀錦麗得出結論，卡瓦諾沒有否認與事務所的人談過，並換到下一個問題。這次對話，成為整場聽證會上引起眾多討論的話題之一，但這充其量只是個不確定的結果。卡索維茲和其他人聲稱，從未與穆勒討論過調查一事。

賀錦麗被媒體和保守派嘲諷，說她試圖表現得很戲劇化，結果卻以失敗告終。雖然她的助手說她掌握了具體資訊，但這些資訊從未公開。她似乎問了一個不知道答案的問題，這是一個經驗豐富的檢察官不會做的事情。不過，如果這一連串問題失敗了，她還是會找到補救的方法。

＊＊

賀錦麗發現了卡瓦諾在一九九九年，為《華爾街日報》撰寫的一篇專欄文章，內容關於一個難解的法庭案件，他使用了「種族獵官制 148」這個詞兩次。這個詞是什麼意思？她問卡瓦諾，他閃避；她又問了一遍，他又閃避了。這種情況持續了四次，最後賀錦麗放棄了，但她還是先給

148 獵官制又稱分贓制度，是以政治背景進行公職任命。

聯邦法官一頓說教。

「你應該知道，就在你寫專欄的那一年，一本被描述為白人至上主義的雜誌，刊登了一篇封面故事，講述內容關乎所謂的種族獵官制、平權行動、犯罪的雙重標準、對黑人缺陷很敏感等。」賀錦麗還引用了一位「自稱歐洲中心主義者」的文章，內容提及「種族獵官」。

她指出，**最高法院的法官應該意識到，某些詞彙「與某種觀點有關，有時候，還與某種政治意圖有關」**。

「嗯，我接受妳的觀點。」卡瓦諾回應：「我很感激。」

賀錦麗隨後轉向一些具有重大影響力的案件，在這些案件中，最高法院裁定，各州不能禁止已婚或未婚人士使用避孕藥品或用具。她用六種不同的方式問卡瓦諾，他是否認為他們的決定是正確的，他也一一迴避了這些問題，直到賀錦麗把他逼入困境，說首席大法官約翰・羅勃茲（John Roberts）和大法官塞繆爾・阿利托（Samuel Alito）都認為這個判決是正確的。

「那是他們的看法。」卡瓦諾這麼說道，但在**隱私權是否正確適用於避孕藥品或用具的問題上，他的回答仍然含糊不明**。

「你是否認為，隱私權保護了女性終止妊娠的選擇？」她問道。

卡瓦諾的回應還是模糊不清。賀錦麗引用了大法官露絲・貝德・金斯伯格（Ruth Bader Ginsburg）一九九三年於大法官確認聽證會上說的話：「這是一個女人的生命和尊嚴的核心，這是她必須為自己做出的決定。而當政府控制了她的決定，等同於沒把她視為成熟之人，足以對自己的選擇負責。」

卡瓦諾繼續閃躲，很可能是因為他認為自己知道賀錦麗要說到哪個方向去。事實上，賀錦麗所走的方向，讓卡瓦諾措手不及。

賀錦麗說：「恕我直言，法官，這與此次聽證會有關，而你並沒有回答這個問題，我們可以繼續了。」

她以一種彷彿是事後才想到的方式問道：「你能想到有什麼法律，賦予政府權力來替男性身體下決定嗎？」

卡瓦諾裝傻，問她是否有更具體的問題。

「我再重複一遍問題。」賀錦麗說：「你能想到有什麼法律，賦予政府權力來替男性身體下決定嗎？」

只見他被逼得走投無路，觀眾們沉默不語，攝影機對準了他的臉。最後他回答：「我沒有……我沒有……我現在沒有想到任何相關法律，參議員。」

他當然沒想到。根本沒有這樣的法律。

這段對話出現在當天的新聞報導中，有線電視評論員對此討論一番，而這也成了經典的瘋傳影片。計畫生育聯合會和其他宣導女性有身體掌控權的人士，把影片放在自己的網頁上。

不像卡瓦諾以班上頂尖的成績從耶魯大學畢業，賀錦麗就讀的，是位於舊金山田德隆區的一所公立法學院，而她絕對不是班上的前幾名。但**她非常了解法律，而且展現出了出庭律師的技**

巧，問題切中關鍵事物的核心。

然而，這只是一個小勝利，肯定不足以阻止卡瓦諾的任命確認。不過，還有另一件事情，將對整個過程產生影響，而這只有范士丹知道，其他參議員一概不知。

＊＊

二〇一八年七月五日，加州帕羅奧圖（Palo Alto）的心理學教授克里斯汀・布萊西・福特，打電話給眾議員安娜・艾許（Anna Eshoo）的接待員，想說出卡瓦諾在大約四十年前對她做了什麼；當時他十七歲，她十五歲。**她希望可以阻止卡瓦諾的美國最高法院大法官提名，而她還希望保持匿名。**四天後，川普總統做了福特所擔心的事——提名卡瓦諾。

七月二十日，福特向艾許講述了她的故事。艾許打電話告訴范士丹這件事，但沒有透露福特的名字。范士丹要求艾許，請這位選民把她的經歷寫成書面信件，福特照做了。而後范士丹尊重福特的要求，將這封信保密，甚至連民主黨領導人都不知情。時間就這麼流逝。

《華盛頓郵報》的露絲・馬庫斯（Ruth Marcus）在她關於卡瓦諾確認通過的著作《最高抱負》（*Supreme Ambition*）中寫道，九月九日時，卡瓦諾的任命似乎已經確定，艾許找上賀錦麗，說了關於信的事，但「當時似乎沒有對指控採取任何行動」。

馬庫斯描述，賀錦麗非常憤怒，打電話給范士丹，「要求她回答這封保密信件的問題」。

隨後，民主黨參議員召開了一個祕密黨團會議，質問范士丹。馬庫斯引用了賀錦麗對范士丹說的話，表明這件事會有反作用：「妳必須弄清楚這件事。」

在接下來的幾天裡，雜誌《紐約客》（*New Yorker*）和網路新聞網站 The Intercept 開始洩露這起事件的部分內容。**九月十六日，在《華盛頓郵報》一篇爆炸性的報導中，福特公開了她的指控。**她不記得四十年前、甚至當年發生的所有細節，但她聲稱當時在華盛頓某富裕郊區的一場派對上，卡瓦諾和他預科學校[149]的朋友馬克·朱奇（Mark Judge）扶她到樓上的臥室，接著卡瓦諾把她按住、撫摸她，同時動手脫她的衣服。她試著尖叫時，喝醉的卡瓦諾用手壓住她的口鼻，讓她發不出聲音。

《華盛頓郵報》引述她的話：「我覺得他可能會無意間殺了我。」福特表示後來有人跳到他們身上，把他們都撞倒在地，她才逃了出來。

這些指控在福特和卡瓦諾的支持者之間，引發了一連串引人注目的指控。司法委員會的民主黨員和共和黨員互相爭吵中傷，參議院內外的人都在質疑，為什麼范士丹沒有讓外界的人知道福特信中的指控。

范士丹發表聲明回應：「那個人強烈要求保密，拒絕出面或進一步說明此事，所以我尊重

149 一種中等教育機構，通常為私立，專為學生升入大學或學院而設立。

對方的決定。不過，我已將此事提交給聯邦調查機構處理。」

九月二十七日，卡瓦諾被迫回到委員會面前，回應福特的指控。他們兩人並排坐在證人席上，提供了截然不同但同樣饒有興味的證詞。

賀錦麗在當檢察官時，曾幫助過性犯罪的受害者，她利用這些經驗，首先為共和黨員的對待方式向福特道歉，這些共和黨員視她為卡瓦諾任命的威脅，企圖消除她。

「福特博士[150]，首先，讓我們先把話說清楚，妳要知道妳不是在接受審判……**妳今天坐在美國參議院司法委員會成員面前，是因為妳有勇氣挺身而出，因為正如妳所說，妳認為這是妳的公民義務。**」賀錦麗隨後引導福特回答了一連串問題，就像她過去引導性侵犯受害者一樣。

接著她轉向卡瓦諾，試圖讓他做出承諾，會請白宮命令聯邦調查局進行額外背景調查，以便一勞永逸的弄清指控的真相。

但賀錦麗沒有成功。第二天，共和黨控制的司法委員會投票批准了卡瓦諾的提名，**二〇一八年十月六日，卡瓦諾以五十比四十八的微弱優勢[151]，獲得了最高法院大法官提名史上差距最小的確認。**

＊＊

卡瓦諾的聽證會，很明顯與一九九一年克拉倫斯．托馬斯的確認聽證會呼應，當時賀錦麗是奥克蘭的代理地區檢察官。當時，那位不情願的證人是法律教授安妮塔・希爾；到了二〇一八年，則是心理學教授福特不想作證。

一九九一年，范士丹在倫敦希斯洛機場（Heathrow Airport）候機時，在電視上看到希爾出面作證。面對希爾在參議院被男性騷擾，選民的後續反應，幫助范士丹在一九九二年「女性年」贏下參議院選舉。

擔任參議員二十六年後，**范士丹擔心這些事公開後會對福特的生活造成影響，也試圖保護她的保密請求，於是承擔起拒絕公開此信的責任。**賀錦麗同樣擔心這對福特的影響，但她認為重要指控必須調查清楚。

二〇一九年，《時代雜誌》將卡瓦諾和福特列為過去一年最具影響力的百大人物之一。卡瓦諾照片旁邊的宣傳文字是參議院領袖密契・麥康諾寫的，提到了「瘋狂的黨派之爭和特殊利益」，試圖「分散」參議院對他出色資歷的關注。

福特照片旁的推薦語是賀錦麗寫的：

---

150 克里斯汀・布萊西・福特有南加州大學的哲學博士學位。

151 阿拉斯加州共和黨參議員麗莎・安・穆爾科斯基（Lisa Ann Murkowski）投下出席中立票，蒙大拿州共和黨參議員史蒂夫・戴恩斯（Steve Daines）未出席投票。

她含淚講述的故事，震撼了華盛頓和整個國家。面對那些想讓她閉嘴的人，她的勇氣激勵了美國人。她那難以衡量的犧牲，出於一種公民責任感，讓人們注意到我們對待性暴力倖存者的方式。福特的志向不是成為一個家喻戶曉的名字，也不是登上影響力榜單。她有美好的生活，事業也很成功——但在一個可能造成嚴重後果的時刻，她冒著一切危險發出警告。她骨子裡是名教師，透過她的勇氣，她迫使這個國家正視這個經常被忽視與蒙蔽的問題。

撇除范士丹處理福特信件一事所產生的摩擦，賀錦麗仍舊支持范士丹連任。二〇一八年十一月，范士丹又贏得一次六年任期。

第31章

家族成員離世

A Death in the Family

「就在我的整個世界逐漸崩潰時，她抱住了我。她真摯的看著我的眼睛，告訴我她會永遠支持我。這是我一輩子都不會忘記的時刻。」

自從賀錦麗把檢察總長傑夫·塞申斯搞得不知所措之後，她就成了薩曼莎·比（Samantha Bee）、史蒂芬·荷伯（Stephen Colbert）和其他深夜節目名嘴的最愛，她也越來越常成為福斯新聞評論員、川普和他圈子裡的人的攻擊目標。川普總統的忠實支持者——CNN（Cable News Network，有線電視新聞網）發言人傑森·米勒（Jason Miller）指責賀錦麗在詢問塞申斯時表現得「歇斯底里」，這是典型的性別歧視描述。

「是這樣嗎？說真的，如果有人歇斯底里的話，那應該是指那個老人說她的問題嚇到他了吧。」荷伯在一集節目中為賀錦麗辯護。

賀錦麗對塞申斯的提問，讓她在眾多民主黨參議員中脫穎而出，而她在卡瓦諾提名確認聽證會上的表現，更是讓她人氣上升。在二〇一八年中期選舉[152]的最後幾週，她的人氣很高。賀錦麗盡可能的滿足每一個要求，然而在社會大眾沒有注意到之處，她再次面對生命的脆弱——一位親密的幕僚得了癌症，而她很快就意識到，對方已經時日無多了。

＊＊

表面上，賀錦麗一直在前進。她顯然在考慮參加總統競選，因此造訪了所有重要的州：愛荷華州、新罕布夏州、南卡羅萊納州和內華達州。隨著選舉日逐漸接近，她花費了至少七十萬九千五百美元的競選資金，幫助參眾兩院的民主黨候選人，並捐款給各州黨團和候選人，包括佛羅里達州、威斯康辛州、賓夕法尼亞州、密西根州、新罕布夏州、南卡羅萊納州，以及家鄉加州的橘郡。

二〇一八年十月十九日，記者們在南卡羅萊納州採訪賀錦麗時，賀錦麗譴責共和黨試圖廢除《平價醫療法案》，這股力量在散播「仇恨和分裂」。群眾還為她唱了生日快樂歌，這是她五十四歲生日的前一天。一個星期之前，拜登也造訪了南卡羅萊納州，這個州將推動他獲得民主黨總統候選人提名，就像在他之前的希拉蕊和歐巴馬一樣。

在此過程中，賀錦麗提議為中產階級減稅，幫助收入在十萬美元以下的人，並提高銀行的稅收；這些提議的目的，是抵消川普總統和國會共和黨員在二〇一七年推動通過的減稅政策。該措施給企業和富人極大的優惠，但由於限制了聯邦政府對州和地方稅收的減免，讓加州、紐約州和其他房地產價格高、徵收高所得稅的州份的人民，付出了代價。

告別南卡羅萊納州，賀錦麗接著飛往愛荷華州。根據CNN記者梅芙・萊斯頓（Maeve Reston）十月二十三日在錫達拉皮茲（Cedar Rapids）[153]的報導，一名年輕的英語教師告訴賀錦麗，她「**在質問當時最高法院提名人卡瓦諾以及福特時，是替所有受過性侵犯的女性發聲**」。

152 美國每四年的總統任期中間（第二年的十一月），在沒有總統選舉情況下舉行的定期選舉。

153 愛荷華州的第二大城市。

賀錦麗請那位女子靠過來，接著在對方落淚的時候，把她抱在懷裡。

萊斯頓提供了她的分析：「在眾多可能的二〇二〇年候選人中，要評估賀錦麗是否能成功還為時過早。但**憑藉她在卡瓦諾聽證會上的檢察官風格和鎮定自若的儀態，她顯然與女性建立了一種獨特的連結**；如果她決定參選，這種連結可能會成為競選活動的強大推動力。」

《德梅因記事報》（*The Des Moines Register*）專欄作家蕾卡．巴蘇（Rekha Basu）以賀錦麗「可能是對抗川普的手段」為題，報導了其在參議院司法委員會卡瓦諾確認聽證會上的表現後，賀錦麗在愛荷華州受到熱情接待。巴蘇寫道：「當她一度沮喪的走出聽證室時，她表現出各地許多女性的感受。可以聽到她在走廊上說：『我再也沒辦法融入他們的坐在那裡。他們這麼做實在太噁心了。』」

專欄繼續寫道：「她給人的印象是聰明、熱情、充滿激情，或許最重要的是，她體現了每個美國人的抱負和奮鬥。」還有這段：「賀錦麗早些時候在愛荷華州亞裔與拉美裔聯盟發表的談話，讓人想起了美國首位混血總統的卓越力量，以及他關於只有『一個美國』的主張。現在，雖然還沒有成真，但請想像一下，多加入一個女性視角到歐巴馬的多元背景中。」

二〇一八年十月二十六日，在愛荷華州跟著賀錦麗報導的記者中，愛德華—艾薩克．多維爾於《大西洋》雜誌上寫道：「**在她去過的每一個地方，還有之間的機場，都有不同年齡和種族的女性流淚道謝，並把她們自己的故事告訴她。**」

多維爾引述賀錦麗的話：「這種行為就是先診斷，然後需要治療，對吧？這也是在道出事實——診斷結果：你罹患癌症。事實就是這樣，知道之後，再讓我們來解決它，釐清需要什麼治療。如果否認它，不講出真相，就等於讓它惡化。」

這句話既是比喻，又是字面上的意思……那個星期，癌症這個可怕的問題一直困擾著她。

**

像許多被吸引到政界工作的年輕人一樣，泰隆．蓋爾這個人很聰明、勤奮、精明、理想主義；他有迷人的微笑，可以很風趣，但當記者惹惱他時也可以很尖酸刻薄。二〇一二年，他努力替維吉尼亞州的提姆．凱恩（Tim Kaine）輔選，讓他成為參議員。二〇一四年，他擔任民主黨國會競選委員會的新聞祕書。二〇一六年，在總統競選中，他是希拉蕊的重要新聞處官員之一。

在二〇一六年競選期間，蓋爾被診斷出大腸癌，但在經過治療後，似乎戰勝了病魔。**二〇一七年，新當選參議員的賀錦麗聘請他擔任她的第一新聞祕書（第一發言人）**，他很快就成為賀錦麗各種行動和在華盛頓生活的一部分，**幫助賀錦麗制定媒體策略，並即時更新她必須知道的新聞**。他還幫她建立 Spotify（思播）播放清單；她喜歡巴布．馬利（Bob Marley）[154] 和嘻哈音

154 牙買加唱作歌手、雷鬼樂鼻祖。

樂，他跟她分享大人小孩雙拍檔（Boyz II Men）很值得聽。他們在民族上也有共同點——他的父母是牙買加移民，賀錦麗的父親也是。

接著，他的大腸癌復發了，這無疑讓賀錦麗想起了二〇〇〇年時母親抗癌的情景。雖然蓋爾常常別無選擇，只能請假離開辦公室，賀錦麗還是堅持跟他保持聯繫，發簡訊、打電話給他，徵求他的意見，即使他頭髮和體重都掉了，她還是稱讚他很帥氣。二〇一八年五月五日，當蓋爾與一生摯愛貝絲・福斯特（Beth Foster）結婚時，賀錦麗祝福他一切順利。賀錦麗和丈夫在四月時為這對新婚夫婦舉辦了一場送禮派對，並送給他們一個水晶花瓶。貝絲和蓋爾於二〇一二年認識，當時貝絲為歐巴馬總統的連任競選工作，而蓋爾為參議員凱恩工作。

之後不到六個月，二〇一八年十月二十五日，蓋爾的朋友、賀錦麗的公關主任莉莉・亞當斯接到貝絲的電話，說狀況很糟糕。亞當斯隨即開車去紐約，並把這個消息告訴賀錦麗。**在中期選舉之前第十三天，這位參議員取消了她所有行程**，從隆納・雷根華盛頓國家機場（Ronald Reagan Washington National Airport）[155]飛往紐約，然後前去曼哈頓上東區的紀念斯隆－凱特琳癌症中心（Memorial Sloan Kettering Cancer Center）[156]。

貝絲告訴CNN的安德森・古柏（Anderson Cooper）這段故事：

「她悄悄的走進病房，握著泰隆的手，講了一些有關他的趣事。然後她說：『再見。』**就在我的整個世界逐漸崩潰時，她抱住了我。她真摯的看著我的眼睛，告訴我她會永遠支持我。**這是我一輩子都不會忘記的時刻。」

＊＊

隨著大選臨近，川普又回到了他的老套路——攻擊移民，試圖激起選民的恐懼。他警告說，一輛所謂的移民大拖車正從中美洲向北行進。好似入侵即將來臨一樣，總司令派出了士兵，據說是為了保衛南部邊境，抵禦手無寸鐵、窮困潦倒、絕望無助的移民。

十月二十六日，也就是蓋爾過世的隔天，有證據指出，川普的好戰行為，嚴重煽動了已經處於失控邊緣的人們。那天，在佛羅里達州的種植園市（Plantation），聯邦當局逮捕了曾是摔跤運動員和脫衣舞者的小凱撒．薩約克（Cesar Sayoc Jr.），他一直住在一輛廂型車裡，車身貼滿支持川普的標語，還有譴責媒體和民主黨的資訊。他被指控向幾位批評川普總統的民主黨知名人士發送炸彈，賀錦麗亦是對象之一。每個包裹上都有收件者的照片，臉上畫了紅色的X，所幸炸彈襲擊沒有造成人員傷亡。二〇一九年，薩約克被判處入獄二十年。

賀錦麗繼續她的政治事業，造訪亞特蘭大，並在美國歷史最悠久的私立黑人女子文理學

---

155 原名華盛頓國家機場（Washington National Airport），後為了紀念雷根前總統而改名。

156 斯隆指的是通用汽車公司董事長艾爾弗雷德．斯隆（Alfred Sloan Jr.），他透過斯隆基金會捐贈了四百萬美元，創建斯隆—凱特琳癌症研究所；凱特琳指的是通用汽車副總裁兼研究主管查爾斯．凱特琳（Charles Kettering），他親自同意監督一項以工業技術為基礎的癌症研究計畫。

院——史貝爾曼學院（Spelman College）發表演講：

「我們可以在初期階段投票來向前人致敬。當然，在接下來的十天內，我們可以發出這樣的訊息：**如果有人試圖壓制我們投票的權利，我們將投票讓他們下臺**，因為這是一場值得挺身而出的戰鬥。」

在接下來的幾天裡，她去了佛羅里達州，為民主黨參議員比爾．納爾遜（Bill Nelson）和塔拉赫西市市長安德魯．吉勒姆（Andrew Gillum）造勢，後者正在競選州長（兩人都敗選）；她也去了威斯康辛州助選，以打敗共和黨州長史考特．沃克（Scott Walker）；還去了愛荷華州、亞利桑那州，以及其他幾個州。民主黨在二〇一八年重新控制眾議院，但沒有控制參議院，所以她仍然是少數派。即使如此，她的氣勢正在上揚，準備要贏得最大的比賽。

不過，她首先要去一個很重要的地方。

在選舉日結束後的那個週末，蓋爾的家人和朋友聚集在霍華德劇院（Howard Theatre），參加紀念活動，那裡離賀錦麗獲得大學學位的地方不遠。在對蓋爾的悼詞中，賀錦麗稱他是「一位戰士，一位溫柔友好的戰士」。她說：「他明白，**我們這些坐在權勢辦公室裡的人有一項神聖的責任，就是為那些無法坐在辦公室裡的人盡心盡力**。」她又補充說：「他讓我成為一個更好的公僕，以及一個更好的人。」

第32章

「為了人民」

“For the People”

賀錦麗告訴群眾，當她站在法庭上道出「賀錦麗，為了人民」時，心裡是多麼的驕傲。

二〇一八年七月二十八日和二十九日，賀錦麗和她最親密的顧問及家人聚集在妹妹瑪雅位於曼哈頓的公寓，俯瞰中央公園（Central Park）。他們在那裡討論賀錦麗的顧問們（艾斯．史密斯、尚恩．克萊格、胡安．羅德里奎斯和丹．紐曼）所謂的「那件事」。她應該做那件事嗎？如果做了那件事會怎樣？那件事會怎麼發展？那件事會對他們的工作和生活產生什麼影響？

那件事是賀錦麗職業生涯中最重要的決定，或許也是他們最重要的決定——她是否要競選美國總統。瑪雅、妹夫韋斯特、任德龍、史密斯、克萊格、羅德里奎斯，以及賀錦麗的參議院幕僚長內森．巴蘭金、巴蘭金的繼任者羅希尼．科索盧、賀錦麗的公關主任莉莉．亞當斯，還有一些人聚集在大樓的會議室，給出他們最好的分析。大衛．拜恩德（David Binder）曾是歐巴馬的民調專家，他做了一項深入調查，此重點受訪小組的參與者表示，賀錦麗表現得很堅強、有道德權威，與根本不值得信任的川普總統完全相反。

即使民主黨員之間的競爭將會很激烈，但賀錦麗的生活經歷、作為檢察官的職業生涯，以及站在移民那一邊的立場，可能會讓她與眾不同。她的募款團隊相信，憑藉她在舊金山灣區和洛杉磯（民主黨總統候選人的自動提款機）的人脈，她在籌集資金方面會有優勢。

＊＊

賀錦麗大部分時間都在靜靜聆聽，不過她不只一次告訴大家，**如果她決定參選，那就是要**

贏，她對競選第二名沒有興趣。最重要的是，她不想輸給川普，對她來說，將川普打敗是攸關生死存亡的問題。

她明白，只有一小部分的總統候選人贏得所屬黨派的提名，她參加大選的機會頂多只有一○%。因此，她必須想要參選，且知道自己參選的理由。如果能夠進入最終的選舉，她希望盡可能確定自己會是個非常強勁的候選人。

二○一七年，加州議會投票決定，將該州初選提前到三月的第二個星期二，這是賀錦麗的競選團隊幫忙策劃的步驟。如果賀錦麗決定做「那件事」，她認為她在加州會比競爭對手更有主場優勢，然後她得在愛荷華州和新罕布夏州表現夠好、在內華達州表現得更好，並贏下南卡羅萊納州。這將為她三月三日在加州的初選提供動力，而挾著加州獲勝之勢，她就很難停下來了。

沒有人只在旁邊加油打氣，大家全都努力保持清醒，專注於前進的道路。在最後一天，韋斯特的任務是提出反對的理由，了解有何事項，將給心理和身體帶來傷害。賀錦麗必須很清楚，**一場全面的競選活動，可能會讓她和家人的一切完全攤在大眾面前，她所說的每一個字，都會受到前所未有的審視。**這是非常大的風險，不僅對她自己、對她愛的人，還包括任德龍的孩子，也就是賀錦麗的繼子女們，他們全都會被對手仔細審查。賀錦麗進入參議院還不到兩年，她不是應該多創造一些紀錄嗎？如果他們開了個派對，卻沒人支持怎麼辦？這都將損害她的地位，甚至可能破壞她的事業。

在會議結束時，這位不時被批評過於謹慎的政治人物決定參選了，勇往直前。

**

接下來的幾個月裡，賀錦麗全力衝刺，不過她的衝刺是經過精心策劃和控制的。隨著競選團隊繼續招募人員，並悄悄在巴爾的摩（Baltimore）[157]租下一個總部，賀錦麗從九月最高法院法官卡瓦諾的確認聽證會開始，一路巡迴造勢，為參加二〇一八年中期的候選人選舉做準備，其中許多候選人來自與民主黨總統初選相關的州。

在那年秋天和初冬的委員會聽證會上，她向川普政府官員詢問了在邊境遭拘留的難民孕婦的待遇，並要求國土安全部讓被分離的兒童與父母團聚。她還提出立法，要求邊境巡邏隊、移民和海關執法人員佩戴隨身攝影機。她也是反私刑立法的起草人之一。另外，她巡視了營溪大火（Camp Fire）造成的嚴重破壞，這場大火造成八十六人死亡，摧毀了北加州的天堂鎮（Paradise）。

然而，一件棘手的加州未完成事務浮出水面——二〇一八年十二月初，依據《沙加緬度蜜蜂報》的報導，在二〇一七年，賀錦麗宣誓就任參議員後，加州檢察總長哈維．貝西拉以四十萬美元，和解了針對賀錦麗執法部門主管的騷擾指控，接著這個人跟著她離開，成為她的參議院幕僚[158]。對賀錦麗來說，這份和解協議在許多層面上都很尷尬，至少有一部分是因為它反映了她身為管理者的角色。賀錦麗的助手說，她不知道有過這起訴訟，更不用說訴訟已經解決了。但執法部門是加州司法部的重要組成部分，其負責人要向檢察總長報告。

在《沙加緬度蜜蜂報》曝光這件事後，賀錦麗便迫使這位助手辭去參議院幕僚一職。說起來，自二〇〇〇年代中期她擔任舊金山地區檢察官起，這位助手就一直待在她身邊。但，是時候繼續前進了。十二月晚些時候，賀錦麗造訪了阿富汗。

二〇一七年三月，在宣誓就職美國參議員的兩個月後，為了以防萬一，賀錦麗將她**檢察總長競選銀行帳戶中剩餘的一百多萬美元**，轉移到另一個名為「賀錦麗競選二〇二六年州長」的競選帳戶中。二〇一八年，在她決定競選總統後，她將這筆錢**捐給好幾個自己喜歡的慈善機構**：十萬美元給幫助低收入戶的洛杉磯友愛運動（Brotherhood Crusade）；七萬一千美元給洛杉磯人道移民權利聯盟（Coalition for Humane Immigrant Rights of Los Angeles）；十萬美元用於消防基金；五萬美元給反再犯聯盟（Anti-Recidivism Coalition）；四萬一千美元給加州治安官紀念碑（California Peace Officers' Memorial），該紀念碑位於州議會大廈對面，上面刻著所有因公殉職的加州治安官名字，艾斯皮諾薩就是其中之一；三萬七千五百美元給聯合農場工人工會；另外還有一些促進女孩科學教育、庇護家暴受害者、為家務工提供服務的組織。她的捐助慷慨而又睿

157 美國馬里蘭州最大的城市，也是美國最大獨立城市和主要海港之一。

158 指的是拉瑞．華萊士（Larry Wallace）。提起訴訟的是丹妮爾．哈特利（Danielle Hartley），曾是華萊士的執行助理，據她所言，華萊士在她擔任助手期間，不但會性騷擾和貶低她，還會要她趴在桌下更換影印機的紙張和墨水匣，她若有怨言就會遭到報復。

智，每個機構都可以幫忙二〇二〇年三月參加加州初選的候選人。

雖然賀錦麗還沒有正式宣布參選，但《紐約時報》、《華盛頓郵報》和其他媒體在年底的報導中紛紛指出，賀錦麗已經準備好參選，參議員柯瑞・布克、陸天娜和伊莉莎白・華倫也在準備；伯尼・桑德斯確定參加，拜登則可能加入。CNN列出了二十九位潛在的民主黨總統候選人，其中四名來自加州。

＊＊

賀錦麗的自傳《我們掌握的真相》於二〇一九年初出版，引發了一些議論和許多疑問——這個書名是刻意的，意味著競選將圍繞真相和正義展開。不過當她在採訪中談到這本書時，她告訴採訪者，她還不準備在那個時候宣布自己的計畫。

二〇一九年一月九日，在美國廣播公司的晨間談話節目《觀點》（*The View*）中，其中一位主持人琥碧・戈柏（Whoopi Goldberg）開場就說：「所以，我應該要問妳，妳要參選嗎？」「我很高興在《觀點》中宣布，我還沒有準備好要宣布我的決定。」賀錦麗笑著回答。在場的人都哈哈大笑。

笑聲停歇時，她說：「我很想，但我還沒準備好。」

一直到了一月二十一日，在美國廣播公司的《早安美國》（*Good Morning America*）節目中，賀錦麗宣布了自己的決定，這一天是馬丁．路德．金恩紀念日[159]。「美國人民值得有人為他們挺身作戰，**一個會看到他們、聽到他們、在乎他們，而且會關心他們的經驗，並把他們擺在自我利益之前的人。」**賀錦麗說。

她的開場儀式在下個星期日，一月二十七日，地點是奧克蘭。她的顧問們知道如何在奧克蘭舉行聲勢浩大的活動（二〇〇七年十月，這批人在處理希拉蕊的加州總統競選活動時，就吸引了一萬四千人來到奧克蘭市中心）；他們賣力的工作，想讓賀錦麗的支持者留下更深刻的印象，而事實證明有效。奧克蘭市政廳懸掛著美國國旗和紅、白、藍三色彩旗，伴著明媚陽光，現場有兩萬人湧入。賀錦麗談到了馬丁．路德．金恩，並回憶起雪莉．奇瑟姆在四十多年前，以第一位黑人女性總統候選人身分發表的歷史性宣言。

賀錦麗的演講充滿民粹主義主題，並提到了許多非裔美國英雄。她告訴群眾，她出生在不遠處的凱薩醫院，曾在奧克蘭的法院擔任阿拉米達郡的代理地區檢察官。**她說，當她站在法庭上道出「賀錦麗，為了人民」時，心裡是多麼的驕傲。**

「為了人民」就是她那天的主題，以反映她參選的理由。

「我要競選總統，落實民有、民治、民享。」她說。

159 馬丁．路德．金恩紀念日定在一月的第三個星期一，無固定日期。

當天在群眾之中的還有潔姬．菲利普斯，她是奧克蘭科爾學校的校長，從賀錦麗還是青少年時就認識她了；她知道賀錦麗總是準備好要玩樂，但也決心要有所作為。當時菲利普斯「驕傲得難以言喻」。

這次活動大受好評，就連熱愛大批觀眾的川普總統也在接受《紐約時報》採訪時承認，賀錦麗在奧克蘭的活動是「迄今為止最棒的開場」。

這就是賀錦麗的行事之道：早早參加比賽，顯示出力量，也許就能過關斬將到最後。她給出了很多希望與承諾，而這個開頭非常好。但在加州舉行的全州範圍比賽是一回事，至於全國的比賽，又完全是另一回事了。

第33章

時機就是一切

Timing Is Everything

在與她的團隊討論並意識到自己沒錢後，賀錦麗決定退出競賽……但很快，另一個機會就會出現。

福斯新聞報導，賀錦麗在宣布參選不到兩週後就領先了。但那不是真的，一直都不是，拜登從一開始到最後都是領先者。但賀錦麗的呼聲相當高，而這意味著她受到前所未有的審視。記者和評論員質疑她是否像她自己聲稱的那樣，是個好檢察官。有些人懷疑她之前是否太好了，然後又變得太過強硬，以至於缺乏歐巴馬在競選過程中擁有的那種平易近人特質，無法與她的下一個陪審團——美國人民，建立良好關係。《洛杉磯時報》問范士丹是否支持賀錦麗，這位資深參議員以禮貌含蓄的方式否定賀錦麗：「我是賀錦麗的忠實粉絲，而且和她一起工作。但她是新來的，我們還需要多一點時間才能了解一個人。」拜登才是她支持的對象。

＊＊

賀錦麗的競選總部設在巴爾的摩。雖然她過去與巴爾的摩沒有任何關係，不過她很清楚，**在美國，新聞的傳播方向是由東至西，要想得到重視，就得待在東部**。瑪雅是東部的競選主席，而賀錦麗的大部分智囊團仍留在舊金山。

競選幕僚長是胡安．羅德里奎斯，過去也是他負責管理她的參議員競選活動；他還不到三十五歲。羅德里奎斯出生在洛杉磯柏本克，他的父親是薩爾瓦多移民，十九歲時為了逃離家鄉的暴力、尋求更好的生活，而來到美國。他母親以家庭清潔工作為生，父親是個木匠。後來他上了加州大學洛杉磯分校，然後在馬里布的佩珀代因大學獲得工商管理碩士學位，並在洛杉磯市長安東尼奧．維拉萊戈薩底下實習，後來在賀錦麗的組織中晉升。

在競選中，相互競爭的派系很快就發展起來，各種挫折（包括一些自己釀成的）造成了裂痕。**賀錦麗習慣迴避記者和在活動中遲到，她在某些議題的立場上也有變化，或者出現不一樣的聲音，像是單一支付醫療保險、大麻商業銷售合法化，甚至是成年之間自願賣淫合法化**——在二〇一六年，當她對Backpage的所有者提起第一起刑事訴訟時，許多人為她鼓掌歡呼，如今這些改變，讓許多當初為她鼓掌歡呼的人感到震驚。

二月時，她在Podcast節目《早餐俱樂部》（*The Breakfast Club*）上告訴採訪者，她在大學時吸食過大麻，還說：「我家有一半的人來自牙買加[160]耶，你在跟我開玩笑嗎？」

她的父親唐諾．哈里斯可沒有被逗樂。他在部落格中寫道，他過世的兩位祖母和父母「現在一定在墳墓裡輾轉反側，因為看到他們家族的名字、名聲，和自豪的牙買加身分，竟然被拿來和吸大麻尋歡作樂的負面刻板印象，以及追求政治地位連結在一起，無論這是不是在開玩笑」。即使他後來刪除了這篇文章，但文章已經被廣泛報導出去了。對賀錦麗來說，這件事全是她的問題，讓她學到教訓：**在總統競選中，候選人說的每一個字都很重要**。

160 基於地緣之便，牙買加是美國本土非法大麻的主要供應國，加上「拉斯塔法里教」（Rastafarianism）的影響，認為吸食大麻是有益的神聖行為，進而加深了牙買加與大麻之間密不可分的關係。

**

賀錦麗來自加州，而且參加過三次全州範圍內的競選，在籌集款項方面本該有優勢，事實卻不然。**儘管她在奧克蘭的開場令人印象深刻，但賀錦麗在二〇一九年第一季度僅籌得一千兩百萬美元，表現平平。**相較之下，參議員歐巴馬在宣布參選後的第一季度，就籌集到兩千五百多萬美元，那還是十二年前（二〇〇七年）的事了。

在一個有伊莉莎白・華倫、艾米・克羅布徹和陸天娜等女強人的大型競賽場上，賀錦麗並不突出。她不像華倫或伯尼・桑德斯那麼左傾，也沒有像前南灣市長彼得・布塔朱吉那樣，能吸引滿懷願景的選民蜂擁至他身邊。布塔朱吉與眾不同，以他自己的話來說，他是這場競賽中唯一的「左撇子、馬爾他裔美國人、聖公會教徒、千禧世代同志老兵」。他念的是哈佛大學，拿過羅德獎學金（Rhodes Scholarship）[161]，而且他似乎回應了選民的期盼，包括賀錦麗可能一直想要拉攏的眾多加州選民，這些人希望有個世代性的改變。**對賀錦麗來說更糟糕的是，除了成為一個會起訴川普的人，她無法解釋自己參選的原因，也無法把選民從拜登那裡拉走。**

二〇一九年六月二十七日星期四，賀錦麗在第一場辯論中，獲得了扭轉局面的首次重大機會。辯論會進行一小時後，她停了下來，接著吸一口氣，轉向拜登，攻擊他幾十年前與種族隔離主義參議員[162]一起限制公車出行，阻止學校廢除種族隔離。

「聽到你談論兩位美國參議員的名聲，這讓人感到很受傷，因為他們的聲譽和事業，都是建立在這個國家的種族隔離之上。不僅如此，你還和他們一起反對校車。你知道的，在加州有一個小女孩，她是公立學校的次等一員，她追求無種族隔離，每天坐公車去上學，而那個小女孩就是我。」

她願意在美國種族問題上攻擊領先者，表明了她競選就是為了獲勝。她的募款金額急劇上升，同時撼動民意調查結果。**記者們認定在第一場辯論中，她明顯獲勝了。可惜這次的勝利和民調飆升都是短暫的。**隔天，《紐約時報》的一篇報導反映了賀錦麗經常遇到的問題。她的發言人表示，她支持利用公車接送來達到學校整合，但「拒絕提供更多資訊」。在提出這個議題之後，她就開始迴避這個議題。《紐約時報》內容如下：

> 賀錦麗面臨的問題是，她能否保持週四以來的氣勢。自競選開始以來，她在按照精心策劃的計畫工作時表現良好，但有時若被迫即席發言，就會受自己的言論所害。而且，就像一個候選人在多位候選人角逐中，攻擊另一個候選人時經常發生的情況，她是在幫自己，還是只是傷害了拜登，這還有待觀察。

161 於一九〇二年設立的國際性研究生獎學金項目，享有「全球本科生諾貝爾獎」的美譽，每年挑選各國已完成本科的精英學生前往牛津大學進修。

162 詹姆斯．伊斯特蘭和赫爾曼．塔爾梅奇。

這次攻擊出乎拜登的意料，似乎在私人層面上傷害了他。他後來在電臺節日《湯姆・喬伊納晨間秀》（*Tom Joyner Morning Show*）上表示：「我以為我們是朋友，也希望我們依然是朋友。」拜登在那次採訪中回憶道，二〇一六年，賀錦麗邀請他參加在聖荷西舉行的加州民主黨代表大會，並支持她競選美國參議員。他也這麼做了，其出現和感人的演講，鞏固了加州民主黨對賀錦麗的支持，而非支持洛麗塔・桑切斯。

然後，二〇一九年，賀錦麗做了她認為求勝必做的事。

＊＊

在大選中，賀錦麗作為檢察官的背景將會發揮作用，因為她會因人們的不良行為而將他們送入監獄。但在初選中，她受到社會正義活動人士的挑戰，他們質疑她是否真是一名「力求革新的」檢察官。

當時是舊金山大學法學院副教授的拉菈・巴斯隆（Lara Bazelon），在《紐約時報》一篇觀點文章中寫道：「一次又一次，當革新主義者敦促她在擔任地區檢察官和州檢察總長時接受**刑事司法改革**，**賀錦麗若不是反對**，**就是保持沉默**。最令人不安的是，賀錦麗竭盡全力維護錯誤的判決，而這些判決是透過官員的不當行為來取得，包括篡改證據、偽證和檢察官隱瞞關鍵資訊。」巴斯隆一針見血的分析發表於二〇一九年一月十七日，在整場競選活動中引起共鳴。

在七月底於底特律舉行的第二次民主黨總統候選人初選辯論中，來自夏威夷州的眾議員圖爾西・加巴德（Tulsi Gabbard）抓住了這個主題，而且用詞直截了當。加巴德說，賀錦麗身為檢察官時，「將一千五百多名違反大麻規定者關進監獄」，與此同時，沒有調查可能使一名死刑犯無罪的證據（此指凱文・庫珀的案件）。

縱使這段話是斷章取義，但是，在一個站著十名候選人的臺上，賀錦麗無法做出恰當的回答。當她出現在CNN接受安德森・古柏的訪問時，情況變得更糟了。她沒有表明肯定的立場或澄清事實，而是表現得很傲慢：「雖然聽起來不太謙虛，但顯然我是一流的候選人，所以我預料到今晚會在臺上受到一些打擊。當對方的支持率為〇%或一%，或者任何她可能有的支持率時，我確實預期了今晚要接受一些打擊。」

賀錦麗收回她擔任地區檢察官和檢察總長時的一些立場；特別是在一些郡，由於她宣導的法律，使得孩子若經常曠課，其父母會被判入獄，對此，她竟然說她很遺憾。他們被監禁是一個「意想不到的後果」，這是她在二〇一九年時所表明的；但就在幾年前的二〇一五年一月，她宣誓展開檢察總長第二個任期時，她在就職演說中表示：「現在是時候這樣說了——在加州，兒童不受教育是一種犯罪行為。」

這段插曲讓人看出了一個基本問題：賀錦麗固然表明了自己的立場，但是，她的原則到底是什麼？

＊＊

到了十一月初，競選團隊的資金就快用完了，於是競選幕僚長羅德里奎斯決定裁員，並面對遭解僱人員的尖刻指責。

羅德里奎斯在高中三年級和四年級[163]時，曾是高中美式足球隊的四分衛，四分衛都很懂得擒殺戰術。在賀錦麗這場搖搖欲墜的競選中，閃電突襲[164]開始了。十一月二十九日，《紐約時報》發表了一篇近三千字的文章，解構分析了賀錦麗搖晃不穩的競選活動，標題是「賀錦麗的競選活動為何瓦解」。

「二〇二〇年的民主黨競選就是一場混亂動盪，一些競爭者聲勢高漲，一些人退出，光是這個月就又有兩名競爭者加入。然而，**只有一位候選人的支持率一路飆升到頂峰，然後在初期州民調中急跌至個位數，那就是賀錦麗女士。**」

羅德里奎斯被拖住了，但除非他們周圍的防護已經開始崩潰，否則四分衛是不會被擒殺的。賀錦麗的競選也是如此，任何競選活動都是自上而下定調的。瑪雅事後批評了策略專家們，這些人都知道站在賀錦麗姐妹中間很愚蠢，因為她們的消息傳遞太直接了。總之，團隊內部有太多戲劇性事件，因為錢快花光而失去工作的競選助手們，離開時也會抨擊一下。

民主黨員若沒有贏得南部各州的初選，就無法贏得該黨的總統候選人提名，所以賀錦麗得在南卡羅萊納州取得好成績，而那裡的黑人選民是關鍵。但賀錦麗的競選團隊和其他民主黨員的競選團隊一樣，都沒預料到拜登竟受到黑人選民廣大支持。賀錦麗在民調中的失利影響了她的籌款；沒有錢，就無法在這些州購買廣告，而這些廣告本可以幫助她民調上漲，如此惡性循環。

截至二〇一九年底，賀錦麗籌得了四千零三十萬美元，略高於布塔朱吉二〇一九年籌集的七千六百萬美元的一半。**賀錦麗沒能贏得小額捐款人的支持，然而正是這些人，為民主黨總統候選人提供了大部分資金。**聯邦選舉委員會（Federal Election Commission）的統計數據顯示，在她籌得的款項中，有五四％是捐款兩百美元以下，和麻薩諸塞州參議員華倫相比極為遜色；後者的一億兩千七百萬美元當中，有七四％是捐款兩百美元以下。甚至在夏季的某一天，賀錦麗網路上的募款只進帳四千美元。

然而，還有一個希望。

**

總統候選人的募款限制是，初選籌款每人最多捐兩千八百美元，進入決選後可再增加兩

163 美國中學一般由六年級起算，到八年級為中學（Middle School）或初級中學（Junior High School），共三年；從九年級到十二年級為高級中學（High School），共四年。

164 在美式足球中，指的是球員直接衝向敵方四分衛去擒殺，阻止他傳球。

千八百美元。考慮到競選成本，候選人最終必會依賴超級型政治行動委員會（Super Political Action Commitees，簡稱Super PAC）[165]，尤其是到了決選之際。**超級型政治行動委員會必須獨立於候選人運作，且可接受的捐款沒有規模限制**。眼看競選正在失勢，賀錦麗的一位富有支持者和兩名前競選助手，聯合成立了一個超級型政治行動委員會，名為「堅強挺立」（People Standing Strong）。這個委員會籌集了一百二十萬美元，其中一百萬美元來自昆茵・德萊尼（Quinn Delaney），她是一位奧克蘭的富有自由派人士，資助她認為能推動種族正義事業的候選人和競選活動。德萊尼和她的丈夫——房地產開發商韋恩・喬丹（Wayne Jordan），都是賀錦麗的忠實支持者。

政治上的時機很重要。美國東部時間二〇一九年十二月三日上午十一點四十二分，「政客」新聞公司的記者克里斯多夫・卡德拉戈（Christopher Cadelago）披露，支持賀錦麗的超級型政治行動委員會已開始預訂愛荷華州的廣告時間。在此之前，賀錦麗那疲憊不堪的競選團隊，自去年九月開始就沒有在愛荷華州播放過任何廣告。「堅強挺立」委員會的顧問丹・紐曼和布萊恩・布洛考（Brian Brokaw）**匯了五十萬一千美元給愛荷華州的電視臺，用於播放支持賀錦麗的廣告，並準備再匯五十萬美元**。不計入自籌資金的億萬富翁候選人，這將是購買廣告金額最高的一筆。

「我們是她唯一的希望。我們必須播送廣告。」布洛考說。他曾在二〇一〇年幫助賀錦麗競選檢察總長。

這則廣告肯定會吸引選民的注意力，也許會讓賀錦麗脫穎而出。廣告裡頭展示了賀錦麗最熱門的影片集，以及她質問大法官布雷特・卡瓦諾、司法部長威廉・巴爾（William Barr）和前檢察總長傑夫・塞申斯的片段，並附上了她的招牌臺詞：「我在問你一個非常直接的問題。是或不是？」

「我沒辦法承受妳這麼快的步調。這讓我很緊張。」廣告中的塞申斯結巴著說。

旁白道：「賀錦麗揭穿共和黨員，她讓他們緊張、讓他們無法為自己的謊言和腐敗辯護，她也會對川普做同樣的事……**賀錦麗──川普最擔心的民主黨總統候選人**。」

**

十二月三日，在記者卡德拉戈的第一則獨家新聞發布三小時六分鐘後，他又報導了另一個重大新聞：「賀錦麗結束了她的總統競選，此前幾個月，她一直未能從最底層提升自己的候選人聲勢。這位加州參議員曾被認為是總統候選人提名的主要競爭者，現在她過早退出了。」

165 政治行動委員會會把成員們的競選捐款匯集起來，捐贈給支持或反對候選人、提案或立法的選舉活動。而超級型政治行動委員會的正式名稱是「僅獨立開支型政治行動委員會」，與傳統的政治行動委員會相比，此類可以從個人、公司、工會或其他團體募集資金，且接受捐贈的資金規模沒有限制。

布洛考和紐曼嚇呆了，他們不敢相信自己聽到的消息。她不能退出，至少現在還不能——可是她確實退出了。布洛考打電話給捐款人德萊尼，轉述了這個消息，並承諾會設法把她的錢要回來。而他確實要回了大部分。

賀錦麗在與她的團隊討論並意識到自己沒錢後，決定退出競賽。透過提前退出，她可以避免在愛荷華州黨團會議中慘敗，甚至是在自己的家鄉失利。她的名字不會出現在加州三月三日的初選選票上；這是最好的選擇，畢竟**民調顯示，她在加州會輸掉**。像這樣令人尷尬的失利，會讓人們質疑她將來作為候選人的能力。

但很快，另一個機會就會出現。

第34章

雨中起舞

Dancing in the Rain

賀錦麗把傘向後仰，跟著節奏走著，臉上掛著大大的微笑，又時不時大笑，陶醉於找到自己的位置，也許還自豪於自己的出身。

賀錦麗把競選總統的志向拋在一邊，回到了她當時的工作上——代表加州的美國參議員。在一場近身廝殺與疲憊不堪的競選後，她回到參議院，讓自己恢復在國內選民心目中的名譽，也許還有為了拜登心中的地位。

二〇二〇年一月十六日，眾議院向參議院提交了彈劾川普總統的條款。由於參議院領袖密契·麥康諾負責審理，故參議院審判的結果從未受到質疑。當他駁回民主黨傳喚證人的請求，賀錦麗沒有機會獲得全國關注，不像她質詢檢察總長塞申斯和最高法院候選人卡瓦諾時那樣。

**

從二月彈劾審判結束，到八月重返國家舞臺之間，賀錦麗提出了三十三項法案和決議。其中一些是黨派性的，比如譴責川普的顧問史蒂芬·米勒（Stephen Miller）「在偏見、仇恨和分裂性政治言論上做交易」的決議。此決議強烈要求米勒辭職。但他沒有辭職。

這些法案幾乎沒有得到媒體關注，有一些是試圖解決加州獨有的問題：恢復和加強公共土地的使用權，包括北加州南福克區的三一河（Trinity River）至馬德河（Mad River），以及清理蒂華納河（Tijuana River）至加州與墨西哥邊境的汙染。

其他措施與賀錦麗在競選過程中提出的問題有關，例如**環境正義法案，旨在保護貧困社區居民免受工業發展所造成的汙染影響，並資助研究一些化學物質的安全替代品，**這些化學物質用於包含化妝品在內的消費品中。後項是為了保護在美容中心工作的女性，而且這種問題，參議院的老男人們可不認為有必要在他們的立法方案中解決。

她的議案中，有一項是為子宮肌瘤研究提供資金。還有一項叫做「二〇二〇年黑人孕產婦健康法案」（Black Maternal Health Momnibus Act of 2020），敦促衛生與公共服務部解決黑人孕產婦和嬰兒死亡率高的問題，並要求聯邦監獄管理局撥款給各監獄，改善獄中孕婦的健康。

賀錦麗對 COVID-19 大流行的反應也很迅速。在各州發布封鎖令之際，她於三月提出立法，增加對失業人員的財政援助；隨著疫情蔓延，她提出了保護承租人不被驅逐的法規，為小企業提供資金，還要求總統任命一名專門負責防範疫情的特使，增加各州郵件投票的資金，並研究感染 COVID-19 之少數族裔間的種族差異。另有一項法案是提供輔助，使中小型餐館可以與包括印第安部落在內的地方政府合作，提供食物給有需要的人。

賀錦麗是個民主黨員，身在共和黨控制的參議院內，而且當時正值選舉年，她還爭取過成為總統候選人；**種種這些都意味著，她的任何法案都不可能通過。但每一項法案都是一份聲明，表明了一旦有機會，她就會處理哪些問題。**

＊＊

二〇二〇年三月十五日，在民主黨總統候選人辯論中，即將獲得民主黨提名的拜登宣布，他將挑選一名女性作為競選夥伴。賀錦麗的朋友們想幫忙。

其中一位友人是邁克爾・塔布斯（Michael Tubbs）。二〇一六年，二十六歲的他在自己成長的史塔克頓市擔任四年市議員，隨後當選市長。當選市長時，他從史丹佛大學畢業，那裡離史塔克頓有一百公里，是另一個世界。塔布斯由媽媽撫養長大，母親生他的時候只有十幾歲，而他的父親在監獄裡。塔布斯曾於歐巴馬政府時期，在白宮實習。

身為史塔克頓市市長，塔布斯的工作非常艱鉅。這座擁有三十萬人口的城市正在努力從破產恢復，至於其前任市長，先是被指控在一場脫衣撲克牌遊戲中偷拍青少年夏令營輔導員，之後又承認了挪用公款和販賣酒精飲料給未成年人的罪名。

二〇一七年，塔布斯接受《沙加緬度蜜蜂報》記者辛西雅・休伯特（Cynthia Hubert）的訪問，解釋了自己回到家鄉的原因：「我認為，如果繼續研究史塔克頓的所有問題，並撰寫相關文章，卻不嘗試去做點什麼，就是懦弱的表現。」

當塔布斯市長正努力振興他的城市時，賀錦麗參議員打電話來提出建議，看看她能在華盛頓替他做些什麼。賀錦麗二〇一九年生日那天，她正忙著競選總統，但她不忘打電話給塔布斯，祝賀他的長子小邁克爾・馬拉凱・塔布斯（Michael Malakai Tubbs Jr.）於前一天出生。她告訴塔布斯：「跟他說，錦麗阿姨等不及要見他了。」

塔布斯打電話給加州副州長艾蓮妮・庫納拉基斯（Eleni Kounalakis），詢問能否為賀錦麗辦遊說活動。庫納拉基斯告訴賀錦麗，自己願意為她舉辦一場，但賀錦麗拒絕了。她想成為拜登的競選夥伴，且認為拜登知道她在哪裡，也知道如何找到她。最終，事態發展迫使拜登在選擇賀錦麗一事上更加慎重。

二〇二〇年五月二十五日，喬治・佛洛伊德（George Floyd）在明尼蘇達州的明尼阿波利斯（Minneapolis），被一名警察用膝蓋壓制了八分四十六秒後死亡，起因是警方接到報案，說他用二十美元的假鈔購買一包香菸。兩個月前，肯塔基州路易斯維爾（Louisville）的警察以為他們搜查的房屋是毒販的家，隨後槍殺了躺在床上、手無寸鐵的二十六歲急診室技術員布倫娜・泰勒（Breonna Taylor）。

五月三十日，賀錦麗戴上口罩預防 COVID-19，然後步行前往白宮參加示威抗議。

一些候選人積極爭取副總統的位置，其中包括賀錦麗，但她的競選活動更加微妙。她知道自己在那張只有少數幾個人的候選名單上。羅希尼・科索盧曾是賀錦麗在參議院的幕僚長，後來又在總統競選中擔任幕僚長，他確保拜登找來調查賀錦麗的助手們，確實得到他們所需的資訊。科索盧還**確保拜登知道，賀錦麗長期以來在種族和刑事司法問題上的觀點，不會與他的立場衝突；如果真有衝突，將以拜登的觀點為主。**在他們評估的黑人女性中，賀錦麗是唯一贏得州內主要競選且參加過全國競選的人。

不過，還有損害需要控制。眾所周知，拜登的妻子吉兒・拜登（Jill Biden）說賀錦麗在六月二十七日的辯論中，就種族問題攻擊她丈夫，是「致命的傷害」。同年六月，賀錦麗在電視節目《荷伯報到》（*The Late Show with Stephen Colbert*）中，試圖解釋她為什麼在種族問題上攻擊拜登：「那是一場辯論會。唯一的理由就是，那是辯論會，那種行為叫做辯論。」至於可不可能被選為拜登的競選夥伴，她說：「如果被邀請，我會感到非常榮幸，能夠成為團隊一分子。不過我必須說實話，無論我在什麼位置，我都會盡我所能，幫助拜登獲勝。」

＊＊

在七月和八月，其他候選人紛紛嶄露頭角，並獲得支持，尤其是洛杉磯民主黨眾議員——非洲裔黨團會議（Congressional Black Caucus，簡稱 CBS）主席凱倫．巴斯（Karen Bass）。她的盟友包括一些有國家抱負的政治家，他們意識到，在拜登擔任總統四年或八年之後，賀錦麗將成為民主黨總統候選人提名的頭號人選，而巴斯似乎不太可能成為總統候選人。

最令人擔憂的是，賀錦麗在加州的支持者認為拜登的顧問，包括前參議員克里斯多夫．杜德（Christopher Dodd）和前賓夕法尼亞州州長埃德．倫德爾（Ed Rendell），都相信這樣的說法：賀錦麗在加州不受歡迎，失去了民主黨員的支持，而巴斯將是一個可靠的替代人選。

當然，賀錦麗在民主黨中樹敵不少，但她也有核心支持力量。巴斯則從未在國家舞臺上接受過全面審查，而且有過一些負面報導，包括她大加讚揚古巴政治人物斐代爾．卡斯楚（Fidel Castro），這在佛羅里達州並不受歡迎；她也曾在一次演講中為山達基教（Scientology）說好話，這篇演講在網路上很容易找到。

後來，副州長庫納拉基斯直接採取行動。「我沒有徵求許可。」她說。

在舊金山政治的小世界裡，賀錦麗的第一任競選財務主席馬克・布爾，介紹了當時是地區檢察官的賀錦麗和庫納拉基斯認識。庫納拉基斯的父親是安傑洛・察科波洛斯，一九五一年時，安傑洛十五歲，身無分文的從希臘來到美國，靠著打工讀完沙加緬度州立學院（Sacramento State College）[166]，而後成為沙加緬度地區最大的開發商。他舉辦過一場募款活動，在那裡，布爾未來的妻子蘇西・湯普金斯認識了比爾・柯林頓，並開始參與政治。

相識後，庫納拉基斯開始和賀錦麗一起吃午餐，建立了一些情誼；她生日時賀錦麗會打電話給她，唱生日快樂歌給她聽。在二〇一八年競選副州長之前，庫納拉基斯是競選活動的主要捐款人，她曾在二〇〇八年和二〇一六年支持希拉蕊，並成為歐巴馬政府的首位駐匈牙利大使。庫納拉基斯和布爾住在舊金山的同一棟公寓大樓，可以三百六十度欣賞舊金山灣區的景色。她和布爾夫妻倆經常共同舉辦籌款活動，捐款者會在她的公寓裡喝點紅酒或雞尾酒，然後搭電梯往上幾層樓，到布爾家吃晚飯。當庫納拉基斯決定競選副州長時，賀錦麗打電話跟她說：「我會幫妳背書，妳會贏的。」

二〇二〇年七月三十一日，庫納拉基斯打電話給拜登競選團隊，要求召開 Zoom 線上會議。

166 現今名稱為加州州立大學沙加緬度分校（California State University, Sacramento）。

會議安排在三天後，**庫納拉基斯列出了一份賀錦麗支持者名單，令人印象深刻：**舊金山市市長倫敦・布里德、奧克蘭市市長莉比・薛夫、長灘市市長羅伯特・賈西亞（Robert Garcia）、加州財政部部長馬世雲（Fiona Ma）、加州州務卿亞歷克斯・帕迪利亞（Alex Padilla）、史塔克頓市市長塔布斯，和前加州州長格雷・戴維斯。**每個人都有兩分鐘的時間，說明為什麼賀錦麗是正確的選擇。有些人是基於專業經歷，其他是根據個人因素。**

長灘市市長賈西亞表示，七月二十六日他母親因 COVID-19 去世後，賀錦麗是第一個打電話表示哀悼的人。

塔布斯指出，賀錦麗曾三次參加全州範圍內的競選，也競選過總統，而且「受過實戰考驗和審查」。他說：「賀錦麗是獨一無二的。」

庫納拉基斯認為，她是**美國政治中的變革女性，並表示：「沒有任何刻板印象可以套在賀錦麗這個人身上。」**

＊＊

八月十一日，星期二，拜登用 Zoom 打給賀錦麗。

「準備好來工作了嗎？」

拜登對自己的最終決定嚴加保密，甚至在他公開選擇的前一個週六，賀錦麗本人和她最親密的顧問都不知道，他選擇的對象是她。

「噢天哪，我早就準備好了。」賀錦麗回答。

拜登的兒子博對賀錦麗的看法，形成於二〇一一年和二〇一二年、州檢察總長挑戰銀行時期，這對他的決定影響很大。

拜登在當選之後這麼說：「我最看重博的意見。我很自豪在這次競選中，有賀錦麗站在我身邊。」

成為副總統這個結果，並非賀錦麗在二〇一九年開始競選總統時所預想的，她參選是為了要獲勝，無意成為任何人的副總統。不過從拜登的角度來看，這個選擇有其道理：她從嚴酷的舊金山政治圈中崛起，且受過調查記者和兩黨一些最佳競爭對手研究人員的審查。她參加過艱苦的競賽，贏過也輸過。

她的優點和缺點，拜登的團隊也都很清楚。她在與川普的副總統麥克・彭斯辯論時，表現跟對手不相上下，而且在競選過程中不會慣性犯錯。她也會帶動人們的興奮情緒，甚至可能會因為從美國史上最年長的總統當選人[167]手中領獎，開心到做出一些舞蹈動作。正如政治人物們所說的，她很有能力。

167 拜登上任時是七十八歲。

她也有一個故事要講，一個獨特而又非常美國的故事。

被拜登選為搭檔後，賀錦麗聯絡了她在蒙特婁高中時的朋友旺達・卡根，想知道對方是否願意讓她分享她的故事。卡根毫不猶豫的答應了。在二〇二〇年九月二十三日的一段推特影片中，賀錦麗講述這個故事時，並沒有提到卡根的名字；她回憶說，高中時她最好的朋友「來到學校，心情非常不好，有時甚至似乎不想回家」。當這位朋友跟她說自己被虐待時，賀錦麗告訴她：「妳必須來和我們住在一起。」她在影片中說，朋友的痛苦是她想成為檢察官的原因之一。

二〇二〇年十一月三日，大選前兩天，卡根回憶起她的高中時光，以及那個幫助她度過最艱難時刻的女孩後來怎麼樣了。

「美國正在看見這個人最好的一面，看見她就是這樣的人。她一直都是這樣的。」卡根如此說道。

＊＊

二〇二〇年十月十九日這天，民主黨副總統候選人賀錦麗在佛羅里達州傑克遜維爾（Jacksonville）參加競選集會。當時天空正下著雨，她穿著帆布鞋，擴音器播放著她的漫步音樂——瑪麗・布萊姬（Mary J. Blige）的〈活出自我〉（*Work That*）。

就因為妳的頭髮不夠長
他們經常批評妳的膚色
想昂首挺胸……
……
女孩，做妳自己

賀錦麗把傘向後仰，跟著節奏走著，臉上掛著大大的微笑，又時不時大笑，陶醉於找到自己的位置，也許還自豪於自己的出身。

四天後，前總統雷根的總統演講撰稿人——佩吉・努南（Peggy Noonan）在《華爾街日報》的一篇專欄文章中寫道，看到這位副總統候選人跳舞「真讓人尷尬」，她認為賀錦麗表現得很輕佻。

The Recount 網站發布了一段賀錦麗在傑克遜維爾跳舞的十五秒影片，觀看次數達到兩百三十萬，而且還在增加。

**

十月二十五日的早晨，貝絲・福斯特・蓋爾剛剛起床，正在華盛頓的家中沖泡咖啡，為即將到來的一天做準備。那天是她丈夫泰隆・蓋爾去世兩週年；蓋爾是賀錦麗的第一位參議院新聞祕書。

這樣的日子給他們帶來難受、快樂和悲傷的回憶。她的手機震動起來，跳出一則訊息，寄件人是民主黨副總統候選人，她正在競選活動中的某個地方。賀錦麗想把自己在傑克遜維爾集會上看到的情況告訴貝絲，那裡是泰隆的家鄉。人群中有人舉著牌子，上面寫著：「為泰隆做到這件事」（DO IT FOR TYRONE），也就是說，舉著標語的人希望賀錦麗為這個過早離世的年輕人贏得選舉。**賀錦麗想讓貝絲知道，有人在懷念泰隆**。

在難受的週年紀念日一開始，這個舉動為這一天帶來光采，也反映出賀錦麗很少有人能看到的一面。看在身邊的人眼裡，她可能很強硬，而且往往過於強硬。在她往上爬的過程中，她把別人甩在後頭，讓人覺得自己被利用了，而且隨著她從一項重要工作很快的轉移到另一項，總有一些未完成的工作被留下。

但她也花時間表現出關心，並展現了非常罕見的特質——同情心。在這一天，她知道有個人會感到痛苦，她想讓那個人知道有人掛念著她。

這就是賀錦麗的處世之道。

後記

在拜登宣布撤回所有美軍的兩個月後，他邀請阿富汗總統阿什拉夫・甘尼（Ashraf Ghani）造訪白宮。二〇二一年六月二十五日，他們在總統辦公室會面，坐在扶手椅上，背景是前美國總統亞伯拉罕・林肯（Abraham Lincoln）和湯瑪斯・傑佛遜（Thomas Jefferson）的油畫肖像。

從美國人的角度來看，外表整潔、會說英語的甘尼，正是領導阿富汗的理想人選。他不僅曾經參與傅爾布萊特計畫（Fulbright Program，一項由美國政府推動資助的國際教育、文化和研究交流計畫），還擁有美國和阿富汗的雙重國籍、哥倫比亞大學博士學位，樂於在美國外交關係協會（Council on Foreign Relations）和其他政策分析機構，發表關於國家建設和社會轉型的高格調演講。

儘管甘尼有著無可匹敵的技術官僚（專家）履歷，卻毫無疑問是個無能的政治領袖。在他的領導下，官員腐敗和任人唯親的現象持續猖獗，政府與聲勢日益壯大的塔利班（Taliban）談判時，也始終沒有進展。**拜登在會晤中承諾，將繼續提供甘尼財政和外交方面的支持，但他重申，甘尼必須找到方法，在沒有美軍協助的情況下生存下去。**當記者們進入總統辦公室拍照時，拜登說：「阿富汗人必須決定他們的未來，決定他們想要什麼。毫無意義的暴力必須停止。」

甘尼在鏡頭前故作鎮定，裝出一切都很好的樣子，說：「拜登總統做出了歷史性的決定，這讓所有人都得重新規畫、重新思考。我們在此尊重並支持這個決定。」當天稍晚，記者詢問起甘尼有關美國情報機構洩露的評估，該評估指出他的政府可能在六到二十四個月內落入塔利班手中。只見這位阿富汗總統勉強擠出笑容，回答：「類似的預測很多，結果全是不實說法。」

＊＊

雖然甘尼政府的前景並不樂觀，美國和北約組織的撤軍行動卻進展迅速。德國和其他歐洲國家的領導人私底下抱怨說，拜登政府並沒有充分徵詢他們的意見，就宣布將在九月十一日前撤離所有美軍。但由於他們仍仰賴美國政府提供後勤支援、空軍支援和情報評估，因此他們別無選擇，只能接受這個決定。

二〇二一年六月二十九日，四架運輸機從阿富汗北部城市馬扎里沙里夫（Mazar-i-Sharif）起飛，德國軍方從阿富汗撤出了最後一支隊伍，共計五百七十名士兵。過去二十年裡，德國在此部署了十五萬名士兵，這是德國自二戰以來首次進行地面戰，有五十九名德國士兵死於這場衝突之中，德國納稅人為此付出了約一百二十五億歐元的代價（約新臺幣四千億元）。時任德國國防部長安妮格雷特・克朗普－凱倫鮑爾（Annegret Kramp-Karrenbauer）在一份聲明中提到：「此為一個歷史性篇章的結束，這個艱鉅的任務考驗了德國聯邦國防軍，而德國聯邦國防軍在戰鬥中證明了自己。」該聲明象徵著任務結束。

其他歐洲國家也紛紛在差不多的時間撤軍完畢。義大利、北馬其頓和波蘭同樣在六月二十九日撤離阿富汗，幾天之後，比利時、丹麥、愛沙尼亞、芬蘭、喬治亞、荷蘭、挪威和羅馬尼亞也離開了阿富汗。

七月二日的半夜，美軍突然從阿富汗最大的軍事基地巴格蘭空軍基地（Bagram Air Base，曾是美國駐紮阿富汗期間在該國最大的軍事基地）**撤離**，並且在沒有通知當地軍隊指揮官的情況下，切斷了電力供應。美軍帶走了重型武器，但留下超過三百萬件物品，包括門、窗、電話、水瓶和包裝口糧。在阿富汗政府軍發現美軍消失之前，竊盜者已經闖入基地，並帶走了一些戰利品。那時，**只剩下幾百名美國士兵還留在阿富汗，他們的主要任務是保護美國駐喀布爾**（Kabul，阿富汗首都）**大使館**。

雖然美國、德國和其他盟國迅速撤回軍隊，但幫助數萬名阿富汗人撤離的行動就緩慢得多了；這些阿富汗人曾協助北約組織執行任務，如果塔利班重新掌權，他們將面臨報復。這種緩慢的步調，在一定程度上是刻意為之。美國和歐洲官員擔心，如果他們突然協助大量阿富汗人離開阿富汗，可能會引發恐慌。

但他們嚴重高估了甘尼政府的持久力，也低估了叛亂分子的力量。六月，時任德國外交部長海科・馬斯（Heiko Maas）駁斥了有關塔利班可能在幾週內接管阿富汗的說法，他在柏林對議員們說：「這並非我的主張。」

當時，除了少數國防鷹派（主戰派）人士和退休將軍外，美國和歐洲幾乎無人反對撤軍。大多數人早就厭倦了這場感覺永無止境的戰爭，或已經不再關注。但**外國軍隊一收拾行李，塔利班就動身把握這個漏洞**。

塔利班領導人為這一刻制定了有條不紊的計畫。他們的戰士在連接城市地區的高速公路上設置了檢查站，喀布爾、赫拉特（Herat）、坎達哈（Kandahar）和昆都士（Kunduz）等城市變得越來越孤立。由於道路掌握在敵人手中，阿富汗軍隊和警方只能向分散的基地和前哨陣地空投物資，這簡直就是後勤方面的惡夢。許多阿富汗部隊在彈藥及食物耗盡後，向塔利班投降。

隨著鞏固住對農村地區的控制，且在幾週內奪取了約一百個地區後，叛亂分子集結起來，準備襲擊脆弱的省城。一改多年來的樂觀看法，美國軍方官員對阿富汗的前景表示悲觀。美國陸軍四星上將奧斯丁．米勒（Austin Scott Miller）在六月底告訴記者：「目前形勢不太安全。如果這種情況繼續下去，難保不會走上內戰這條路。」

＊＊

七月八日，拜登的國家安全團隊簡要報告了阿富汗不斷惡化的局勢。當天稍晚，拜登在回答記者提問時，低估了甘尼政權垮臺的可能性，聲稱阿富汗人只是需要更多的政治決心。「他們顯然有能力維持這個政府。問題是，他們能產生這樣的凝聚力嗎？」他說：「他們有能力、有軍力，也有設備。」

當被問及美國從阿富汗撤軍，是否會像一九七五年從越南撤離[168]那樣混亂（當時，西貢陷落，直升機從美國駐西貢大使館的屋頂上起飛，驚慌失措的越南人絕望的試圖逃離共產黨的進攻），拜登發怒了：「你不會看到有人從美國駐阿富汗大使館的屋頂上被拉走。塔利班據有一切、占領整個國家的可能性非常小。」

拜登的言論顯示出，即使經過二十年的密集戰爭和外交努力，美國及其北約盟國對阿富汗的基本實際情況，仍然視而不見。這種無知一直困擾著美國、德國和其他北約國家，直到所有事情畫下句點。

七月十五日，德國總理安格拉·梅克爾（Angela Merkel）在訪問華盛頓期間表示，美國和德國在阿富汗問題上已經盡了全力，而且聽起來已經準備好要向前邁進了。與拜登會晤之後，她說：「這麼多年以來，我們一起在阿富汗努力，也遏止了一定程度的恐怖分子威脅，但令人遺憾的是，我們終究未能如我們所願的那樣建立一個國家。」

和美國幾位前總統一樣，拜登認為，有關塔利班日益控制阿富汗的報導，只是觀點的問題，

168 指四三〇事件，亦稱西貢陷落、西貢光復、西貢解放，是指至一九七五年四月三十日止，越南共和國（南越）政權垮臺，及其首都西貢由越南人民軍（北越軍）和越共攻下的過程。此事件象徵著長達二十年之越南戰爭的結束。

可以透過公共關係的方式來解決。在七月二十三日與甘尼的通話中，拜登敦促這位阿富汗領導人召開記者會，宣布一項新的軍事戰略，這項戰略得到阿富汗許多上了年紀的當權者支持，包括前總統哈米德・卡爾扎伊（Hamid Karzai）和喜歡喝威士忌的阿卜杜勒・拉希德・杜斯塔姆（Abdul Rashid Dostum）將軍。

根據路透社（Reuters）拿到的十四分鐘通話紀錄，拜登表示：「我相信，在世界各地和阿富汗部分地區看來，打擊塔利班的行動並不順利。不管這是真是假，我們都有必要展現出不同的局面。」

甘尼抱怨說，他的政府正面臨「全面入侵」，入侵者包含巴基斯坦支持的塔利班武裝分子和「國際恐怖分子」。他也請求美國空軍對塔利班進行更多空襲，不過因為美國國防部已經關閉了在阿富汗的基地，所以美方戰機屆時必須從位於波斯灣的基地起飛。拜登答應了這項要求，但他將責任推給甘尼，在掛斷電話前說：「聽著，唯獨在有地面軍事戰略支援的情況下，近距離空中支援才有效。」

兩週後，塔利班做出了拜登曾預測「可能性非常小」的事——他們開始占領所有地區。八月六日，他們占領了省城扎蘭季（Zaranj，近伊朗邊境），阿富汗政府軍不戰而逃；這是塔利班首次占領省城。次日，他們控制了杜斯塔姆將軍的家鄉希比爾甘（Sheberghan）。再隔天，他們進入昆都士和北部另外兩個省城，過程中阿富汗軍隊和警察幾乎沒有抵抗。在最具戰略意義的昆都士，數百名阿富汗士兵逃離這座城市，很快就投降了。

儘管如此，對於整個局勢的嚴重性，美國和歐洲官員的反應還是慢半拍。八月十日，美國情報機構更新了他們的評估，預測阿富汗政府有機會比預期的更早垮臺，時間可能在三十天到九十天內。然而，他們這時仍舊無法理解眼前的局勢。接下來的三天裡，塔利班勢如破竹的占領了阿富汗第二大和第三大城市坎達哈和赫拉特，並占領了赫爾曼德省（Helmand Province）的首府拉什卡爾加（Lashkar Gah）。

後來，**拜登政府終於意識到甘尼政府只能再維持幾個小時，而不是幾個月**。美國、德國和其他北約盟國面臨著他們毫無準備的局面：他們的外交官、公民，以及成千上萬在戰爭期間幫助過他們並得到庇護的阿富汗人，亟需大規模且快速撤離。隨著塔利班武裝分子抵達喀布爾郊區，**美國國防部宣布將派遣五千名士兵返回喀布爾，領導撤離行動**。

八月十四日，甘尼在電視上發表了簡短的演講，對於整起戲劇性事件，他講得像被意外捲入一樣。他說：「由於這場強加在我們身上的戰爭，我們親愛的國家阿富汗正處於不穩定的嚴重威脅之中。」

第二天，留著長髮的塔利班武裝分子騎著摩托車進入喀布爾，沒有遭遇任何抵抗。由於擔心自己的生命安全，甘尼在沒有通知大多數部長及美國和歐洲盟友的情況下，從總統府搭上直升機，逃離了阿富汗。當天傍晚，塔利班占領了總統府，並在甘尼的辦公室裡擺姿勢拍照。

從塔利班占領第一個省城算起，九天後，它就控制了整個國家。這群能力參差不齊的叛亂分子，在沒有自己的空中戰力、資源也非常有限的狀況下，竟然打敗了裝備精良的阿富汗代理部隊，且這支部隊還讓美國耗資八百五十多億美元來訓練和購置裝備。隨著阿富汗政府垮臺，北約組織在阿富汗的國家建設計畫化為泡影，塔利班則慶祝著他們不可思議的勝利。

與此同時，拜登曾說過永遠不會發生的一幕，在美國駐喀布爾大使館上演了——一架軍方空運直升機降落在大使館，將數百名焦慮的工作人員送往哈米德．卡爾扎伊國際機場（Hamid Karzai International Airport，也稱喀布爾國際機場）。在塔利班進入首都的外交區域之前，大使館工作人員急忙燒毀檔案並銷毀電腦。

在接下來的十七天裡，與塔利班短暫休戰期間，美國及其歐洲盟國實施了史上最大規模的空運撤離行動。超過十二萬四千人從哈米德．卡爾札伊國際機場搭機逃離阿富汗；美國軍用飛機則是運送了七萬九千名平民，其中包括六千名美國公民；另有四萬人乘坐其他北約國家營運的航班或民航機逃離。

在許多方面，喀布爾的淪陷，就像是重現四十六年前的西貢淪陷。隨著空運撤離行動開始，數千名絕望的阿富汗人擠滿了機場的單跑道。有影片拍到，一架灰色的美國空軍波音C-17「全球霸王III」（Globemaster III）運輸機滑行準備起飛時，一大群阿富汗男子在旁邊跟著狂奔，還有幾個人抓住了這架巨大飛機的外殼。C-17升空後，有兩個人從喀布爾上空墜落身亡。後來在飛機的輪艙中，也發現了部分人體殘骸。

美軍重新保衛機場，但在接下來的兩個星期裡，難民包圍了機場大門。人們不得不冒著塔利班武裝分子的威脅，努力抵達機場外圍，然後在烈日下等候幾個小時，希望能透過某種方式進入機場。在美國和歐洲官員給出讓人混亂的指示，表明有誰可以進入機場、需要準備哪些文件同時，塔利班不時會開槍並毆打民眾。

美國和北約組織的官員擔心，大量聚集在機場的難民和軍方人員，很容易成為恐怖分子的目標，因此**拜登宣布，美軍最遲將於八月三十一日永久撤離**。而北約盟國因為仰賴美國來營運和保護機場，所以他們必須趕在那之前撤退。

德國在幫助五千三百人逃離阿富汗後，於八月二十六日停止撤離行動，但留下了超過一萬名曾幫助過德國政府的阿富汗人。梅克爾總理在柏林對議員們說：「過去幾天發生的事情非常可怕，令人痛苦不堪。對阿富汗的許多人來說，這是一場悲劇。」

**

八月二十六日，一名伊斯蘭國（ISIS）的自殺炸彈客闖入機場登機口，引爆身上的炸彈，導致十三名美軍和一百七十名阿富汗平民死亡，各界擔心的恐怖攻擊成了現實。

拜登在白宮發表談話，承諾為他們的死亡復仇，但也提出警告，只要空運撤離繼續進行，類似襲擊的威脅仍然很高。八月二十九日，美軍在喀布爾搜索更多的炸彈客時，用無人機向一輛汽車發射了導彈，導致司機和幾名旁觀者死亡。

起初，美國國防部官員聲稱他們阻止了另一起自殺行動，參謀長聯席會議（Joint Chiefs of Staff）主席、陸軍上將馬克．麥利（Mark Milley）說這是「正義的攻擊」。但記者們很快發現，目標車輛的司機澤馬里．艾哈邁迪（Zemari Ahmadi），其實是阿富汗人道組織人士，他的家人有九人遇難，包括七名兒童。在八月三十日撤離行動結束後，美國國防部承認犯下了「一個悲劇性的錯誤」。

直到長達二十年的阿富汗戰爭畫下句點，美國仍然分不清誰是好人，誰是壞人。

致謝

出於某些可以理解的原因，在撰寫本書時，賀錦麗和她的家人不接受採訪或提供協助。我寫這本書的時候，賀錦麗專注於九月和十月時的全國性競選活動。

我依靠的是幾十名採訪對象，他們訴說的事件都是第一手消息來源。許多名字已經列在本書當中，其他的則有充分理由保持匿名。我真誠的感謝他們每個人，幫助我和讀者了解「賀錦麗之道」。

特別感謝我在《洛杉磯時報》工作時的朋友——喬許．邁爾（Josh Meyer），如果沒有他對華盛頓的報導和見解，這本書不可能完成。喬許犀利的報導是首屈一指的，在這次專案中，他運用自己在華盛頓幾十年的工作經驗，報導和撰寫了賀錦麗在參議院的繁忙時期，以及她為爭取成為拜登的競選夥伴而做的努力，是相當寶貴的幫助。而且他是在緊迫的期限內完成這一切的，讓我更加感激。

安迪．傅里尤（Andy Furillo），我親愛的朋友，也是我所認識最好的法院記者，在報導、解析和描述賀錦麗在舊金山司法大廳的時光上，幫了我極大的忙。

莎夏．哈普卡（Sasha Hupka）的幫助也很可貴，她聯絡了重要人物，並研究賀錦麗在柏克萊和奧克蘭的經歷。莎夏是一絲不苟的記者和優秀的作者，在新聞事業中前景廣闊。也要感謝尤米．威爾森（Yumi Wilson），她在柏克萊大學教授下一代記者，感謝她把莎夏推薦給我。

克莉絲蒂娜．雷貝洛（Kristina Rebelo）是一位非常出色的事實查核員和編輯。卡瑞娜．羅賓遜（Karina Robinson）是一位不可思議的歷史研究者、系譜學家和事實核查員，幫助我理解賀錦麗的根源。感謝加州州立圖書館（California State Library）館長葛雷格．盧卡斯（Greg Lucas）和他傑出的員工。加州州立圖書館是加州真正的瑰寶之一。

如果沒有《華盛頓郵報》特約評論編輯邁克爾．達菲（Michael Duffy），本書就不可能產生。他建議我接下這個專案，並在我猶豫之際，再次給我建議，替我打電話給最了不起的編輯——西蒙與舒斯特出版社（Simon & Schuster）的普莉西拉．潘頓（Priscilla Painton）。謝謝妳，普莉西拉，謝謝妳的沉著冷靜、深刻的見解和周到的編輯，謝謝妳給我首次出書的機會。

我也要感謝我的朋友史考特．勒巴爾（Scott Lebar），他是個傑出的記者，也是《沙加緬度蜜蜂報》的總編輯。當一個經紀人聯絡他找人寫賀錦麗的文章時，他推薦了我。感謝 Aevitas 創意管理公司的凱倫．布雷斯福德（Karen Brailsford），謝謝妳幫助我踏入出版界，感謝妳給我這個機會。

認識賀錦麗時，我還是《沙加緬度蜜蜂報》的專欄作家，後來又成為該報的社論版編輯。謝謝斯圖爾特．萊文沃斯（Stuart Leavenworth）僱用我。我深切感激謝麗爾．戴爾（Cheryl Dell），作為《沙加緬度蜜蜂報》的發行人，她賦予我擔任社論版編輯的崇高榮譽。

我真誠的感謝肖恩・休伯勒、喬依斯・泰哈爾（Joyce Terhaar）、芬・雷（Foon Rhee）、愛瑞卡・史密斯（Erika Smith）、蓋瑞・里德（Gary Reed）、金潔・路特蘭（Ginger Rutland）、馬利爾・蓋沙（Mariel Garza）、傑克・歐曼（Jack Ohman）、皮雅・羅沛斯（Pia Lopez），還有已故的雷克斯・巴賓（Rex Babin），這些是我在《沙加緬度蜜蜂報》編輯委員會的同事。

克里斯多夫・卡德拉戈、約翰・迪亞茲（John Diaz）、邁克爾・芬尼根（Michael Finnegan）、莉雅・加奇克（Leah Garchik）、喬・加羅福里、約翰・霍華德（John Howard）、卡拉・馬里努奇、梅勒妮・梅森（Melanie Mason）、菲爾・馬蒂爾、梅芙・萊斯頓、傑瑞・羅伯茨（Jerry Roberts）、安迪・羅斯、菲爾・特倫斯汀（Phil Trounstine）、凱倫・圖穆蒂（Karen Tumulty）、蘭斯・威廉斯（Lance Williams）、菲爾・威倫等同業的事實報導，為這本書提供資訊。感謝新聞機構 CalMatters 的戴夫・萊什（Dave Lesher）聘用我，讓我可以看著賀錦麗步步高升。

也感謝托尼和泰絲、克拉拉和肯、莉比和格雷森（Tony and Tess, Clara and Ken, and Libby and Grayson）的愛與支持。最重要的，感謝我的太太克勞蒂亞（Claudia），妳是我的一切，妳的愛、支持和理解，讓一切化為可能。

Style 059

賀錦麗：活出勇氣，我從不客氣

每每被人唱衰，卻一再創下先例，
美國首位女性副總統賀錦麗攻頂的故事。

作　　者／丹・莫藍（Dan Morain）
譯　　者／吳宜蓁
責任編輯／張慈婷
校對編輯／黃凱琪
美術編輯／林彥君
副總編輯／顏惠君
總 編 輯／吳依瑋
發 行 人／徐仲秋
會計助理／李秀娟
會　　計／許鳳雪
版權經理／郝麗珍
行銷企劃／徐千晴
業務助理／李秀蕙
業務專員／馬絮盈、留婉茹
業務經理／林裕安
總 經 理／陳絜吾

國家圖書館出版品預行編目（CIP）資料

賀錦麗：活出勇氣，我從不客氣：每每被人唱衰，卻一再創下先例，美國首位女性副總統賀錦麗攻頂的故事。／丹・莫藍（Dan Morain）著；吳宜蓁譯.--初版.--臺北市：大是文化有限公司，2022.05
368面；17×23公分.--（Style；59）
譯自：Kamala's way: An American Life
ISBN 978-626-7041-88-8（平裝）

1. CST：賀錦麗（Harris, Kamala）　2. CST：女性傳記　3. CST：美國

785.28　　110022172

出 版 者／大是文化有限公司
臺北市 100 衡陽路 7 號 8 樓
編輯部電話：（02）23757911
購書相關諮詢請洽：（02）23757911 分機 122
24小時讀者服務傳真：（02）23756999
讀者服務E-mail：haom@ms28.hinet.net
郵政劃撥帳號／19983366　戶名／大是文化有限公司

法律顧問／永然聯合法律事務所
香港發行／豐達出版發行有限公司 Rich Publishing & Distribution Ltd
地址：香港柴灣永泰道 70 號柴灣工業城第 2 期 1805 室
Unit 1805, Ph.2, Chai Wan Ind City, 70 Wing Tai Rd, Chai Wan, Hong Kong
電話：21726513　傳真：21724355　E-mail：cary@subseasy.com.hk

封面設計／林雯瑛　內頁排版／王信中
封面圖片／By San Francisco Chronicle/Hearst Newspapers via Getty Images
印　　刷／鴻霖印刷傳媒股份有限公司

出版日期／2022 年 5 月　初版
定　　價／新臺幣 490 元（缺頁或裝訂錯誤的書，請寄回更換）
I S B N／978-626-7041-88-8
電子書ISBN／9786267041901（PDF）
9786267041895（EPUB）